Michael Göring
Unternehmen Stiftung

Michael Göring

# Unternehmen STIFTUNG

Stiften mit Herz und Verstand

2., erweiterte und aktualisierte Auflage

HANSER

Bibliografische Information der Deutschen Nationalbibliothek
Die Deutsche Nationalbibliothek verzeichnet diese Publikation in der Deutschen Nationalbibliografie; detaillierte bibliografische Daten sind im Internet über http://dnb.d-nb.de abrufbar.



1 2 3 4 5 6 13 12 11 10


Internet: http://www.hanser.de
Lektorat: Martin Janik
Herstellung: Ursula Barche
Umschlaggestaltung: Büro plan.it, München
Satz: Kösel, Krugzell
Druck und Bindung: Friedrich Pustet, Regensburg
Printed in Germany

ISBN 978-3-446-42180-6

Meinen Lehrern Ulrich Broich (Universität München),
Hartmut Rahn (Studienstiftung des deutschen Volkes),
Berthold Beitz (Alfried Krupp von Bohlen
und Halbach-Stiftung)

# Vorwort zur zweiten Auflage

Es ist ermutigend, wenn auch in wirtschaftlich schwierigen Zeiten die Aktivitäten deutscher Stiftungen keineswegs einbrechen, sondern Kontinuität und Stabilität der Fördervorhaben und Förderprogramme die Bürgergesellschaft weiterhin stärken und stetig neue Stiftungen gegründet werden.

Die Reaktion auf die im Frühjahr 2009 erschienene erste Auflage des vorliegenden Bandes war sehr erfreulich, sodass noch im gleichen Jahr eine zweite Auflage erforderlich wurde. Die Rückmeldungen aus dem Kreis der Kollegen und der Leser gerade auch auf die Ausführungen zur „kleinen Stiftung“ und zu Zustiftungen veranlassten mich, der Bürgerstiftung ein eigenes Kapitel zu widmen. Die Bürgerstiftung ist eine noch junge, aber sehr schnell wachsende Form der Gemeinschaftsstiftung, die viele Bürgerinnen und Bürger auch mit kleiner Münze zum Stiften ermutigt.

Die vielfachen Anfragen zu sinnvollen Reaktionen auf die Finanzkrise gaben Anlass, auch dieses Thema stärker als in der ersten Auflage zu behandeln. Alle übrigen Kapitel sind außer geringfügigen Ergänzungen unverändert.

Stiftungen sind gerade jetzt wichtig. Die Bürgergesellschaft beweist ihre Stärke jeden Tag neu. Je professioneller die Stiftungen in Deutschland ihre Initiativen voranbringen, je mehr Impulse sie setzen und je wirkungsvollere Projekte und Programme sie entwickeln und realisieren, desto stärker wird ihr Beitrag zur gesellschaftlichen Entwicklung auch in wirtschaftlich schwierigen Zeiten sein.

Michael Göring

# Inhalt

# 1 Einleitung

## 1.1 Die gemeinnützige Stiftung

Der einzelne Mensch ist auf die Gesellschaft angewiesen. Ohne sie kann er sich nicht entfalten, kann nicht wirken, kann nicht leben. Seine Sozialisation, seine Ausbildung, sein persönlicher Weg zum Glück vollzieht sich in der Gemeinschaft. Der Einzelne weiß sehr wohl, was er der Gesellschaft verdankt, und viele ziehen für sich daraus die Schlussfolgerung, dass es lohnt, in die Gesellschaft zu investieren. Die allermeisten von uns lassen es freilich dabei bewenden, ihre Steuern zu zahlen, doch sehr viele leisten auch einen zusätzlichen Beitrag durch ein weiter gehendes Engagement. Sie sind in Vereinen, Kirchen oder Parteien aktiv, trainieren Jugendmannschaften oder helfen beim Hospizdienst, oder sie machen ganz individuell Woche für Woche Besuche bei Kranken, Alleinstehenden, bei Kindern in Not. Und gar nicht so wenige wollen eine Idee verwirklichen, die vielen nutzen kann: Sie gründen eine Stiftung. Sie wollen der Gemeinschaft etwas zurückgeben, weil sie dankbar sind, dass sie in einer mehr als 60-jährigen Friedenszeit leben durften und dürfen, einer Zeit, die es ihnen ermöglicht hat, überragende Leistungen zu erbringen. Nun wollen sie etwas hinterlassen, das über das rein Persönliche hinausgeht. Sie wollen etwas für ihre Stadt, für ihre Region, für ihr Land tun, weil der Blick in die Geschichte einer Stadt oder einer Region sehr wohl zeigt, dass der Einzelne eben doch einen Unterschied machen kann.

Viele Menschen haben bereits Stiftungen gegründet, und noch mehr tragen sich mit diesem Gedanken. Für diesen Personenkreis ist die gemeinnützige Stiftung genau die richtige rechtliche und organisatorische Gestaltungsform. Die Definition dessen, was gemeinnützig ist, wird unter Rechtsgelehrten und Soziologen gern geführt; für den Stifter ist jedoch zunächst wichtig, dass unser demokratisches, pluralistisch denkendes

Land hier recht pragmatisch eingestellt ist. Dass eine gemeinnützige Stiftung keine Zwecke verfolgen darf, die dem Bürgerlichen Gesetzbuch entgegenstehen, die politische Parteien begünstigen oder einzelnen Personen Vermögensvorteile verschaffen, leuchtet sofort ein. Dass aber auf der anderen Seite die möglichen Betätigungsfelder von gemeinnützigen Stiftungen riesengroß sind, weil im sozialen, karitativen, wissenschaftlichen und kulturellen Bereich, in der Bildung, Medizin, im Umweltschutz und Sport dem allgemeinen Nutzen keine Grenzen gesetzt sind, ist ebenso eine Selbstverständlichkeit. Das hat auch der Staat erkannt, hat auch steuerrechtlich die Gemeinnützigkeit weit gefasst, und daher gibt es keinen Stifter, der nicht nach einigem Nachdenken einen genau passenden Zweck für seine Stiftung gefunden hätte.

Eine Stiftung hat in diesem gemeinnützigen Zweck ihren Kern. Das Vermögen, das der Stifter bereitstellt und durch geschicktes Finanzmanagement und/oder Fundraising zu vermehren wünscht, dient allein der Zweckerfüllung. Ihr dient ebenso und unmittelbar eine eigenständige, unabhängige Organisation, das Stiftungsmanagement. Diese Triade von gemeinnützigem Zweck, Vermögen und Organisation macht die Stiftung aus, gibt ihr Richtung und Ziel, bestimmt ihren Wirkungskreis und Wirkungsgrad.

Um diese drei Bereiche und ihre Folgerungen wird es in diesem Buch gehen. Der potenzielle Stifter wird vor allem in dem zweiten Kapitel die grundsätzlichen Fragen beantwortet finden, die ihn interessieren, während derjenige, der bereits für eine Stiftung tätig ist, besonderen Nutzen aus dem dritten Kapitel ziehen wird. Das vierte Kapitel wendet sich eher einer Spezialfrage zu: Kann man möglicherweise ein Unternehmen über eine Stiftung in die nächste Generation überführen? Kapitel 5 ist für Stifter und Stiftungsmanager gleichermaßen wichtig: Eine Stiftung, die sich als gesellschaftlicher Akteur begreift, muss sich an Leistungskriterien wie Wirkung oder Nachhaltigkeit messen lassen – ein zentraler Punkt für Stiftungsverantwortliche heute. In Kapitel 6 schließlich geht es um die kleine Stiftung – denn auch mit einer vergleichsweise bescheidenen Finanzausstattung lässt sich einiges ermöglichen.

Über alle Details hinaus wollen die einzelnen Kapitel dem Leser die großartigen Möglichkeiten aufzeigen, die das Stiften und die Stiftung bieten, wie sie ihm helfen wollen, die Fallstricke zu erkennen, über die man stolpern kann. Schließlich sollen auch einige besonders wirkungsvolle Beispiele von Stiftungsprojekten in Wort und Bild kurz vorgestellt werden.

Wer heute eine Stiftung gründet, reiht sich in eine ehrwürdige, lange Tradition ein. Von den Ägyptern über die Römer, deren Stifter Maecenas (um 70 v. Chr. bis 7 v. Chr.) allem mäzenatischen Tun den Namen gegeben hat, führt der Weg zur „Pia Causa" im Mittelalter. Schon der Name sagt, dass hier religiöse Motive für das gute Tun im Vordergrund standen. Zahlreiche Hospitalstiftungen aus jener Zeit sind heute noch aktiv, wie beispielsweise die Stiftung Hospital zum Heiligen Geist in Hamburg, die 1247 gegründet wurde und noch heute ein Seniorenheim unterhält. Seit dem 16. Jahrhundert gelten die fuggerschen Stiftungen in Augsburg zu Recht als Paradebeispiele nachhaltigen stifterischen Wirkens in Deutschland. Das 19. Jahrhundert wurde die Zeit der großen Sozialstifte, deren Heime und Fürsorgeaktivitäten einen Teil der negativen sozialen Folgen der industriellen Revolution mildern konnten. In den USA begann Ende des 19. Jahrhunderts während des sogenannten Gilded Age (etwa 1870 bis 1914) die Zeit der großen Mäzene und Philanthropen. Ihnen folgte zu Beginn des 20. Jahrhunderts die Errichtung großer Stiftungen. Hervorzuheben sind dabei besonders John D. Rockefeller (1839 bis 1937) und Andrew Carnegie (1835 bis 1919), die mit ihren Stiftungen, The Rockefeller Foundation, gegründet 1913, und die Carnegie Corporation of New York, weit über soziale Bereiche hinaus ihre Stiftungszwecke um Bildung, Medizin oder Wissenschaft ergänzten. Der Blick in die Geschichte lehrt uns, dass Stiftungen offenbar recht robuster Natur sind. Für einen heutigen Stifter mag dieser Gedanke ein durchaus wichtiges Motiv bei seinen Überlegungen sein.

Worin bestehen die Herausforderungen an Stiftungen heute? Für die Mitarbeiter einer heutigen Stiftung sind längst moderne Zeiten angebrochen. Sie erleben einen zunehmenden Grad an Professionalisierung, der im Stiftungswesen lange unbekannt war. Einerseits gilt es zwar als Gemeinplatz, dass Gemeinnützigkeit sich durchaus mit Effizienzkriterien verträgt, andererseits ist diese Realität in vielen Stiftungen noch nicht wirklich angekommen. Hier will das Buch die Brücke zu Methoden und Mitteln moderner Unternehmensführung schlagen und zeigen, wie Förderprojekte durch gute Planung und Steuerung zu besseren Ergebnissen geführt werden können. Gemeinnützige Arbeit lässt sich zwar nicht nach klassischen Marktgesetzen von Angebot, Preis und Nachfrage regeln, kann aber sehr wohl bewertet und an Zielen gemessen werden. Auch moderne Marketingmethoden sind bei gemeinnützigen Stiftungen durchaus am rechten Platz.

All dies hat die Anforderungen an die Geschäftsführung einer Stiftung und an ihre Mitarbeiter in letzter Zeit erhöht. Doch die Arbeit eines Stiftungsmanagers ist durch die gestiegenen Ansprüche nur noch attraktiver und interessanter geworden. Der Stiftungsvorstand trägt auch die Verantwortung für die weitere Entwicklung des Stiftungskapitals, er muss gemeinsam mit den Banken und Finanzberatern entscheiden, ob eher der Aktienanteil am Portefeuille erhöht werden sollte oder ob man nicht auch einen kleineren Anteil in Private Equity oder in Emerging Markets investieren sollte. Jeder, der so denkt und handelt, sieht gemeinnützige Stiftungen zuerst einmal als Unternehmen! Doch ist dabei nicht nur der Verstand gefragt: Die Nähe zum Stiftungszweck, der brennende Wunsch, die Förderziele zu erfüllen, tatsächlich zum Nutzen der Allgemeinheit tätig zu sein, ist oft eine Frage des Herzens.

Und darum soll es in diesem Buch eben auch gehen: Unternehmerisches Denken mit Lust auf Innovationen, mit Freude an Kreativität, mit Experimentiergeist für Lösungsmodelle, mit Mut zu Alternativen ist Voraussetzung für ein wirklich nachhaltiges Stiftungswirken im 21. Jahrhundert. Es gibt so viele offene gesellschaftliche Fragen, zu deren Beantwortung Stiftungen zumindest ein Stück weit beitragen können. Ob es um Bildungs- und Erziehungsfragen geht, um Fürsorge und Entwicklungshilfe, um Wissenschaft und deren Grenzen, um soziale Kohäsion in unserer pluralistischen Gesellschaft, um eine neue soziale Marktwirtschaft im Zeitalter der Globalisierung, um religiösen Fundamentalismus und die Suche nach Sinn, um die Ökonomisierung aller Lebensbereiche und die Würde des Alterns – oder auch um die Versorgung mit Kita-Plätzen, die Vergabe von Musikinstrumenten oder die Hilfe für überforderte alleinerziehende Mütter oder Väter in einem einzelnen Stadtteil: Stiftungen können dazu einen Beitrag leisten. Zum Nutzen aller!

## 1.2 Sie überlegen, eine Stiftung zu gründen

Zunächst gratuliere ich Ihnen herzlich zu dieser Überlegung und möchte Sie bei Ihrem Vorhaben gern unterstützen. Sie sind in guter Gesellschaft: Die Gebrüder Fugger haben es getan, Alfried Krupp hat es getan, Reinhard Mohn ist Stifter ebenso wie Michael Otto und Michael Stich, die Nobelpreisträgerin Nüsslein-Volhard oder die Unternehmerin Ruth Cornelsen. 15 500 selbstständige Stiftungen zählte der Bundesverband Deutscher Stiftungen am Ende des Jahres 2007, in dem allein über 1000 Stiftungen neu gegründet wurden. Fast 8000 davon sind erst in den letzten zehn Jahren errichtet worden. Sie sehen daran, auf welch dynamischem Terrain Sie sich als Stifter bewegen. Es muss übrigens nicht immer gleich eine rechtlich selbstständige Stiftung sein, es gibt auch die Möglichkeit, eine unselbstständige Stiftung zu errichten, die dann treuhänderisch geführt wird, beispielsweise vom Stifterverband für die Deutsche Wissenschaft in Essen, der für über 400 unselbstständige Stiftungen treuhänderisch sorgt. Falls das für Sie interessant sein sollte, finden Sie hierzu mehr Informationen im zweiten Teil des Buches (siehe Kapitel 2.4).

Im Folgenden gehen wir von der rechtlich eigenständigen gemeinnützigen Stiftung des bürgerlichen Rechts aus, dessen Gründungsvoraussetzungen hier kurz skizziert werden sollen.

Der eigentliche Gründungsakt einer Stiftung ist recht einfach. Das zweite Kapitel dieses Buches widmet sich ausführlich diesem Thema. Hier sei nur das Wichtigste vorausgeschickt: Der Stifter[1] zeichnet ein sogenanntes Stiftungsgeschäft, wozu er nicht einmal einen Rechtsanwalt oder Notar benötigt. Er verfasst einen Schriftsatz, überschreibt ihn mit Stiftungsgeschäft und setzt nun Folgendes ein:

---

[1] Wenn hier „der Stifter“ erwähnt wird, so ist jedes Mal auch „die Stifterin“ gemeint. Das Gleiche gilt für „der Referent“ oder „der Mitarbeiter“. Bitte lesen Sie jedes Mal die weibliche Form mit!

1. den selbst gewählten Namen der Stiftung,
2. den Zweck der Stiftung,
3. das Grundstockvermögen, das als Stiftungskapital bereitgestellt wird,
4. den Ort, an dem die Stiftung gegründet wird,
5. den Namen des Vorstands oder der Vorstandsmitglieder, die die Stiftung rechtlich vertreten,
6. das Datum, zu dem das Stiftungsgeschäft geschrieben wurde,
7. die Unterschrift, die selbstverständlich handschriftlich erfolgen muss.

Bei der Formulierung des Stiftungszwecks empfiehlt es sich, nicht zu kleinteilig vorzugehen. Der Personenkreis, den die Stiftung fördern soll, darf nicht allzu begrenzt sein, und die Zwecke sollten von vornherein einen größeren Bereich erfassen. Also sollte der Stifter vermeiden, als Zweck beispielsweise die Förderung künstlerischer Näharbeiten aus dreifach gewirktem Naturzwirn anzugeben. Derartige Näharbeiten kann die von ihm beabsichtigte Stiftung später ohne Weiteres fördern, wenn der Stiftungszweck allgemein lautet: Förderung von Kunst und Kultur, insbesondere der Textilkunst und des Kunsthandwerks. Auf diese Weise kann die Stiftung auch dann noch tätig sein, wenn die Kreativität für Arbeiten aus dreifach gewirktem Naturzwirn einmal erschöpft sein sollte. Was die endgültige Formulierung des Zweckes angeht, sollte der Stifter auf jeden Fall mit der für seinen Ort zuständigen Stiftungsaufsicht Kontakt aufnehmen. Da das Stiftungsrecht in Deutschland föderal geordnet ist, hat jedes Bundesland seine eigene Landesgesetzgebung für Stiftungen und damit auch die Hoheit über die Stiftungsaufsicht. Die Stiftungsaufsicht wird von Ihnen erwarten, dass Sie zum Gründungsakt nicht nur das oben erwähnte „Stiftungsgeschäft", sondern auch bereits eine Satzung vorlegen (siehe Kapitel 2.8). Die Stiftungsaufsicht spricht die Anerkennung der neuen Stiftung aus, früher nannte man dies Genehmigung, mit der die Stiftung rechtskräftig wird. In den Flächenländern ist die Aufsicht auf der Ebene der Regierungsbezirke angesiedelt, in den Stadtstaaten bei einer Senatsstelle. Mit dem wachsenden Bewusstsein für die Bedeutung des Stiftungswesens haben sich die Aufsichtsstellen in der Regel zu sehr hilfsbereiten, auskunftsfreundlichen Serviceeinrichtungen entwickelt, die dem Stiftungswilligen gern zur Seite stehen, Mustersatzungen versenden und individuell beraten.

Natürlich helfen eine große Zahl von auf Stiftungsgründungen spezialisierten Rechtsanwälten oder auch Notaren gern und professionell. Diesen Rat sollte man auch über das Gespräch mit der Stiftungsaufsicht hinaus suchen und ihn um den eines Steuerberaters ergänzen, vor allem wenn absehbar ist, dass die Stiftungsgründung Fragen der Erbschaft und erbschaftsteuerliche Konsequenzen aufwerfen wird. Das ist weniger wichtig, wenn ein 50-jähriger Stifter mit 100 000 Euro eine Stiftung gründet. Das ist aber äußerst wichtig, wenn eine 80-jährige Stifterin drei Viertel ihres Gesamtvermögens in ihre Stiftung einbringen möchte und Ehemann und Kinder darüber vergessen werden. Das deutsche Recht bevorzugt im Streitfall eindeutig den Erben. Keiner Stiftung ist damit gedient, wenn nach dem Ableben des Stifters die enttäuschten Erben prozessieren, Pflichtteilergänzungsansprüche anmelden und plötzlich das ganze Stiftungskonstrukt infrage steht.

Wer nach einem erfüllten Berufsleben eine Stiftung gründen will, muss mit seinen Erben darüber sprechen. Berthold Beitz, der so viel für den Krupp Konzern und die Familie Krupp getan hat, hat immer wieder als eine seiner größten Leistungen die Tatsache benannt, dass er im Auftrag von Alfried Krupp dessen Sohn, Arndt von Bohlen und Halbach, davon überzeugen konnte, einen Erbverzichtsvertrag einzugehen, um die Gründung der Alfried Krupp von Bohlen und Halbach Stiftung 1966 zu ermöglichen. Die Krupp Stiftung ist seit Jahren eine der finanzstärksten im Land.

Die Beratung durch einen Rechtsanwalt oder Notar ist auch ratsam, wenn es darum geht, die Satzung zu formulieren. Wie bereits oben erwähnt, bittet die Stiftungsaufsicht den Stiftungsgründer bereits bei Abgabe des Stiftungsgeschäfts, nicht nur den Zweck, das Herzstück der Stiftung, zu benennen, sondern gleich eine Satzung beizufügen. Das macht auch Sinn, denn es spart Zeit. Anerkennen wird die Aufsicht die neue Stiftung ohnehin erst, wenn die Satzung vorliegt.

Nun kann man viele Paragrafen einer Stiftungssatzung von anderen bereits bestehenden Stiftungssatzungen abschreiben. Doch ist jede Stiftung etwas Einzigartiges und persönlich vom

Stifter Geprägtes. Da ist es mit Abschreiben allein eben nicht getan. Folgende Fragen sollten Sie als Stifter für sich klären, denn sie werden Eingang finden in den ganz individuellen Teil der Satzung der von Ihnen konzipierten Stiftung:

- Soll die Stiftung den Namen des Stifters, des Stifterehepaars oder einen ganz anderen Namen tragen?
- Wie vielen Zwecken soll sich die Stiftung widmen?
- Welche Zwecke sollen es sein?
- Soll innerhalb der Zwecke ein Bereich ganz besonders gefördert werden? (Beispiel: Die Stiftung fördert Bildung und Ausbildung, insbesondere Bildungsmaßnahmen im naturwissenschaftlich-technischen Bereich.)
- Wie viele Personen sollen den Vorstand bilden?
- Soll die Stiftung auch eigene Einrichtungen gründen können?
- Soll die Stiftung auch im Ausland tätig sein oder gar überwiegend Projekte im Ausland realisieren?
- Welche Aufgaben und Pflichten soll das Stiftungskuratorium/der Stiftungsbeirat erfüllen?
- Wie oft im Jahr sollen die Gremien mindestens tagen?
- Wenn außer Geldvermögen auch Immobilien Teil des Stiftungskapitals werden sollen, sollte die Satzung klären, wie der Vorstand auch in späteren Jahren mit den Immobilien verfahren darf.
- Soll die Stiftung auch Fundraising betreiben und Zustiftungen aufnehmen?
- Sollen die Gremien ehrenamtlich arbeiten oder soll es auch möglich sein, einen hauptamtlichen Vorstand zu bestellen, sobald die Stiftung eine gewisse Vermögensmasse erreicht?
- Sollen Mitglieder der Familie stets wenigstens einen Sitz im Vorstand oder Kuratorium/Beirat der Stiftung haben?
- Sollen Familienmitglieder aus Erträgen des Stiftungsvermögens Zuwendungen erhalten dürfen? Bis zu einem Drittel der Erträge können laut geltendem Recht an den Stifter und dessen nächste Angehörigen ausgeschüttet werden, die diese Zuwendungen natürlich mit ihrem jeweiligen Steuersatz versteuern müssen (siehe hierzu vor allem Kapitel 3.3).

Die Fragen mögen niemanden erschrecken. Sie müssen aber überlegt sein, denn eine Stiftungssatzung sollte schon mit dem Ziel einer langen Gültigkeit erstellt werden. Diese Fragen sind auch im Gespräch mit einem fachkundigen Stiftungsberater oder Juristen schnell geklärt. Die Zeit und die Beratungsgebühr sind allemal gut investiert. Auch viele Banken bieten heute stiftungswilligen Kunden einen umfangreichen Beratungsservice an, der alle Gründungsfragen mit einschließt. Die Bank bereitet dann natürlich auch den Übergang des Teils des Privatvermögens in Stiftungsvermögen vor, den der Stifter im Stiftungsgeschäft als Stiftungskapital oder Grundstockkapital ausgewiesen hat. Das ist ein ganz einfacher Vorgang. Der Stifter muss für die Stiftung ein eigenes Konto einrichten. Darüber können nur Vorstandsmitglieder der Stiftung oder deren Rechtsvertreter verfügen. Erst wenn das Stiftungskapital auf dem Stiftungskonto eingegangen ist, ist die Stiftung gegründet. Dann erhält der Stifter eine Nachricht und nach einiger Zeit auch einen vorläufigen Freistellungsbescheid vom zuständigen Finanzamt. Er sichert der Stiftung die Steuervorteile, über die im dritten Teil des Buches mehr zu erfahren ist. Nun aber kann die neue Stiftung tätig werden.

Ich hoffe, ich habe Sie in Ihrem Vorhaben, Stifter zu werden, bestärken können. Wenn dem so ist, können Sie sich nun gleich dem zweiten Kapitel zuwenden, das detaillierter aufführt, was alles zur Etablierung einer neuen Stiftung gehört.

## 1.3 Sie überlegen, für eine Stiftung zu arbeiten, oder sind bereits bei einer Stiftung angestellt

In größeren Stiftungen hat die Arbeitsteilung längst zur Bildung von Referaten, Abteilungen, Programmteams oder Projektteams geführt. In kleineren Stiftungen oder in solchen, die erst frisch gegründet wurden, muss der Vorstand als alleiniger Geschäftsführer alles erledigen, vom Gespräch mit der Bank über die Anlage des Stiftungskapitals bis hin zu den Briefen, mit denen ein Fördergesuch bewilligt oder abgelehnt wird.

Für beide, den Allround-Generalisten wie den Fachreferenten, enthält vor allem Kapitel 3 eine Fülle von hilfreichen Hinweisen.

Wer als Leiter Finanzen/Vermögensanlage für eine große Stiftung tätig ist, muss das gleiche Anforderungsprofil erfüllen wie ein Kollege, der die Vermögensanlage von Versicherungen, Pensionskassen oder auch für andere kommerzielle Unternehmen leitet. Das betrifft ebenso die Buchhaltung. Lediglich einen Steuerfachmann kann sich die gemeinnützige Stiftung als steuerbegünstigte Einrichtung sparen.

Für die Projekt- und Programmarbeit ist grundsätzlich wichtig, dass der wissenschaftliche Mitarbeiter, der beispielsweise als Referent die inhaltliche Arbeit der Stiftung mitgestaltet, nicht zu eng an seinem wissenschaftlichen Fachgebiet klebt. Sehr oft wechseln Stiftungen nach einigen Jahren Arbeitsschwerpunkte aus. Wer als Germanist bislang ein Stipendienprogramm für jüngere literarische Übersetzer gehandhabt hat, muss auch in der Lage sein, ein Doktorandenprogramm für den Nachwuchs in Logistik und Verkehrswissenschaften zu entwickeln und umzusetzen. Natürlich geht dies in der Konzeptionsphase und für die fortlaufende Begutachtung der Anträge immer nur mithilfe der Fachwissenschaftler, aber der Programmmanager selbst muss ein Generalist sein und sich schnell in neue Arbeitsgebiete einlesen können.

Äußerst wichtig sind die kommunikativen Fähigkeiten, mit denen der Stiftungsmitarbeiter Netzwerke aufbaut und Verbindungen schafft. Wer mit der Grundhaltung, andere fördern zu wollen, etwas für andere zu tun, Probleme hat, sollte nicht für Stiftungen arbeiten.

Wer Spaß daran hat, morgens neue Projektideen in kleinen Teams zu diskutieren, sich – je nach Stiftungsschwerpunkt – in Zeitungen und auf Konferenzen über aktuelle Entwicklungen und Defizite in den Wissenschaften, im Bildungssektor, in den Künsten, im Umweltbereich zu informieren, wer flexibel Kenntnisse aus einem Bereich auf den anderen übertragen kann, ist bei Stiftungen gut aufgehoben. Er muss aber auch bereit sein, über Tage hin Anträge beispielsweise von hoffnungsvollen Doktoranden zu lesen, die sich für ein Förderprogramm der Stiftung beworben haben. Denn der Referent wird die erste Auswahl aus vielleicht über 200 Anträgen treffen, um daraus ein

Konvolut der 50 besten Anträge zusammenzustellen, die der Expertenjury zugeführt werden. Angst vor Aktenstudium hilft hier nicht weiter, Konzentrationsfähigkeit und Zähigkeit erweisen sich als gute Tugend. Der Referent muss auch Sitzungen leiten können, muss mit Professoren, Lehrern, Künstlern und sonstigen Fachleuten ebenso sprechen wollen wie mit Schülern, Studenten, Nachwuchskräften, die Anträge stellen. Er muss gut, verständlich und freundlich schreiben können, wobei das Verfassen dieser Briefe und E-Mails keine lange Zeit beanspruchen darf, denn auch für Stiftungsmitarbeiter ist Zeit ein knappes Gut. Gleichwohl gehört es sich, dass jede schriftliche Anfrage zügig schriftlich beantwortet wird, schließlich sind gemeinnützige Stiftungen sehr persönliche Unternehmen, gehören zum semioffiziellen, halbprivaten Bereich. Aber niemand wird es einem Stiftungsgeneralisten oder einem Referenten übel nehmen, wenn er in seinem Computer einen Absagebrief gespeichert hat, den er immer wieder hervorholen und durch Einsetzen von wenigen Wörtern aus dem Antrag persönlich gestalten kann.

Das große Problem der Absagenflut gehört für viele Stiftungen heute der Vergangenheit an, wann immer sie sich der modernen Computertechnologie zugewendet und eine eigene Homepage eingerichtet haben. Die meisten Antragsteller benutzen vor Absenden eines Förderantrags die einschlägigen Suchmaschinen. Wenn dann ein Krankenhausdirektor bei der Suche nach einer Finanzierungshilfe für ein neues Lasergerät die Homepage einer Stiftung sichtet, die mit der Förderung von medizinischen Apparaten gar nichts zu tun hat, wird er diese Stiftung erst gar nicht belästigen. Der Interneteintrag lohnt sich – auch für kleine Stiftungen.

Was individuelle Zusageschreiben enthalten müssen, erfahren Sie in Kapitel 3.8. Bei Zusagen sind Formbriefe aus dem Computer nur eingeschränkt nutzbar. Es gibt einige Passagen, die jedes Bewilligungsschreiben enthalten muss. Auch da kann die elektronische Textverarbeitung helfen. Jeder Stiftungsmitarbeiter wird schnell erleben, welche Erleichterungsmöglichkeiten die Vertrautheit mit dem Computer bietet.

Die Grundvoraussetzungen für eine Mitarbeit in einer Stiftung sind:

- in der Regel Abschluss eines wissenschaftlichen (eventuell auch künstlerischen) Studiums,
- Generalistenfähigkeit – Freude am Einsatz in unterschiedlichen Bereichen,
- hohe kommunikative Fähigkeiten,
- Freude am Fördern anderer,
- grenzenlose Neugier,
- breite Allgemeinbildung,
- keine Angst vor und keine Geringschätzung von administrativen Tätigkeiten,
- Kreativität – Lust, neue Dinge zu denken,
- Vertrautheit mit Möglichkeiten von EDV und Internet,
- Bereitschaft, auch für ein mittleres Einkommen hart arbeiten zu wollen.

Was ein Stiftungsmitarbeiter alles beachten und möglicherweise verbessern kann, zeigt vor allem Kapitel 3. Das nachfolgende zweite Kapitel wendet sich nun zunächst an den Stifter beziehungsweise an all diejenigen, die sich mit dem Gedanken an eine Stiftungsgründung tragen.

# 2 Der Stifter als Gründer

## 2.1 Beweggründe, eine gemeinnützige Stiftung zu errichten

Mit der Stiftungsgründung entscheidet sich der Stifter in aller Regel für eine langfristig angelegte Einrichtung, die nachhaltig ihre Ziele verfolgen kann. Da das Stiftungskapital nicht angegriffen wird, sondern nur die Erträge aus dem Stiftungskapital (Zinsen, Dividenden, Pacht- und Mieteinnahmen etc.) für die Zweckerfüllung verwendet werden, ist sie grundsätzlich auf Ewigkeit angelegt. Es sei denn, der Stifter entscheidet sich für eine sogenannte Verbrauchsstiftung. Dann wird die Laufzeit der Stiftung auf eine bestimmte Zeit, in der Regel 25 oder 50 Jahre (ein oder zwei Generationen), begrenzt. Neben den Zinsen wird bei der Verbrauchsstiftung auch Jahr für Jahr ein Teil des Stiftungskapitals für die Förderzwecke verwendet, sodass sich die Stiftung nach der festgelegten Laufzeit ganz „verbraucht" hat.

Waren bei den Stiftungsgründungen im Mittelalter und in der frühen Neuzeit noch überwiegend religiöse Motive ausschlaggebend, so sind diese nunmehr eher in den Hintergrund getreten. Diejenigen, die heute über eine Stiftung in die Gesellschaft hineinwirken wollen, bewegen vielfältige Gründe. Viele Stifter möchten

- eine lang gehegte Idee umsetzen,
- Gutes tun, die Tradition der Wohltäter fortsetzen,
- der Gesellschaft etwas zurückgeben,
- die Gesellschaft voranbringen, Reformen initiieren und für Innovation sorgen,
- etwas für die Heimatstadt, für die Region, für das Land tun,
- den Weiterbestand des eigenen Unternehmens sichern (siehe Kapitel 4),
- über den Tod hinaus wirken,

- den eigenen Namen verewigen,
- von den Menschen in der Stadt gelobt, anerkannt und geliebt werden,
- bei den Menschen in der Stadt in Erinnerung bleiben,
- eigene Ideen verwirklichen, statt immer mehr Geld dem Finanzamt zu überlassen,
- dem Staat zeigen, was Bürger selbst auf die Beine stellen können,
- religiöse Wertvorstellungen umsetzen,
- Wohlstand teilen,
- nach einem erfüllten Leben in der Wirtschaft noch einmal etwas Neues im sozialen Bereich starten,
- die Faszination des „Social Entrepreneur“ (Sozialunternehmer) erleben,
- gesellschaftliche Verantwortung übernehmen.

Letztlich gibt es kaum den *einen* Grund, sondern fast immer eine Vielfalt von Motiven, die den Einzelnen zu stifterischer Tätigkeit bewegen. Und wann immer Altruismus, Verantwortungsgefühl oder der Wunsch nach Teilhabe an der gesellschaftlichen Entwicklung den Bürger zum Stifter machen, so schwingt auch ein Bekenntnis zur Freiheit darin mit. Denn jede Stiftung, die gemeinnützig, aber gemäß den Vorstellungen und Zielen eines privaten Stifters tätig ist, ist Ausdruck eines freiheitlichen Gesellschaftssystems. Und jede neue Stiftung stützt und stärkt diese Freiheit.

## 2.2 Was ist eigentlich gemeinnützig?

Schon in der Einleitung haben Sie gelesen, dass der Gesetzgeber recht großzügig ist mit seiner Definition von Gemeinnützigkeit und Ihnen daher bei der Planung Ihrer gemeinnützigen Stiftung ein breites Spektrum von zukünftigen Wirkungsfeldern offensteht. Ein potenzieller Stifter findet immer schnell ein oder zwei Betätigungsfelder für seine Stiftung. Bildung und Soziales, Wissenschaft und Forschung, Kunst und Kultur, Naturschutz und Denkmalpflege, Völkerverständigung, Sport oder Medizin oder Armutsbekämpfung: Sie haben die Wahl, Sie suchen sich Ihr Thema für Ihre Stiftung selbst. Die Abgabenordnung, auf deren

Bedeutung für gemeinnützige Stiftungen Kapitel 3.3 näher eingeht, sagt dazu einleitend: Ist die Tätigkeit der Stiftung darauf gerichtet, die Allgemeinheit auf materiellem, geistigem und/oder sittlichem Gebiet selbstlos zu fördern, so handelt diese Stiftung gemeinnützig (§ 52 AO).

§ 52 Abs. 2 der Abgabenordnung benennt diese gemeinnützigen Zwecke ausdrücklich:

1. die Förderung von Wissenschaft und Forschung;
2. die Förderung der Religion;
3. die Förderung des öffentlichen Gesundheitswesens und der öffentlichen Gesundheitspflege, insbesondere die Verhütung und Bekämpfung von übertragbaren Krankheiten, auch durch Krankenhäuser im Sinne des § 67, und von Tierseuchen;
4. die Förderung der Jugend- und Altenhilfe;
5. die Förderung von Kunst und Kultur;
6. die Förderung des Denkmalschutzes und der Denkmalpflege;
7. die Förderung der Erziehung, Volks- und Berufsbildung einschließlich der Studentenhilfe;
8. die Förderung des Naturschutzes und der Landschaftspflege im Sinne des Bundesnaturschutzgesetzes und der Naturschutzgesetze der Länder, des Umweltschutzes, des Küstenschutzes und des Hochwasserschutzes;
9. die Förderung des Wohlfahrtswesens, insbesondere der Zwecke der amtlich anerkannten Verbände der freien Wohlfahrtspflege (§ 23 der Umsatzsteuer-Durchführungsverordnung), ihrer Unterverbände und ihrer angeschlossenen Einrichtungen und Anstalten;
10. die Förderung der Hilfe für politisch, rassisch oder religiös Verfolgte, für Flüchtlinge, Vertriebene, Aussiedler, Spätaussiedler, Kriegsopfer, Kriegshinterbliebene, Kriegsbeschädigte und Kriegsgefangene, Zivilbeschädigte und Behinderte sowie Hilfe für Opfer von Straftaten; Förderung des Andenkens an Verfolgte, Kriegs- und Katastrophenopfer; Förderung des Suchdienstes für Vermisste;
11. die Förderung der Rettung aus Lebensgefahr;
12. die Förderung des Feuer-, Arbeits-, Katastrophen- und Zivilschutzes sowie der Unfallverhütung;
13. die Förderung internationaler Gesinnung, der Toleranz auf allen Gebieten der Kultur und des Völkerverständigungsgedankens;
14. die Förderung des Tierschutzes;
15. die Förderung der Entwicklungszusammenarbeit;
16. die Förderung von Verbraucherberatung und Verbraucherschutz;
17. die Förderung der Fürsorge für Strafgefangene und ehemalige Strafgefangene;

18. die Förderung der Gleichberechtigung von Frauen und Männern;
19. die Förderung des Schutzes von Ehe und Familie;
20. die Förderung der Kriminalprävention;
21. die Förderung des Sports (Schach gilt als Sport);
22. die Förderung der Heimatpflege und Heimatkunde;
23. die Förderung der Tierzucht, der Pflanzenzucht, der Kleingärtnerei, des traditionellen Brauchtums einschließlich des Karnevals, der Fastnacht und des Faschings, der Soldaten- und Reservistenbetreuung, des Amateurfunkens, des Modellflugs und des Hundesports;
24. die allgemeine Förderung des demokratischen Staatswesens im Geltungsbereich dieses Gesetzes; hierzu gehören nicht Bestrebungen, die nur bestimmte Einzelinteressen staatsbürgerlicher Art verfolgen oder die auf den kommunalpolitischen Bereich beschränkt sind;
25. die Förderung des bürgerschaftlichen Engagements zugunsten gemeinnütziger, mildtätiger und kirchlicher Zwecke.

Wollen Sie mit Ihrer Stiftung jedoch einen Zweck verfolgen, der außerhalb des oben genannten Katalogs steht, so kann im Rahmen eines besonderen Anerkennungsverfahrens auch dieser Zweck als gemeinnützig anerkannt werden. Sie müssen diese von Ihnen gewünschte Ausnahme vom Regelkatalog jedoch gut begründen. §52 Absatz 1 und §55 der Abgabenordnung legen noch einmal ausdrücklich fest, dass gemeinnütziges Wirken selbstlos geschehen muss, die gemeinnützige Stiftung darf also nicht in erster Linie eigenwirtschaftliche Zwecke verfolgen (zum wirtschaftlichen Geschäftsbetrieb, den eine Stiftung nachgeordnet betreiben darf, siehe Kapitel 3.3). Die gemeinnützige Stiftung muss zudem stets einem größeren, nicht von vornherein begrenzten Personenkreis dienen (siehe Kapitel 3.3). Unterstützt Ihre Stiftung die Erforschung der altenglischen Sprache, so wird sie letztlich zwar keine allzu große Zahl von Sprachwissenschaftlern fördern, doch ist der Personenkreis, dem diese Stiftung helfen wird, nicht begrenzt. Der Anerkennung als gemeinnützige Stiftung steht also das gewählte Ziel der Stiftung nicht im Wege. Soll Ihre Stiftung aber nur den Mitarbeitern Ihrer Firma oder den Bewohnern Ihres Zweifamilienhauses zugutekommen, wird die Aufsichtsbehörde dieser Stiftung die Anerkennung als gemeinnützig verweigern. Dann kommt nur die sogenannte Familienstiftung infrage, die nicht gemeinnützig und daher auch nicht steuerbegünstigt ist (zur Familienstiftung siehe Kapitel 4.2).

Schon beim Ausfüllen Ihrer Einkommensteuererklärung ist

Ihnen sicherlich aufgefallen, dass ebenso steuerbegünstigt wie die gemeinnützige Stiftung auch diejenige ist, die mildtätige oder kirchliche Zwecke verfolgt. Mildtätigen Zwecken dient eine Stiftung dann, wenn sie selbstlos Menschen unterstützt, die aufgrund von Krankheit, von körperlichen, geistigen oder psychischen Gebrechen oder aufgrund von materieller Bedürftigkeit auf Hilfe angewiesen sind. Finanzielle Zuwendungen an diesen Personenkreis sind an bestimmte Voraussetzungen gebunden, die die mildtätig wirkende Stiftung beachten muss. Kirchlichen Zwecken dient eine Stiftung dann, wenn sie selbstlos Religionsgemeinschaften unterstützt. Diese Religionsgemeinschaften müssen Körperschaften des öffentlichen Rechts sein, um als Empfänger (Destinatär) von Förderungen der Stiftung infrage zu kommen. Wenn Sie wollen, dass Ihre Stiftung nicht nur einige der zahlreichen gemeinnützigen Zwecke, sondern darüber hinaus auch mildtätige und/oder kirchliche Zwecke verfolgen soll, so können Sie dies in der Satzung festlegen. Aber Vorsicht: Es droht die Verzettelung, die keiner Stiftung bekommt. Auch wer gemeinnützig tätig ist, sollte fokussiert und effizient arbeiten.

## 2.3 Stiftung, Stiftungs-GmbH oder Stiftungsverein?

Die ZEIT-Stiftung ist eine gemeinnützige Stiftung des *bürgerlichen* Rechts, gegründet von einem Privatmann, Gerd Bucerius. Das Landesmuseum Schloss Gottorf in Schleswig ist eine gemeinnützige Stiftung des *öffentlichen* Rechts, gegründet per Gesetz vom Bundesland Schleswig-Holstein. Das Geburtshaus Papst Benedikts XVI. in Marktl am Inn ist eine *kirchliche* Stiftung. Die Bosch Stiftung ist eine *gemeinnützige GmbH*, die Studienstiftung des deutschen Volkes ist ein *gemeinnütziger Verein.*

Für die Privatperson oder ein Unternehmen als potenzieller Stifter kommen Stiftungen des öffentlichen Rechts oder kirchliche nicht infrage, denn diese Rechtsformen sind der öffentlichen Hand beziehungsweise den Kirchen vorbehalten. Die gemeinnützige Stiftung des bürgerlichen Rechts ist die weit überwiegend gewählte Rechtsform, die Stiftungs-GmbH und der Stiftungsverein, die sogenannten „Ersatzformen“, spielen eine klar nachgeordnete Rolle. Das hat gute Gründe. Ein Stifter, der einen ganz bestimmten, selbst gewählten gemeinnützigen Zweck auch über seinen Tod hinaus verfolgen will, entscheidet sich für die rechtsfähige Stiftung des bürgerlichen Rechts. Da diese im Gegensatz zu den privatnützigen Familienstiftungen (Kapitel 4.2) öffentliche Aufgaben wahrnimmt, spricht man auch von der öffentlichen Stiftung des bürgerlichen Rechts, nicht zu verwechseln mit der ebenso öffentlichen Stiftung des öffentlichen Rechts.

Mit der Stiftung des bürgerlichen Rechts stellt der Stifter sicher, dass nicht eines fernen Tages ein Vorstand entscheidet, doch einmal ganz andere Ziele zu verfolgen. Diese Unabänderlichkeit und damit Nachhaltigkeit der Zweckverfolgung gewährt die Stiftung, nicht die gemeinnützige GmbH und nicht der Verein, denn diese beiden Rechtsformen können per Gesellschafterbeschluss oder per Mitgliederversammlung ihre Zielrichtung jederzeit ändern. Nur bei der Stiftung wacht die staatliche Stiftungsaufsicht darüber, dass der jeweilige Vorstand seine Förderentscheidungen stets satzungskonform gemäß den Vorstellungen des Stifters trifft.

Nur bei der Stiftung steht ein Stiftungskapital zur Verfügung, das unangetastet bleibt, da nur die Kapitalerträge für die Förderungen verwendet werden dürfen. Nur bei der Stiftung kann der Stifter die steuerrechtlichen Vergünstigungen genießen, die 2007 für das Einbringen von Stiftungskapital (Erstausstattung von neuen Stiftungen ebenso wie Zuführung von frischem Kapital in das Vermögen von schon bestehenden Stiftungen) gesetzlich beschlossen wurden (siehe Kapitel 2.6). Denn weder die gemeinnützige GmbH noch der Stiftungsverein verfügen über ein eigenes Stiftungskapital, sondern stattdessen über Gesellschafteranteile, Mitgliedsbeiträge und Spenden.

Auch für etwaige Fundraising-Überlegungen (siehe Kapitel 3.13) ist die Stiftung den anderen gemeinnützigen Rechtsformen überlegen, da nur sie langfristig wirkende Zustiftungen aufnehmen kann; GmbH und Verein müssen sich mit Spenden begnügen, die laut Abgabenordnung allerdings spätestens im Jahr nach Eingang verbraucht werden müssen.

Nur bei der Stiftung hat der Stifter die Sicherheit, dass auch nach seinem Ableben eine Auflösung seiner Stiftung äußerst schwierig ist und nur nach Rücksprache (oder auf Veranlassung) der Stiftungsaufsicht in Gang gesetzt werden kann. Es muss schon der gemeinnützige Zweck entfallen, sodass das eingesetzte Stiftungsvermögen plötzlich zwecklos wird – und auch dann wird die Stiftungsaufsicht gemeinsam mit dem Stiftungsvorstand zunächst einen verwandten Zweck suchen, von dem vermutet werden kann, dass er nahe am Willen und den ursprünglichen Zielvorstellungen des Stifters ist. Eine Auflösung ist jedoch dann nicht zu umgehen, wenn die materielle Basis der Stiftung entfällt. Der Börsencrash und die Inflation in den 20er-Jahren des letzten Jahrhunderts haben hier so manche Stiftung kapitallos gemacht, sodass sie nicht weiterexistieren konnte. Stiftungen wie die Hospitalstiftung zu Wemding hingegen, deren Stiftungskapital aus Waldbesitz besteht, existieren ohne Unterbrechung seit bald 1100 Jahren – und die Stiftungsaufsicht in Schwaben wacht darüber, dass diese Stiftung weiterhin Jahr für Jahr ihren Zweck der Hilfe für alte und gebrechliche Mitbürger erfüllt. Wenn die Stifter in Wemding 917 den Verein oder die GmbH als Rechtsform gewählt hätten, wäre ich mir nicht sicher, ob diese Einrichtung tatsächlich 2017 ihren 1100. Geburtstag feiern könnte.

Wenn Sie aber der Unabänderlichkeit des Zweckes, der Dauerhaftigkeit des Schutzes vor Auflösung und der Aufsicht weniger Wert beimessen und ganz bewusst eine flexiblere Form des gemeinnützigen Engagements vorziehen, sollten Sie über die GmbH oder auch den Verein weiter nachdenken. Doch lesen Sie zuvor noch die nachfolgenden Kapitel über die unselbstständige Stiftung, die Zustiftung und die Spende: drei Formen gemeinnütziger Aktivität mit abnehmender Komplexität.

## 2.4 Unselbstständig oder selbstständig?

Die gemeinnützige Stiftung des bürgerlichen Rechts ist mit der Anerkennung durch die Aufsichtsbehörde eine eigenständige Einrichtung, eine juristische Person, vertreten durch ihren Vorstand. Wer mit kleinem Vermögen eine Stiftung starten möchte und vielleicht aufgrund starker beruflicher Belastung gar nicht sehr viel Zeit mit der Stiftungstätigkeit verbringen kann, sollte die Variante der unselbstständigen Stiftung überlegen. Der Stifter einer unselbstständigen Stiftung genießt die gleichen steuerlichen Vorteile, sobald das Finanzamt auf der Grundlage der Stiftungssatzung die Gemeinnützigkeit anerkannt hat. Die Verwaltung seiner Stiftung legt er in die Hände eines Treuhänders. Früher waren solche Treuhänder sehr oft städtische Behörden, heute sind es vielfach Einrichtungen wie der Stifterverband für die Deutsche Wissenschaft oder Stiftungsverbände, die unter ihrem Dach kleinere bis mittelgroße Stiftungen verwalten. Oft bieten auch große Stiftungen einen derartigen Service an. In vielen Städten haben sich in den letzten Jahren Bürgerstiftungen gebildet (siehe Kapitel 5.7), die sehr oft unselbstständige Stiftungen verwalten, die einen lokalen Förderschwerpunkt haben (siehe auch das nächste Kapitel 2.5).

Der Treuhänder muss das Kapital der von ihm treuhänderisch verwalteten Stiftung getrennt von anderem Vermögen als Sondervermögen anlegen, er berät gemeinsam mit dem Stifter oder mit den vom Stifter dafür ausgesuchten Personen entsprechend der Satzung der unselbstständigen Stiftung über die Verwendung der Fördermittel. Er erledigt die gesamte Projektabwicklung, Buchhaltung und gegebenenfalls Öffentlichkeitsarbeit. Die treuhänderisch geführte Stiftung unterliegt nicht der Stiftungsaufsicht, sie muss daher auch nicht von der Stiftungsaufsicht anerkannt werden. Der Treuhänder haftet für die gesamte Stiftungstätigkeit. Ein Vertrag zwischen Stifter und Treuhänder (Treuhandvertrag) regelt das Verhältnis und benennt Rechte und Pflichten beider Parteien.

Die treuhänderisch geführte Stiftung ist ein bequemer Einstieg in das Stiftungsgeschäft. Wann immer der Stifter selbst die Zeit gefunden hat, sich stärker um seine Stiftung zu kümmern, kann er sie in eine selbstständige Stiftung überführen. Die Treuhandstiftung wird dann aufgelöst und eine selbstständige Stiftung bei der Stiftungsaufsicht angemeldet. Natürlich muss er dies mit dem Treuhänder abstimmen und hat am besten bereits im Treuhandvertrag eine entsprechende Klausel vereinbart, die eine mögliche Auflösung der Treuhandstiftung und die Errichtung einer selbstständigen Stiftung vorsieht. Nähere Auskunft zur unselbstständigen Stiftung finden Sie unter www.stifterverband.de.

## 2.5 Zustiftung und Spende

Nicht jeder Stifter möchte gleich eine eigene Stiftung gründen. Auch die unselbstständige Stiftung mit dem Treuhänder und Treuhandvertrag erscheint oft noch zu kompliziert. Die einfachste Möglichkeit ist die Zustiftung. Der Zustifter muss sich lediglich nach einer bereits bestehenden Stiftung umsehen, die in den Bereichen fördert, für die er selbst großes Interesse hat und denen seine Zustiftung zugutekommen soll. Ein Anruf bei der ins Auge gefassten Stiftung mit der Frage, ob sie denn eine Zustiftung annimmt, reicht, um das stifterische Wirken in Gang zu setzen. Denn in der Regel wird die Stiftung eine Zustiftung sehr begrüßen. Auch sogenannte Dachstiftungen, die mehrere unselbstständige Stiftungen mit ganz unterschiedlicher Zielsetzung versammeln, bieten sich an, die Zustiftung nach den individuellen Vorstellungen des Zustifters aufzunehmen. Sollten Sie Ihre Zustiftung für gemeinnützige Vorhaben nur in Ihrem Wohnort verwenden wollen, empfehle ich Ihnen die Kontaktaufnahme zur Bürgerstiftung in Ihrer Stadt (siehe Kapitel 5.7). Über 200 Bürgerstiftungen gibt es mittlerweile in Deutschland. Sie sind in der Regel Stiftungen mit einer großen Bandbreite an Satzungszwecken, gegründet von einer Gruppe von engagierten Bürgerinnen und Bürgern, die sich für ihre Stadt engagieren. Jeder Zustifter kann mit weitgehender Beteiligung an den Förderentscheidungen der Bürgerstiftung rechnen. Dieses partizipative vereinsnahe Element mit großen Mitspracherechten hat diese aus den USA stammende Form der Stiftung auch in Deutschland sehr populär gemacht.

Wenn also die Zustiftung für Sie infrage kommt, sollten Sie mit einer Stiftung sprechen, deren Programm und deren Ergebnisse Ihnen zusagen, und Ihre gemeinnützigen Ziele mit der Geschäftsführung dieser Stiftung besprechen. Stellt sich heraus, dass die Stiftung gar nicht in dem Bereich tätig ist, den Sie fördern wollen, wird man Sie sicherlich gern an eine geeignete Stiftung verweisen. Haben Sie diese gefunden und sagt sie Ihnen auch von der Art der Geschäftsführung, vom öffentlichen Auftritt, vom Renommee her zu, sollten Sie vor Ihrer endgültigen Entscheidung Folgendes klären:

- Wie ist das Finanzergebnis der Stiftung in den letzten fünf Jahren?
- Wie ist das Geld angelegt?
- Soll Ihre Zustiftung separat angelegt werden, sodass Sie von Jahr zu Jahr sehen können, welchen Finanzertrag Ihre Zustiftung erbracht hat, oder soll die Zustiftung ganz verschmolzen werden mit dem schon bestehenden Stiftungskapital?
- Welchen Einfluss haben Sie – falls von Ihnen gewünscht – auf die Entscheidung, wie die jährlichen Erträge der Zustiftung verwendet werden?
- Wie erfahren Sie von den Ergebnissen der Förderung?
- Sollen Projekte, die aus den Erträgen Ihrer Zustiftung gefördert werden, eine eigene Kennzeichnung bekommen?

Bei der Zustiftung haben Sie die freie Wahl: Sie können Ihre Zustiftung der aufnehmenden Stiftung mit dem Vermerk „Zustiftung" überweisen, und das war's. Die aufnehmende Stiftung erhöht dadurch ihr Stiftungskapital und kann ihre Satzungszwecke noch besser und in noch größerer Zahl erfüllen.

Sie können jedoch mit der aufnehmenden Stiftung vertraglich vereinbaren, dass die Erträge Ihrer Zustiftung separat ausgewiesen werden und Sie an der Entscheidung beteiligt werden, was mit diesen Erträgen unterstützt werden soll. Die Zustiftung ist jedoch für immer an die aufnehmende Stiftung abgegeben worden. Sie können sie nicht zurückverlangen. Sie können auch nicht wie bei der unselbstständigen Stiftung vereinbaren, dass das zugestiftete Kapital eines Tages für die Gründung einer eigenen selbstständigen rechtsfähigen Stiftung verwendet wird. Anders als bei der unselbstständigen Stiftung kann die Zustiftung auch nur von einer rechtsfähigen Stiftung (des bürgerlichen Rechts, aber auch des öffentlichen Rechts oder des Kirchenrechts) aufgenommen werden. Die Zustiftung unterliegt als nunmehr unverbrüchlicher Teil der aufnehmenden Stiftung selbstverständlich der Stiftungsaufsicht, die für die aufnehmende Stiftung zuständig ist.

Der Gestaltungsspielraum für das Verhältnis zwischen Zustiftung und aufnehmender Stiftung ist groß. Ebenso groß ist die steuerliche Begünstigung der Zustiftung. Sie genießt seit 2007 die gleiche steuerliche Vorzugsbehandlung wie die Erst-

# Robert Bosch Stiftung

Foto: Robert Bosch Stiftung

Die Robert Bosch Stiftung in Stuttgart gehört zu den großen unternehmensverbundenen Stiftungen in Deutschland. Insgesamt hat die Stiftung seit ihrer Gründung im Jahr 1964 840 Millionen Euro für Projekte zur Verfügung gestellt.

Die Robert Bosch Stiftung fördert unter anderem den akademischen Nachwuchs und intensiviert den internationalen Wissenschaftsdialog. Darüber hinaus setzt sich die Robert Bosch Stiftung für die öffentliche Gesundheitspflege ein. Mit Programmen wie „Der Deutsche Schulpreis“ gibt sie Anstöße zur Verbesserung des deutschen Bildungssystems.

Die Robert Bosch Stiftung engagiert sich langfristig in der Völkerverständigung, geht gegen Vorurteile an und will Umdenken bewirken, unter anderem indem sie Nachwuchsführungskräfte in Politik, Wirtschaft, Medien und Verwaltung unterstützt und Begegnungen auf vielerlei Ebenen ermöglicht. Eins der vielen Projekte im Ausland ist das „Deutschmobil“: Junge Lektoren aus Deutschland werben an französischen Schulen spielerisch für das Erlernen der deutschen Sprache.

Weitere Informationen: www.bosch-stiftung.de

# wellcome gGmbH

Foto: wellcome

wellcome ist keine Stiftung im eigentlichen Sinn, sondern eine gemeinnützige GmbH, die es mittlerweile an mehr als 70 Orten in Deutschland gibt. wellcome bietet ein praktisches Hilfsangebot für Familien nach der Geburt eines Kindes. Wer keine praktische Unterstützung in den ersten Wochen und Monaten hat, kann bei wellcome anrufen und bekommt – ganz unbürokratisch – die Unterstützung durch eine ehrenamtliche Mitarbeiterin, meist selbst erfahrene Mutter. Wie ein guter Engel kommt die ehrenamtliche wellcome-Mitarbeiterin ins Haus und hilft da, wo es notwendig ist.

Die wellcome-Idee funktioniert: Die Ehrenamtlichen erfahren sehr schnell, dass sie mit ihrem Engagement etwas bewirken können. Und die Familie erhält eine individuelle, einfühlsame Unterstützung, die sie wirklich entlastet und dafür sorgt, dass das Eltern-Kind-Verhältnis nicht von Anfang an durch zu viele Überforderungssituationen getrübt wird.

Weitere Informationen: www.wellcome-online.de.

dotation für eine neu gegründete Stiftung. Der Zustifter kann demnach bis zu einer Million Euro Zustiftungskapital verteilt auf bis zu zehn Jahre bei seiner Einkommensteuererklärung steuerwirksam geltend machen (siehe Kapitel 2.6). Der Staat belohnt zu Recht die endgültige Hingabe von Privatvermögen für gemeinnützige Zwecke – und die Zustiftung macht dies besonders leicht.

Der Unterschied zwischen Zustiftung und Spende liegt darin, dass nur die Zustiftung das Stiftungskapital vermehrt. Die Spende hingegen wird den Erträgen, nicht dem Kapital, zugeführt. Die Spende erhöht den Betrag, den eine Stiftung unmittelbar zur Förderung eines Vorhabens bereitstellt. Die Stiftung, die eine Spende erhält, muss diese Spende nach Eingang spätestens am Ende des nächsten Jahres ausgegeben haben. Der Spender erhält von der Stiftung eine Zuwendungsbestätigung, die er für seine Steuererklärung braucht. Seit 2007 darf jeder Bundesbürger Spendenbeträge in Höhe von bis zu 20 % seines Einkommens steuerlich geltend machen.

In der ZEIT-Stiftung erreichen uns immer wieder Spenden für einzelne Förderprojekte, vor allem wenn diese in den Medien vorgestellt wurden. Selbstverständlich wird die Spende dann genau diesem Zweck zugeführt. Ist es ein größerer Betrag, der uns zugewendet werden soll, fragen wir nach, ob nicht die Zustiftung die bessere, weil langfristig wirkende Alternative wäre. Dies besonders dann, wenn es sich beispielsweise um die Förderung von Bildungsprogrammen für benachteiligte Kinder und Jugendliche handelt, werden doch diese Zwecke uns noch in Jahrzehnten beschäftigen. Diese Gespräche machen deutlich, dass die Zustiftung für viele, die gemeinnützig tätig werden wollen, noch immer die große Unbekannte ist, dabei hat ihre unkomplizierte Handhabe und nachhaltige Wirkung überzeugende Vorteile.

## 2.6 Rechtliche und steuerrechtliche Grundlagen für den Gründungsprozess

Jeder Bürger der Bundesrepublik hat das Recht, eine Stiftung zu gründen. Als föderaler Staat hat die Bundesrepublik die gesamte Handhabe der Gründung (und der Beaufsichtigung) von Stiftungen auf die Länderebene verlagert. Daher finden sich im Bürgerlichen Gesetzbuch (BGB) auch nur wenige Paragrafen zu Stiftungen (§§ 80 bis 88 BGB), und alles Weitere regeln die Ländergesetze. Diese sind in vielen Bundesländern in den letzten Jahren überarbeitet und verschlankt worden, wollen doch die meisten Länder ihren Bürgern das Stiften so leicht wie möglich machen.

Wie bereits im Kapitel 1.2 ausgeführt, wendet sich der Stiftungsgründer an die Stiftungsaufsicht, die in den Flächenländern meist bei den Landesministerien oder in den Regierungsbezirken angesiedelt ist, in den Stadtstaaten bei einer Fachbehörde. Wo die Stiftungsaufsicht in Ihrem Bundesland verortet ist, finden Sie in dem für Sie geltenden Landesstiftungsgesetz. Aber auch der Anruf beim Bürgermeister Ihrer Stadt wird reichen, dass Sie erfahren, wer für Sie als potenzieller Stifter zuständig ist. Sie haben die Vorüberlegungen (siehe Kapitel 1.2) abgeschlossen, sich für die Gründung einer steuerbegünstigten Stiftung entschieden, die allein gemeinnützige (oder mildtätige oder kirchliche) Zwecke verfolgt, sie haben den Stiftungszweck genauer definiert (siehe Kapitel 2.2) und legen der Aufsichtsbehörde das schriftlich verfasste „Stiftungsgeschäft" vor, begleitet von der Satzung (siehe Kapitel 2.8). Sobald das Stiftungsvermögen auf die Stiftung übertragen worden ist und das Finanzamt Ihnen die vorläufige Freistellung mitgeteilt hat, kann es losgehen.

Das *Stiftungsgeschäft* ist eine schriftliche Willenserklärung, mit der der Stifter festlegt,

- wie die Stiftung heißt,
- wer der Stifter ist,

- wo die Stiftung ihren rechtlichen Sitz hat,
- welche Zwecke sie verfolgt,
- mit welchem Vermögen sie ausgestattet wird und
- wer die Stiftung als Vorstand vertritt.

Die Kernbestandteile des Stiftungsgeschäfts bilden die Grundlage der Stiftungssatzung, die noch eine Reihe weiterer Punkte (Aufgaben der einzelnen Gremien, Wahl der Gremienmitglieder etc.) klärt (siehe Kapitel 2.8). Wenn Immobilienvermögen oder GmbH-Anteile auf die Stiftung übertragen werden sollen, empfiehlt es sich, das Stiftungsgeschäft notariell beurkunden zu lassen. Ansonsten ist die Beurkundung durch den Notar nicht vorgeschrieben.

Den Namen der Stiftung kann der Stifter frei wählen, sollte aber darauf achten, dass seine Stiftung nicht mit einer (nahezu) gleichnamigen in der Nachbarstadt verwechselt werden kann.

Die Stiftung muss einen Vorstand haben, der aus einer Person oder mehreren Personen besteht. Im Stiftungsgeschäft benennt der Stifter selbst den ersten Vorstand, die Satzung legt dann fest, nach welchen Regeln zukünftig Vorstandsmitglieder ernannt oder auch entlassen werden.

Die meisten Stiftungsaufsichtsbehörden geben sich mit einer Mindestausstattung von 50 000 Euro als Stiftungskapital zufrieden, lieber sehen sie es jedoch, wenn man mindestens 100 000 Euro bereitstellt. Schließlich soll ja aus den Erträgen der Stiftungszweck tatsächlich erfüllt werden können. Für die Anlage des Vermögens sagen die Stiftungsgesetze der Länder, dass das Stiftungsvermögen „sicher und ertragbringend anzulegen“ (§ 4 Abs. 2 StiftG Hamburg) ist. Das Bayerische Stiftungsgesetz sagt dazu: „Das Vermögen, das der Stiftung zugewendet wurde, um aus seiner Nutzung den Stiftungszweck dauernd und nachhaltig zu erfüllen (Grundstockvermögen), ist ungeschmälert zu erhalten“ (Art. 11 Abs. 2 StiftG Bayern). Und auch in Niedersachen heißt es: „Das Stiftungsvermögen ist in seinem Bestand ungeschmälert zu erhalten“ (§ 6 Abs. 1 StiftG Niedersachsen). Auch wenn diese „Erhaltungsklausel“ nicht in allen Landesgesetzen ausdrücklich verankert ist, ähneln sich die Gesetzestexte (siehe hierzu auch Kapitel 3.3). Die Vorgabe, dass das Stiftungskapital erhalten bleiben muss und nur die Erträge ausgeschüttet werden, muss der Stifter vor Augen haben, wenn er mit seiner Bank die Anlage des Stiftungsvermögens berät. Die Banken kennen diese Bedingungen und halten entsprechende Anlageangebote vor. Die Haftung aber liegt allein beim Vorstand der Stiftung.

Steuerlich hat der Gesetzgeber im Jahr 2007 erhebliche Erleichterungen bei Zuwendungen an gemeinnützige Stiftungen beschlossen, die gerade auch die Neugründungen beflügeln. Der Stifter kann nämlich seit 2007 eine Million Euro als Stiftungskapital bereitstellen und diesen Betrag auf bis zu zehn Jahre verteilt von dem Gesamtbetrag seiner Einkünfte steuerwirksam abziehen. Ist der Stifter verheiratet, so kann der Ehepartner noch einmal die gleiche Regelung für sich in Anspruch nehmen. Nach zehn Jahren kann der Stifter (und dessen Ehepartner) erneut bis zu einer Million Euro stiften und dieses Stiftungskapital erneut steuerwirksam auf bis zu zehn Jahre verteilt einsetzen. Hinzu kommt, dass der Stifter wie jeder Steuerbürger seit 2007 Spenden in Höhe von bis zu 20 % vom Gesamtbetrag seiner Einkünfte steuerlich geltend machen kann. Natürlich gilt dies auch für den Neustifter, der die Spenden seiner eigenen Stiftung zuführt.

Gehen wir von Frau Mustermann aus, die 250 000 Euro im Jahr verdient, auf ihrem Bankdepot beträchtliche Vermögenswerte angesammelt hat und sich nun zur Gründung einer Stiftung entschließt. Sie gibt eine Million Euro in das Stiftungskapital und schreibt diese Summe auf zehn Jahre mit jährlich 100 000 Euro ab. Aus den Erträgen des Stiftungskapitals abzüglich der Kosten für die Kapitalverwaltung kann die Stiftung jährlich ein Drittel dem Stiftungskapital wieder zuführen (§ 58 Nr. 7a AO; siehe hierzu Kapitel 3.3). Bei 4 % Ertrag sind das pro Jahr je nach Kosten für die Kapitalverwaltung rund 10 000 Euro. Frau Mustermann spendet darüber hinaus ihrer eigenen Stiftung jährlich 20 % vom Gesamtbetrag ihrer Einkünfte, also 50 000 Euro, damit die Stiftung von Anfang an eine ordentliche Summe zur Verfügung hat. Davon darf sie 10 % dem Kapital zur Sicherung der Ertragskraft zuführen, also zehn Jahre lang 5000 Euro. Nach zehn Jahren hat Frau Mustermanns Stiftung allein auf diese Weise ein Kapital von 1,15 Millionen angesammelt, dessen Zinsen und Dividenden bei 4 % Ertrag zuzüglich der großzügigen Jahresspende immerhin rund 70 000 Euro pro Jahr für die Zweckerfüllung einschließlich Stiftungsverwaltung ergeben. Mit der eigentlichen Förderung kann Frau Mustermann übrigens bis zum Ende des dritten Jahres nach Stiftungsgründung warten. Die bis dahin angelaufenen Erträge des eingesetzten Kapitals können im Kapital verbleiben. Erst drei Jahre nach Stiftungsgründung müssen die Jahreserträge innerhalb von bis zu zwei Jahren für die Stiftungszwecke ausgegeben werden.

Ich denke, es ist nur fair, dass die Stiftung spätestens drei Jahre nach ihrer Errichtung dann auch tatsächlich mit der Fördertätigkeit beginnen muss. Dafür ist sie schließlich geschaffen worden. Eine Stiftung ist keine Sparkasse. An der Musterrechnung für Frau Mustermanns Stiftung wird deutlich, wie sehr der Staat über die steuerlichen Erleichterungen kräftige Anreize vorhält, um möglichst viele Bürger zu Stiftern zu machen. Denn als Frau Mustermann vor der Stiftungsgründung und ihrer jährlichen Spende von 50 000 Euro das Jahreseinkommen von 250 000 Euro versteuern musste, zahlte sie etwa 104 000 Euro an Einkommensteuer einschließlich Solidaritätszuschlag. Nach Gründung ihrer Stiftung und nach ihrem Entschluss, der Stiftung auch noch jährlich die steuerlich höchstmögliche Spende von 50 000 Euro (20 % von 250 000 Euro Jahreseinkommen) zukommen zu lassen, versteuert Frau Mustermann lediglich 100 000 Euro und zahlt etwa 36 000 Euro einschließlich Solidaritätszuschlag. Das Finanzamt hilft demnach Frau Mustermann in beträchtlicher Höhe. Es verzichtet auf Steuereinnahmen in Höhe von etwa 68 000 Euro jährlich, auf zehn Jahre sind das ca. 680 000 Euro.

Ist Stiften demnach ein Steuersparmodell? Ja, Frau Mustermann „spart" auf zehn Jahre gerechnet 680 000 Euro an Steuern, aber nur, weil sie 1,5 Millionen Euro für immer (!) für gemeinnützige Zwecke hingegeben hat. Wer über eine Stiftung dauerhaft gibt, muss nun wahrlich keine Skrupel haben, dass das Finanzamt diese Hingabe von persönlichem Vermögen durch Steuernachlässe belohnt. Die öffentliche Hand weiß, warum sie hier großzügig ist: Das von Frau Mustermann investierte Stiftungskapital kommt der Gemeinschaft auf lange Zeit zugute. Bei einer Jahresverzinsung von 4 % amortisiert sich der auf zehn Jahre gewährte Steuervorteil von insgesamt 680 000 Euro bereits nach dem zwölften Jahr.

Kann Frau Mustermann auch noch mehr als eine Million Euro als Stiftungskapital bereitstellen? Selbstverständlich. Nach oben sind keine Grenzen gesetzt. Doch steuerlich absetzen kann Frau Mustermann nur alle zehn Jahre eine Million Euro und maximal 20% der Jahreseinkünfte als Spendenabzug gemäß Einkommensteuergesetz. Ihr Ehemann allerdings kann – auch bei gemeinsamer steuerlicher Veranlagung – der Stiftung seiner Frau eine Zustiftung leisten und dafür die gleichen steuerlichen Vergünstigungen für Dotationen an Stiftungen geltend machen. Alle Zuwendungen darüber hinaus müsste das Ehepaar Mustermann aus versteuertem Einkommen leisten, wobei die Zuwendung an die Stiftung stets von der Schenkungsteuer befreit ist.

Wenn Sie Frau Mustermanns Beispiel überzeugt hat, werden Sie vielleicht fragen, ob Frau Mustermann aus den Stiftungserträgen auch Familienmitglieder unterstützen kann?

Ja! § 58 Nr. 5 der Abgabenordnung (AO) sieht vor, dass der Stifter festlegen kann, dass bis zu einem Drittel der Jahreserträge seiner Stiftung ihm selbst beziehungsweise den engsten Familienangehörigen als Lebensunterhalt zugeführt wird (was diese Personen selbstverständlich versteuern müssen). Als engste Familienangehörige gelten Ehepartner, Kinder, Enkelkinder, Eltern, Großeltern und Geschwister. Diese Kannbestimmung darf die Stiftung also nur bis in die übernächste Generation des Stifters ausführen. Sie soll der Familie eine kleine finanzielle Unterstützungsmöglichkeit bieten und deren Zustimmung zu elterlichen oder großelterlichen Stiftungsplänen erleichtern (siehe hierzu Kapitel 3.3).

Kann Frau Mustermann über die Stiftungsgründung ihre Erben enterben?

Nein! Das der Stiftung zu Lebzeiten zugeführte Vermögen ist grundsätzlich nur dann von allen Erbregelungen ausgenommen, wenn zwischen der Zuwendung an die Stiftung und dem Tod des Stifters mehr als zehn Jahre liegen. Um Erbstreitigkeiten zu vermeiden, sollte vor der Stiftungsgründung mit den Erben Einvernehmen darüber erreicht werden, dass das Stiftungsvermögen von der Erbmasse ausgenommen bleibt (Erbverzichtsvertrag). Geschieht dies nicht und stirbt der Stifter innerhalb von zehn Jahren nach der Zuführung des Kapitals an die Stiftung, so haben die Erben die Möglichkeit, einen Pflichtteilergänzungsanspruch anzumelden. Wenn sie nachweisen können, dass ihr Pflichtteil um den Betrag geschmälert wurde, der ihnen anteilsmäßig zugestanden hätte, wäre die Stiftung nicht gegründet oder begünstigt worden, so kommen auf die Stiftung große Probleme zu. Das sollte von vornherein vermieden werden.

Also sprechen Sie mit Ihrer Familie über Ihre Stiftungspläne, binden Sie die Familienmitglieder mit ein, erläutern Sie ihnen, welche Freuden des Stifters auf sie warten, aber verschweigen Sie nicht, dass das Stiftungsvermögen nach Gründung der Stiftung jedem privaten Zugriff entzogen ist. Im Erbfall wird die Stiftung weiter bestehen, das Stiftungsvermögen aber kann nicht mehr unter den Erben verteilt werden. Halten Sie die Zustimmung Ihrer Familienmitglieder vertraglich fest.

Und falls Frau Mustermann sich entscheidet, die Stiftung erst mit ihrem Tod zu errichten?

Selbstverständlich ist dies möglich, und immer wieder entscheiden sich Stifter für diesen Weg, wenn sie nicht zu Lebzeiten Vermögensteile endgültig einer Stiftung überlassen wollen. Im Anhang D ist daher neben dem Stiftungsgeschäft bei Gründung zu Lebzeiten auch die veränderte Formulierung für eine Stiftungsgründung von Todes wegen angefügt.

Frau Mustermann würde in letzterem Fall allerdings auf das Vergnügen verzichten, mit ihrer Stiftung noch selbst gemeinnützig tätig zu werden. Sie würde sich selbst der einzigartigen Befriedigung berauben, die jeder Stifter erlebt, wenn er Gutes tun kann, wenn er junge Menschen fördert oder Bedürftigen hilft. Auch würde Frau Mustermann in diesem Fall auf die oben dargelegten beträchtlichen Vergünstigungen bei der Einkommensteuer verzichten. Wie schade! Eine gewaltige steuerliche Erleichterung bleibt jedoch: Die Erbschaft, die Frau Mustermann ihrer von Todes wegen errichteten Stiftung zuführt, ist von der Erbschaftsteuer befreit.

Wenn Herr Mustermann in seinem Testament festhält, dass auch sein Vermögen bei seinem Tod der Stiftung seiner Frau zukommen soll, unterliegt diese Zustiftung ebenfalls nicht der Erbschaftsteuer. Grundsätzlich sind alle Zuwendungen an eine Stiftung von der Erbschaft- und Schenkungsteuer befreit.

Wenn die Stiftung dann gegründet ist, unterliegt ihre Tätigkeit nicht der Körperschaftsteuer und nicht der Gewerbesteuer, immer vorausgesetzt, sie bleibt gemeinnützig tätig. Gründet die Stiftung einen wirtschaftlichen Geschäftsbetrieb (siehe

Kapitel 3.3), zum Beispiel einen Museumsshop, so wird das Ergebnis dieser wirtschaftlichen Tätigkeit besteuert, sobald der Jahresumsatz des Betriebs 35 000 Euro übersteigt. Erwirbt die Stiftung ein Gebäude oder sonstige Ländereien, muss sie Grunderwerbsteuer zahlen. Kapitalertrag- oder Abgeltungsteuer zahlt die gemeinnützige Stiftung nicht. Alle Leistungen der Stiftung, mit denen ausschließlich der Stiftungszweck erfüllt wird, also Fördergelder, Stipendien, Einnahmen aus Spenden, Zustiftungen oder auch staatliche Zuschüsse, unterliegen nicht der Umsatzsteuer. Sobald die Stiftung gegründet ist und ihre Tätigkeit aufgenommen hat, muss der Vorstand und jeder Stiftungsmitarbeiter sehr sorgfältig darauf achten, dass die in der Abgabenordnung § 51 ff. dargelegten Bedingungen für steuerbegünstigte Körperschaften eingehalten werden. Die §§ 51 bis 62 der AO sollte daher jeder, der für eine Stiftung Verantwortung übernimmt, kennen und in seiner Schreibtischschublade obenauf aufbewahren (siehe hierzu Kapitel 3.3). Die genannten Paragrafen der AO sind im Anhang B in ihrer aktuellen Fassung (Stand: 2008) abgedruckt. Kapitel 3.3 gibt Hinweise, auf welche steuerrechtlichen Vorgaben bei der täglichen Arbeit insbesondere zu achten ist. Der im Buchhandel erhältliche „Anwendungserlass für die Abgabenordnung“ erläutert detailliert jede Ausführung der Abgabenordnung.

## 2.7 Die staatliche Anerkennung

Noch vor wenigen Jahren gab es ein Genehmigungsverfahren für Stiftungen, doch mit der stiftungsrechtlichen Gesetzesnovelle von 2002 hat man den Begriff „Genehmigung“ durch „Anerkennung“ ersetzt. Das ist durchaus etwas mehr als lediglich ein neues Etikett: Der Stifter hat einen Anspruch auf Anerkennung, sofern die gesetzlichen Voraussetzungen für die Stiftungserrichtung erfüllt sind (§ 80 Abs. 2 BGB). Demnach darf kein Zweck der Stiftung gesetzeswidrig sein, gegen die Verfassung verstoßen oder sittenwidrig das Gemeinwohl gefährden. Die Stiftungsbehörde/Stiftungsaufsicht prüft ebenso, ob das Stiftungsvermögen ausreicht, um die in der Stiftungssatzung aufgeführten Zwecke zu erfüllen. Dabei betrachtet die

Stiftungsaufsicht auch, welche Zustiftungen oder Spenden im Lauf der Jahre zu erwarten sind. Die Stiftungsbehörden haben hierzu reichhaltig Erfahrung gesammelt und können abschätzen, ob aus einer kleinen 50000-Euro-Stiftung dereinst nicht doch durch Erbschaft, Schenkung oder sonstige Zuwendung eine sehr viel finanzstärkere Stiftung erwachsen kann.

Nach der Anerkennung durch die Stiftungsaufsicht folgt der nächste Schritt. Das Finanzamt stellt einen vorläufigen Freistellungsbescheid aus und bescheinigt damit, dass die neue Stiftung als gemeinnützige Einrichtung steuerbegünstigten Zwecken dient und rechtlich wirksame Zuwendungsbestätigungen ausstellen darf. Dieser vorläufige Bescheid hat 18 Monate Gültigkeit, für Spendenzwecke sogar drei Jahre ab Ausstellungsdatum. Innerhalb 18 Monaten gibt die Stiftung eine Gemeinnützigkeitserklärung (Steuererklärung) beim Finanzamt ab und erhält dann einen regulären Freistellungsbescheid, der für Spendenzwecke für die kommenden fünf Jahre nach Ausstellung gültig ist und rechtzeitig erneuert werden muss.

Die Stiftungsaufsicht kann die Anerkennung zurücknehmen, falls über den Wert des Stiftungsvermögens falsche Angaben gemacht wurden oder wenn die Stiftung satzungswidrige Zwecke verfolgt beziehungsweise gegen die Gemeinnützigkeit verstößt. Die staatliche Stiftungsaufsicht hat demnach qualitätssichernde Funktion und lässt den Stifter nach Durchlaufen all der Anerkennungsvoraussetzungen ruhig auf die Zukunft seiner Stiftung blicken.

## 2.8 Satzung

Die Stiftungssatzung ist das Zentrum der Stiftung. Sie hat Bestand über den Tod des Stifters hinaus und ist die Richtschnur allen Handelns für alle kommenden Vorstände und Kuratoren der Stiftung. In der Satzung äußert sich der persönliche Wille des Stifters. Zu Recht verhalten sich die Aufsichtsbehörden sehr zurückhaltend, wenn nach Anerkennung der Stiftung, erst recht wenn nach dem Tod des Stifters die Satzung geändert werden soll. Vor allem die Änderung oder Erweiterung der Stiftungszwecke bedarf nach Aufnahme der Stiftungstätigkeit einer ausführlichen Begründung und wird von der Aufsichtsbehörde oft abgelehnt. Daher empfiehlt es sich, die Stiftungssatzung gründlich vorzubereiten, bevor der Stifter bei der Aufsichtsbehörde das Stiftungsgeschäft mit der Satzung zur Anerkennung anmeldet (siehe auch Einleitung und Kapitel 2.1).

Im Anhang E ist die Mustersatzung für eine Stiftung abgedruckt, die der Bundesverband Deutscher Stiftungen herausgibt. Wichtig ist, dass jede Satzung folgende Punkte regelt:

- Name der Stiftung,
- selbstständig oder unselbstständig,
- Zweck der Stiftung,
- Vermögensausstattung bei Start der Stiftung (Grundstock),
- Vertretung der Stiftung – der Vorstand,
- Wahl des Vorstands,
- Aufgaben des Vorstands
- Kuratorium (auch Stiftungsrat genannt),
- Wahl des Kuratoriums/Stiftungsrats,
- Aufgaben des Kuratoriums,
- eventuell weitere Gremien/Fachbeiräte,
- Vorkehrung für etwaige Auflösung der Stiftung,
- Vermögensanfall bei Auflösung,
- Inkrafttreten der Satzung.

Beabsichtigt der Stifter, einen Großteil der Fördermittel für Projekte im Ausland zu verwenden oder sogar nur Vorhaben im Ausland zu unterstützen, sollte dies in der Satzung vermerkt sein. Es empfiehlt sich auch, ausdrücklich auf die Möglichkeiten des §58 Nr.5 AO hinzuweisen, wenn der Stifter an sich oder an seine unmittelbaren Angehörigen bis zu einem Drittel der Erträge als sogenannte „Stifterrente" auszahlen möchte.

Wie bereits im Kapitel 1.2 ausgeführt, sollte die Satzung in Rücksprache mit der Stiftungsaufsicht aufgesetzt werden und ihr möglichst eine Beratung durch einen stiftungserfahrenen Rechtsanwalt oder Notar vorangehen. Auch gibt es seit Kurzem vom Bundesverband Deutscher Stiftungen zertifizierte „Stiftungsberater", die mit Stiftungswilligen ein Errichtungsgespräch führen und den Neustifter individuell und unabhängig beraten können. Die Lektüre einzelner Kapitel dieses Buches und die im Anhang E abgedruckte Mustersatzung erleichtern das Gespräch mit dem Stiftungs- oder Rechtsberater erheblich, da der Stifter dann bereits für sich geklärt hat, wohin die Reise seiner Stiftung gehen soll.

## 2.9 Gremien

Wie bereits weiter oben zu den Kennzeichen des Stiftungsgeschäfts ausgeführt, schreibt das Gesetz die Benennung eines Vorstands vor, der die Stiftung nach außen vertritt (§ 81 Abs. 1 BGB). Bewährt hat sich noch ein zweites Gremium, das in der Regel Kuratorium oder Stiftungsrat beziehungsweise Beirat genannt wird.

Der Stifter legt in der Satzung die Aufgabenverteilung zwischen den Gremien fest. In der Regel übernimmt der Vorstand alle ausführenden Funktionen, das Kuratorium wirkt als Aufsichtsrat und beratendes Gremium. Häufig aber einigt sich die Stiftung auf eine Geschäftsordnung, nach der die Entscheidung über die gesamte Ausrichtung der Stiftung und die Bewilligung über alle größeren Förderanträge in den Händen der Kuratoren liegen.

Große Stiftungen haben dann mitunter noch Fachbeiräte, die Vorstand und Kuratorium fachlich beraten, wenn es um die Einrichtung von Förderprogrammen oder um die Entscheidung zu vorliegenden Anträgen geht.

Ich rate generell zur Vorsicht gegenüber zu vielen Gremien, da sie die Arbeit einer Stiftung unnötig aufhalten können. Für eine kleinere Stiftung reicht es allemal, wenn der Stifter als Vorstandsvorsitzender handelt und ein oder zwei Vertraute mit in den Vorstand beruft. Zur jährlichen Entlastung des Vorstands richtet er ein kleines Kontrollgremium ein, das als Kuratorium den Vorstand berät und beaufsichtigt.

Will der Stifter jedoch über die Geschäftsordnung dem Kuratorium alle wichtigeren Aufgaben anvertrauen, auch die Entscheidung über alle finanziell umfangreicheren Anträge, so empfiehlt es sich, dass der Stifter selbst den Kuratoriumsvorsitz einnimmt und er für den Vorstand eine Person seines Vertrauens benennt, der als ausführendes Organ tätig wird (geschäftsführendes Vorstandsmitglied).

Nicht ausgeschlossen ist, dass der Stifter den Vorstandsvorsitz (die rechtliche Vertretung) und den Kuratoriumsvorsitz gleichzeitig übernimmt. Dies sollte aber nur zu Lebzeiten des Stifters gelten, danach sollten die exekutiven und die kontrollierenden Aufgaben scharf in zwei Gremien getrennt werden.

Ist die Stiftung größer und verfügt über beträchtliche jährliche Fördermittel, so empfehle ich, das Kuratorium als wichtigstes Gremium einzusetzen. Denn in der Regel ist die Kontinuität im Kuratorium einer Stiftung besonders groß. Auch kann eine Stiftung häufig sehr erfahrene Persönlichkeiten für ihr Kuratorium gewinnen, deren Rat und Kenntnisse die „Politik" der Stiftung wesentlich prägen. Der Stifter kann daher großes Vertrauen darin setzen, dass das von ihm zusammengesetzte Kuratorium auch über seinen Tod hinaus tatsächlich in seinem Sinne tätig sein wird und sein Werk fortsetzt.

Fachbeiräte sollte das Kuratorium oder der Vorstand nur temporär für bestimmte Aufgaben einberufen. Wenn die Stiftung beispielsweise beschließt, ein Stipendienprogramm für besonders begabte Nachwuchsmediziner einzurichten, die sich Demenz- und Alzheimer-Erkrankungen widmen sollen, so richtet die Stiftung für die Laufzeit dieses Programms einen Fachbeirat aus erfahrenen Medizinern ein, die nur für dieses Programm als Gutachter, Auswahlausschuss und Berater wirken.

*Ich empfehle demnach folgende Struktur:*
Ein **Vorstand**, der geschäftsführend tätig ist, der die stiftungseigenen rechtlichen und steuerrechtlichen Vorgaben kennt, der mit den Banken die Anlage des Stiftungskapitals regelt, kreativ, durchsetzungsfähig und kommunikativ die tägliche Arbeit der Stiftung managt und genügend Verantwortungsspielraum hat, um die Stiftung voranzubringen. Das lässt sich ab einer bestimmten Größe der Stiftung nicht mehr ehrenamtlich erledigen. Kommen mehr als 300 000 Euro im Jahr an Erträgen zusammen, sollte der geschäftsführende Vorstand nebenamtlich tätig sein, ab 1,5 Millionen Euro an Erträgen hauptamtlich. Soll der Vorstand weitere Mittel einwerben, muss bereits eher über eine hauptamtliche Anstellung (mit Erfolgskomponenten) nachgedacht werden. Eine vom Bundesverband Deutscher Stiftungen 2008 durchgeführte Umfrage ergab, dass Stiftungs-

geschäftsführer im Durchschnitt 67 000 Euro verdienen. Für eine Stiftung unter drei Millionen an Erträgen ist diese Gehaltshöhe sicherlich ausreichend.

Ein **Kuratorium**, das die wichtigsten Entscheidungen über die mittel- und langfristige Ausrichtung der Stiftung trifft. Das Kuratorium berät und entlastet den Vorstand. Es muss an Entscheidungen über Anträge, die eine gewisse Höhe übersteigen (z.B. Einzelanträge ab 75 000 Euro), beteiligt werden, während der Vorstand Anträge unter dieser Höhe bis zu einer jährlichen Gesamtgrenze selbst bewilligen kann. Mitglieder, die das 75. Lebensjahr erreicht haben, scheiden aus dem Gremium aus, allein der Stifter hat den Sitz im Kuratorium auf Lebenszeit. Das Kuratorium kann gegebenenfalls Ausschüsse bilden, beispielsweise einen Anlageausschuss, der den Vorstand bei der Finanzanlage berät.

## 2.10 Ziele und Strategie der Stiftung

Im Einleitungskapitel wurde darauf hingewiesen, dass der Stiftungszweck einer gemeinnützigen Stiftung nicht zu eng gefasst sein sollte. Das gilt vor allem für die selbstständige gemeinnützige Stiftung des bürgerlichen Rechts, von der im Folgenden stets die Rede ist, wenn der Begriff „Stiftung" fällt. Die unselbstständige Stiftung und erst recht die Zustiftung können eng fokussiert sein, die selbstständige Stiftung verfolgt dagegen eher breitere Ziele. Allerdings sollte sich der Stifter auch nicht zu viel vornehmen und der Stiftung zahllose Zwecke zugrunde legen, die mit den Erträgen aus dem Stiftungskapital oft gar nicht oder nur sehr unzureichend erfüllt werden können.

Wenn sich die Stiftung beispielsweise mit medizinischer Forschung beschäftigen soll, empfiehlt es sich, Vorbeugung und Therapie mit aufzunehmen. Auf diese Weise hat der Stifter im Gesundheitswesen ein wahrlich weites Feld abgesteckt und kann auch Projekte über die rein klinische Forschung hinaus unterstützen. Bildungsförderung spielt für die Entwicklung der Gesellschaft eine besonders große Rolle. Auch hier braucht eine mittlere Stiftung nicht noch zahlreiche weitere Satzungszwecke, kann sie doch schon unter Bildung sehr viele, auch ganz unterschiedliche Vorhaben erfüllen und in einem breiten Spektrum tätig werden.

Das Geheimnis einer erfolgreichen Stiftungsarbeit liegt immer darin, sich nicht zu verzetteln, sondern sich gezielt auf einige Zwecke zu konzentrieren und eine Förderstrategie zu entwickeln, die der Stiftung ein klares wiedererkennbares Profil gibt. Auch wenn der Stifter wünscht, dass seine Stiftung von ihrer Satzung her breit angelegt sein soll, um für eine sich stetig verändernde Zukunft gewappnet zu sein, er also beispielsweise Wissenschaft, Bildung, Gesundheitswesen und auch noch Sport fördern möchte, sollte seine Stiftung für die interne mittelfristige Planung für jeden dieser vier Satzungsbereiche einen eigenen Förderschwerpunkt definieren. Sie sollte diesen Schwerpunkt über einen längeren Zeitraum fördern. Alle Erfahrung zeigt, dass dies sehr viel besser ist, als ganz breit verschiedene Dinge innerhalb eines Förderbereichs zu unterstützen, was schnell konzeptionslos und beliebig wirkt. So bietet es sich für eine Stiftung mit den oben genannten vier Satzungszwecken an, im Bereich Wissenschaft beispielsweise für fünf Jahre nur die Geschichtswissenschaft oder nur die Erziehungswissenschaft schwerpunktmäßig zu fördern, statt heute eine kleine Summe für die Erforschung der altsorbischen Sprachverschiebung im 16. Jahrhundert bereitzustellen, gestern einen Antrag auf Hilfe für ein nanochemisches Forschungsvorhaben bewilligt zu haben und morgen einer Fachhochschule Geld für die Bibliothek des Fachbereichs Maschinenbau zu gewähren. Alle drei sind sicherlich im Einzelnen gut begründete Förderprojekte, aber wie will sich eine Stiftung profilieren, wenn sie ihre Mittel derart unkoordiniert verteilt? Wie will eine Stiftung zeigen, was die Zivilgesellschaft leisten kann, wenn sie mit kleiner Münze mal hier, mal dort, mal ganz woanders tätig ist? Wie will sich eine Stiftung vor den zahllosen Anträgen und Fördergesuchen retten, wenn sich herumspricht, dass diese Stiftung ein kunterbuntes Programm hat und man es doch einmal versuchen sollte. Eigenes Know-how kann die Stiftung erst recht nur dann erwerben, wenn sie bereit ist zur Konzentration, zur Definition eines Kerngeschäfts, das sie ja nach einer gewissen Zeitspanne durchaus gegen einen neuen Schwerpunkt austauschen kann. Mut zur Konzeption, zur Frage: „Was will ich mit meiner Stiftung tatsächlich erreichen, wo soll die Stiftung in fünf Jah-

# Michael Stich Stiftung

Foto: Thomas Behrendt

Die 1994 von Michael Stich gegründete Stiftung unterstützt HIV-infizierte und an Aids erkrankte Kinder in Deutschland. Sie erfüllt den Kindern ihre ganz persönlichen, kleinen Wünsche. Es sind die einfachen Dinge, die Kinderaugen leuchten lassen: der neue Schulranzen, der Urlaub auf dem Bauernhof, die Zahnspange oder die neue coole Brille sowie Weihnachtsgeschenke, Geburtstagsfeiern, Sprachreisen und Nachhilfeunterricht oder auch Reitstunden und Musikunterricht. Den betroffenen Familien hilft die Stiftung ganz unbürokratisch und persönlich. Sie arbeitet bundesweit mit Institutionen, wie Aids-Hilfen, HIV-Ambulanzen der Universitätskinderkliniken, Ärzten und karitativen Einrichtungen zusammen.

Neben der Direkthilfe für infizierte Kinder hat es sich die Stiftung zur Aufgabe gemacht, die Prävention und Aufklärung aktiv mitzugestalten, denn in den vergangenen Jahren ist die Zahl der HIV-Neuinfektionen auch in Deutschland drastisch angestiegen.

Weitere Informationen: www.michael-stich-stiftung.de

# Deutsche Nationalstiftung

Foto: David Ausserhofer

Nur wenige Jahre nach der Wende haben sich Bundeskanzler a. D. Helmut Schmidt, Gerd Bucerius, Kurt Körber, Michael Otto und weitere Persönlichkeiten zusammengetan und in Weimar die Deutsche Nationalstiftung gegründet. Sie fördert seit 1993 das Zusammenwachsen unseres Landes, stärkt mit ihren Projekten die Idee der deutschen Nation als Teil des vereinten Europas und befasst sich in Publikationen und Konferenzen beständig mit Fragen der deutschen Gegenwart und Zukunft.

Seit 1997 ehrt die Stiftung jährlich mit dem Nationalpreis Menschen, die sich ganz besonders um die Stiftungsziele verdient gemacht haben. Zu den Projekten gehört auch die „SchulBrücke Europa", die jährlich Schüler von über 30 Schulen aus zwölf europäischen Ländern zusammenbringt, die in Weimar und an anderen Orten der Bundesrepublik deutsche und europäische Themen diskutieren und sich mit der Wechselwirkung von Nationalstaat und Europa, deren Spannungsfeld und deren Chancen auseinandersetzen.

Weitere Informationen: www.nationalstiftung.de
und www.schulbruecke-europa.de

ren stehen?“, sollte Sie als wirkungsvollen Stifter von vornherein leiten.

Zur Frage der Strategie gehört auch die Überlegung, ob die Stiftung primär oder gar ausschließlich *operativ* oder allein *fördernd* tätig sein soll, oder sich beiden Arten der Zweckerfüllung widmen kann (siehe Kapitel 3.2). Die operative Stiftung entwickelt ihre Vorhaben allesamt selbst; die fördernde Stiftung hingegen unterstützt Dritte, die sich mit ihren Vorhaben an die Stiftung gewendet haben.

Für eine kleinere Stiftung ist das operative Geschäft nicht zu schaffen, sie sollte Dritte fördern, kann aber über eine eigene Schwerpunktsetzung dafür sorgen, dass nur Anträge aus einem bestimmten Gebiet eine Chance auf Förderung erhalten. Dadurch kann auch die fördernde Stiftung ein deutliches Profil ihrer Tätigkeit entwickeln. Je mehr Stiftungsmittel zur Verfügung stehen, desto eher kann eine Stiftung auch operative Tätigkeiten wahrnehmen, die in der Regel sehr viel mehr Personaleinsatz erfordern (siehe Kapitel 3.2).

## 2.11 Finanzmanagement

Das Gebot der Landesstiftungsgesetze für die Finanzanlage gibt keine genauen Vorgaben. Die meisten Landesgesetze weisen aber darauf hin, dass das Kapital der Stiftung in seinem Bestand erhalten bleiben soll. Viele Stiftungssatzungen schreiben, dass die Anlage des Stiftungskapitals nach den Maßgaben eines ordentlichen Kaufmanns zu erfolgen habe. Was bedeutet das?

Nirgendwo erfährt der Stifter, welche Anlageklassen eine Stiftung für sich ausschließen muss. „Zocken“ mit Aktien jenseits des Investmentgrades ist selbstverständlich ausgeschlossen. Eine Anlage des Geldes allein auf schlecht verzinsten Sparbüchern ist aber auch nicht ratsam. Ein Portefeuille, das neben Rentenpapieren auch Aktien von Dax-, M-Dax-, Euro-Stoxx oder ähnlich substanziellen Werten oder auch Unternehmensanleihen mit sehr gutem Rating beinhaltet, ist heute jedoch gängig. Zum Glück hat der Stifter und Stiftungsvorstand hier freie Hand und verantwortet die Finanzanlage selbst. Ist der

Vorstand nicht mit dem Stifter identisch, wird er das Kapital schon allein deswegen vorsichtig anlegen, weil ihm dieses Kapital treuhänderisch anvertraut wurde.

Der Stiftungsvorstand weiß, dass am Ende nur zählt, wie gut, wie nachhaltig, wie intensiv die Stiftung ihre Ziele hat erfüllen können. Eine möglichst sichere und zugleich ertragreiche Kapitalanlage ist die beste Grundlage, diese Ziele zu erfüllen. Mit Blick auf die Langfristigkeit der Stiftungsarbeit muss dem Vorstand aber ebenso daran gelegen sein, das Kapital so zu vermehren, dass möglichst die jährliche Teuerungsrate dem Kapital wieder zugeführt wird, sodass das Kapital im Wert erhalten bleibt. Das ist gar nicht einfach und in Jahren mit einer Teuerungsrate von jährlich über 3 % kaum zu erreichen.

Grundsätzlich gibt es zugunsten des Werterhalts zwei Möglichkeiten:

1. Die sogenannte Kapitalerhaltungsrücklage nach § 58 Nr. 7a AO. Das ist die freie Rücklage, in der jährlich bis zu einem Drittel der Erträge abzüglich der Kosten für die Finanzverwaltung gebunkert werden können.

Da diese Rücklage kaum ausreicht, um die jährliche Teuerungsrate auszugleichen, sollte man gleichzeitig die zweite Möglichkeit ausschöpfen:

2. Umschichtungsgewinne beim Verkauf von Wertpapieren verbleiben im Kapital. Sie gelten nicht als Kapitalerträge, die innerhalb von zwei Jahren nach Ausschüttung für die Stiftungszwecke verwendet werden müssen.

Daraus folgt eine Finanzanlage, die immer auch einen Teil in Aktien beinhaltet, da diese jenseits der Dividendenzahlungen Möglichkeiten des Wertzuwachses bergen. Die Dividenden gehören zu den ordentlichen Erträgen und müssen zur Erfüllung der Stiftungszwecke verwendet werden. Der Wertzuwachs beim Verkauf von Aktien bleibt hingegen im Kapital und lässt dieses langfristig wachsen, sofern die Situation an den Börsen nicht über lange Zeit einem negativen Trend folgt. Auch Umschichtungsgewinne aus dem Verkauf von sonstigen Wertpapieren, Fondsanteilen oder Immobilien verbleiben im Stiftungskapital.

Von daher empfiehlt sich folgende Anlage des Stiftungskapitals:

1. Für kleinere Stiftungen: 80 % in festverzinslichen Papieren, die einen sicheren Ertrag erbringen, mit dem die Stiftung für ihre Projekte kalkulieren kann. 20 % in Anleihen, möglichst solche mit hohen Dividenden und der Erwartung auf zukünftigen Wertzuwachs.
2. Für mittlere Stiftungen: 75 % festverzinslich, 25 % Aktien.
3. Für größere Stiftungen: 50 % festverzinslich, 30 % Aktien, 20 % Immobilien.

Aber auch bei dieser Verteilung gehen die Meinungen auseinander. Einige Stiftungen in Deutschland folgten 2007 dem Beispiel vieler amerikanischer Stiftungen und investierten durchaus auch in Private Equity und Hedgefonds. Die Finanzkrise 2008 hat diejenigen bestätigt, die besonders konservativ investiert hatten (siehe dazu auch Kapitel 5.6). Dennoch halte ich langfristig einen begrenzten Aktienanteil für sinnvoll. Ich empfehle eine gründliche Beratung durch Finanzfachleute. Vor einer substanziellen Anlage in Private Equity sollte die Stiftung zudem beim Finanzamt anfragen, denn schließlich verzichtet die Stiftung bei Private Equity in den ersten Jahren auf eine Ausschüttung, und dieser Verzicht muss mit dem Finanzamt vorab geklärt werden.

Wenn Sie als Stifter mit 50 000, 100 000 oder 200 000 Euro Ihre Stiftung gründen möchten, tun Sie immer gut daran, früh mit Ihrer Hausbank zu sprechen. Oftmals bietet diese sogenannte Stiftungsfonds an, die vergleichsweise sichere Erträge mit Wertzuwachs koppeln. Sehr oft liegt bei diesen Fonds ein Verhältnis von 75 bis 80 % festverzinslichen Titeln und 20 bis 25 % in Börsenwerten zugrunde. Sie werden nichts falsch machen, wenn Sie sich einem solchen Fonds mit Ihrer Stiftung nach gründlicher Information und nach Vergleich mit ähnlichen Angeboten anderer Banken anschließen. Lassen Sie sich aber zuvor genau erläutern, welche Kosten Ihnen für den Stiftungsfonds entstehen. Kein Stifter wird sich von einer Bank oder einem Finanzberater Märchen erzählen lassen, denn keine Bank, keine Kapitalanlagegesellschaft hat den todsicheren Kapitalmaximierungspakt im Angebot. Wählen Sie als Stifter die Geldanlage, mit der Sie auch schon zuvor Erfolg hatten und die

Sie ruhig schlafen lässt. Bei größeren Vermögen wird der Stifter ohnehin Vermögensberater an seiner Seite haben und über eigene geschlossene Fonds nachdenken.

## 2.12 Projekte

Viele Stifter haben Sorge, dass ihrer Stiftung nach der Gründung die Projekte fehlen. Oder es bekümmert sie, wie sie die richtigen Vorhaben auswählen sollen. Diese Sorgen sind in der Regel unbegründet.

Wie kommt die neu gegründete Stiftung an Projekte? Wichtig ist, dass der Stifter den Stiftungszweck nicht zu eng gefasst hat. Setzen Sie sich dann mit ein paar Fachleuten zusammen. Sie werden sehen, eine neu gegründete Stiftung findet schnell Freunde, die gern ihren Rat zur Verfügung stellen und die Kunde von der neuen Stiftung verbreiten. Und keine Sorge: Sie können die ersten Jahre nach Stiftungsgründung die Erträge dem Kapital zuführen und gewinnen dadurch – falls Sie mögen – gut drei Jahre, bis Sie die ersten Förderprojekte Ihrer Stiftung beschließen müssen.

Wenn Ihre Stiftung beispielsweise das Bildungs- und Erziehungswesen in Ihrer Stadt fördern soll, dann bietet es sich an, diesen weit gefassten Zweck einmal mit Erziehern, Lehrern, Schulrektoren, dem Schulrat und ähnlichen Fachleuten zu konkretisieren. Wenn Sie schon wissen, dass Sie gern mit Ihrer Stiftung in den ersten Jahren etwas für Haupt- und Realschüler tun wollen, so laden Sie ein paar Rektoren dieser Schultypen ein und fragen Sie, was diese Fachleute für das Dringlichste halten. Sagen Sie dabei offen, welche Beträge am Jahresende maximal zur Verfügung stehen werden, sodass Ihre Gesprächspartner wissen, welche Fördermöglichkeiten bestehen. Die eine Schule wird Ihnen vorschlagen, etwas für den Übergang der jungen Absolventen in das Berufsleben zu tun, vielleicht ein Bewerbungstraining anzubieten. Eine andere Schule würde gern nachmittags ein paar Studenten einstellen, die mit den schwächeren Schülern in Kleinstgruppen Lese-, Schreib- oder Rechenübungen veranstalten. Eine dritte Schule beklagt, dass der Musikunterricht leidet, weil für die Schüler keine Instrumente bereitstehen, keine Blockflöten, keine Gitarren, keine Keyboards, auf denen sie sich einmal musisch betätigen können.

Sie werden nach ein oder zwei Gesprächen genügend Vorschläge für die nächsten Jahre beisammenhaben. Sprechen Sie durchaus auch mit Behörden, dem Leiter des lokalen Arbeits- und Gesundheitsamtes, wenn Ihre Stiftung sich sozialen Zwecken widmet. Oder bitten Sie die Verantwortlichen Ihrer Stadt für die Theater, die Museen, das Orchester zu einem Gespräch, falls Sie mit Ihrer Stiftung kulturelle Zwecke fördern wollen. Die Stadt- und Gemeindeverwaltungen sind ebenso aufgeschlossen und hilfreich wie die lokalen Zeitungen. Die Redakteure, die sich seit Jahren mit dem Leben in Ihrer Stadt beschäftigen und die die Entwicklung der Stadt vor Augen haben, kennen auch deren Defizite und Probleme. Sprechen Sie mit ihnen. Und machen Sie Ihre zwei interessantesten Gesprächspartner zu Ihren Helfern bei der gezielten Verbreitung Ihrer Stiftungsziele und bei der Auswahl der Projekte. Wenn Sie die lokale Zeitung mit im Boot haben, werden Sie nicht viel eigene Energie auf die Öffentlichkeitsarbeit verwenden müssen.

Die Ihnen vertraute Region ist fast immer der beste Tätigkeitsort für den Beginn der Stiftungsarbeit. Hier kennen Sie in der Regel die Antragsteller oder können leicht Informationen über sie einholen. Sie können den Fortgang der Projekte verfolgen und diejenigen kennenlernen, die unmittelbar von Ihrer Stiftung profitieren. Gehen Sie in die Schulen, die Sie fördern, in die Museen, denen Sie mit Ihrer Stiftung helfen, in das Krankenhaus, das Ihrer Stiftung ein neues Gerät verdankt, in das Hospiz, das mithilfe Ihrer Stiftung endlich eingerichtet werden konnte, in die Kita, die jetzt dank Ihrer Stiftung fünf weitere Kleinkinder aufnehmen kann. Je mehr Sie sich persönlich kümmern, umso mehr Freude wird Ihnen Ihre Stiftung bereiten und umso öfter werden neue Bitten und Vorhaben an Sie herangetragen. Schnell werden Sie unterscheiden können, welche neuen Bitten realistisch sind, gut vorbereitet wurden und Aussicht auf Erfolg haben, denn mit jedem neuen Vorhaben, das Ihre Stiftung fördert, lernen auch Sie dazu.

Wenn Sie innerhalb der Ihrer Stiftung möglichen Breite an Förderungen bestimmte Schwerpunkte für die ersten Jahre festgelegt haben, so bleiben Sie ruhig etwas länger bei diesen Schwerpunkten, beispielsweise der gezielten Unterstützung für

Haupt- und Realschüler, wenn sich Ihre Stiftung satzungsgemäß dem Erziehungswesen widmen soll. Dadurch vermeiden Sie, dass sich Ihre Stiftung verzettelt. Sie können leichter Nein sagen, wenn ein Nachbar damit kommt, dass Ihre Stiftung gerade sein Hobby fördern sollte. Und was das Wichtigste ist: Ihre Stiftung gewinnt eigenes Know-how auf dem Schwerpunktbereich, wird ernst genommen, nicht nur als Geldgeber gesehen, sondern als eine Einrichtung, die sich ernsthaft um – in diesem Fall – Haupt- und Realschüler bemüht. Lesen Sie hierzu auch das Kapitel 5.1.

## 2.13 Zielerfüllung

Wenn Sie beginnen, innerhalb des möglichen Förderspektrums Ihrer Stiftung Schwerpunkte zu bilden, sollten Sie darüber nachdenken, was Sie in den kommenden drei bis fünf Jahren mit der Tätigkeit Ihrer Stiftung erreichen wollen. Legen Sie die Messlatte nicht zu hoch. Falls Sie – um bei unserem Beispiel zu bleiben – mit Ihrer dem Erziehungswesen gewidmeten Stiftung die ersten fünf Jahre vor allem Haupt- und Realschüler fördern wollen, so könnte ja ein Ziel Ihrer Stiftung sein, dass Sie am Ende der fünf Jahre an der von Ihnen geförderten Haupt- und Realschule mehr Abgänger als Auszubildende in Betrieben sehen wollen als zuvor.

Das ist ein empirisch durchaus belegbares Ziel, das die Rektoren der von Ihrer Stiftung geförderten Schulen nachweisen können. Bereden Sie mit Ihren Ratgebern von Beginn an, was als Erfolg der von Ihrer Stiftung getroffenen Maßnahme gelten könnte. Setzen Sie sich zunächst „kleine" Ziele. Ihre Stiftung kann die Welt nicht von heute auf morgen verändern, aber sie kann einen Beitrag leisten zu einer Verbesserung. Diesen Beitrag sollten Sie am Ende der Förderung benennen können. Daher ist es gut, wenn man sich schon mit Beginn der Förderung Gedanken über die gewünschten Ziele macht. Sie schärfen den Blick dafür, was tatsächlich machbar, erreichbar ist, und sind zugleich Ansporn dafür, die Möglichkeiten der Stiftung auszureizen und alle Potenziale für die Zielerreichung zu nutzen.

Scheuen Sie nicht die Bewertung der Stiftungstätigkeit, sondern gehen Sie eine solche Evaluation offensiv an. Verlangen Sie von den von Ihrer Stiftung geförderten Personen und Einrichtungen am Ende der Förderung einen Bericht, den Sie der Förderakte beilegen. Sprechen Sie mit den Vertretern anderer Stiftungen über Ihre Erfahrungen. Für diesen Austausch eignen sich besonders gut die Veranstaltungen des Bundesverbandes Deutscher Stiftungen.

Gehen Sie an die Öffentlichkeit mit den Ergebnissen einzelner Fördertätigkeiten Ihrer Stiftung. Die Öffentlichkeit sollte davon erfahren, schließlich kann die Arbeit Ihrer Stiftung Anreiz sein für andere, ebenfalls Stifter zu werden – und das wäre doch über die Unterstützung der Geförderten hinaus ein besonders schöner Erfolg der von Ihnen errichteten Stiftung.

# 3 Die Stiftung als Unternehmen

## 3.1 Das Produkt, der Markt, die Konkurrenz: Die Unterschiede

Schon die ersten beiden Kapitel haben deutlich gemacht, dass ein Stifter nicht nur mit großzügigem Herzen und viel gutem Willen, sondern auch wie ein Unternehmer handeln sollte, der bei hoher Effizienz des Mitteleinsatzes ganz bestimmte Ziele erreichen will. Der Unterschied zum kommerziellen Unternehmen besteht darin, dass die Ziele gemeinnützig sind und der herkömmliche Markt von Angebot, Nachfrage und entsprechender Preisfestsetzung und -anpassung hier nicht funktioniert. Gleichwohl gibt es andere Marktmechanismen, die über eine erfolgreiche oder weniger erfolgreiche Stiftungstätigkeit entscheiden. Und es gibt eine ganze Reihe von Faktoren über Marketing, Mitarbeiterführung bis hin zu Öffentlichkeitsarbeit, die für gemeinnützige Stiftungen von gleicher Bedeutung sind wie für kommerzielle Unternehmen.

Die Ausführungen in diesem dritten Kapitel zeigen, wie sehr Stiftungen als Unternehmen, und zwar als gemeinnützige Unternehmen zu betrachten sind und welche Vorteile es hat, Stiftungen – und durchaus auch kleinere Stiftungen – unternehmerisch zu führen, zu strukturieren und zu bewerten. Das dritte Kapitel weist auch die Unterschiede zu kommerziellen Organisationen auf und verdeutlicht die Vorteile, die Stiftungen aus diesem Unterschied zweifellos genießen.

Als Leitschnur kann dabei dienen: Das Unternehmen Stiftung möchte wie jedes andere Unternehmen Gewinn erzielen, doch nicht in barer Münze für den Unternehmer, sondern als Gewinn für die Gesellschaft. Ein solcher gesellschaftlicher Profit ist quantitativ oft schwer zu belegen, qualitativ aber – zumindest in der Rückschau aus dem Abstand einiger Jahre – sehr wohl zu beschreiben.

Der Weg zu dem gesellschaftlichen Gewinn geht über vertrautes Terrain: Die einzusetzenden Mittel sind begrenzt, ihre Wirkung muss daher optimal ausgenutzt werden, das einzelne Projekt, das den Gewinn für die Gesellschaft verspricht, muss gut ausgewählt sein und bestens „gemanagt" werden. Marketing und Mitarbeitermotivation sind dazu ebenso vonnöten wie Projektplanung, Controlling, Qualitätsmanagement und Bewertung. Wo ein kommerzielles Unternehmen eine Produktevaluation vornimmt und die Kundennachfrage und -zufriedenheit misst, schaut die Stiftung auf die Destinatäre, die Empfänger ihrer Förderungen, und verfeinert ein gemeinnütziges Projekt, optimiert Bedingungen und Wirkung oder nimmt es aus dem Programm. Das von einer privaten Stiftung eingerichtete Förderangebot etwa für hochbegabte Doktoranden auf dem Gebiet der Hirnforschung wird sofort verändert, wenn es nicht von den besten jungen Nachwuchswissenschaftlern angenommen wird oder Kriterien enthält, die im Wissenschaftsbetrieb überholt sind, oder Ergebnisse zeigt, die hinter den Erwartungen der Fachwelt zurückbleiben.

Stiftungen haben sich untereinander einen eigenen Markt geschaffen, oft auch im Wettbewerb mit staatlichen Einrichtungen, der sich vom bedingungslosen mäzenatischen Geben immer mehr entfernt. Das mag man bedauern, aber letztlich profitiert der allgemeine Nutzen, also die Gesellschaft, sehr viel stärker, wenn Geben an bestimmte Erwartungen und Zielvorstellungen geknüpft ist und die Ergebnisse überprüft werden. Auch wird der Empfänger von Förderleistungen einer Stiftung somit zum Partner, nicht nur zum Nutznießer einer Stiftung. Wenn Sie als Stifter von Herzen Gutes tun wollen, so sollten Sie beachten, dass Ihre Förderungen umso größere Wirkungen haben, desto stärker Sie im Vorfeld rational Einsatz und Wirkung Ihrer Mittel bedacht haben.

Sicherlich sind die nachfolgenden Überlegungen eher für mittlere und größere Stiftungen gedacht, die über Mitarbeiter verfügen. Auch stammen die Beispiele überwiegend aus meinen Erfahrungen aus der ZEIT-Stiftung Ebelin und Gerd Bucerius, die sowohl fördernd als auch – überwiegend – operativ tätig ist. Doch jeder Stifter auch einer kleinen Stiftung und jeder Stiftungsmitarbeiter wird für seine eigene Arbeit die Vorteile erfahren, die eine unternehmerische Herangehensweise für die Projektplanung und Projektdurchführung bietet. Er wird auch die Schwierigkeiten kennenlernen auf dem Weg zu einer möglichst objektiven Begutachtung der Ergebnisse und der Wirkung der Stiftungstätigkeit. Er wird den Unterschied zum kommerziellen Unternehmen schätzen, der gerade darin liegt, dass die Stiftung ein größeres Risiko bei ihren Vorhaben eingehen kann. Auch wenn ein Projekt einmal gänzlich misslingt, bestraft der Markt die Stiftung nicht mit Insolvenz oder Ähnlichem. Im Gegenteil: Das Fundament ist weiterhin da, die Erträge des Stiftungskapitals sind für neue Vorhaben zu nutzen, aus den Erfahrungen kann die Stiftung nur lernen; die Schadenfreude der Kollegen – das soll es geben – ist zu ertragen.

Die nachfolgenden Ausführungen sollen Ihnen als Stifter oder als Stiftungsmitarbeiter helfen, Fehlschläge zu vermeiden. Ausschließen können Sie diese nicht, denn Risikobereitschaft gehört zu jeder erfolgreichen Förderstrategie von gemeinnützigen Stiftungen.

## 3.2 Fördernd oder operativ?

Schon bei der Gründung einer Stiftung muss sich der Stifter fragen, ob seine Stiftung eine stärker aktive Rolle einnehmen und eigene Vorhaben entwickeln soll, oder ob sie eher reaktiv Anträge von Dritten (Schulen, Museen, Forschungseinrichtungen, Kindergärten, Kirchen etc.) entgegennehmen und bewilligen wird.

Grundsätzlich gilt, dass eine Stiftung mit geringer Kapitalausstattung sich eher auf die fördernde Tätigkeit beschränkt, die großzügig ausgestattete Stiftung hingegen Fachleute einstellen kann, die eigene Vorhaben entwerfen, mit denen die Stiftung operativ gesellschaftliche Defizite beheben und für Neuerungen sorgen kann. Wichtig ist, dass die Stiftung ihre Möglichkeiten nicht überschätzt. Mit einem Stiftungskapital von 500 000 Euro und Erträgen von 25 000 Euro im Jahr kann keine Wissenschaftsstiftung operativ eigene Forschungsschwerpunkte festlegen und durch eine Reihe von Doktoranden und Habilitanden in eigenen Forschungskollegs bearbeiten lassen. Sie kann aber als fördernde Stiftung im Wissenschaftsbereich beispielsweise transatlantische Geschichte auf einige Jahre zum

Förderschwerpunkt machen und nimmt dann vor allem Anträge zu diesem Thema entgegen. Dann wird die Stiftung zu diesem selbst festgesetzten Thema eine Reihe von Bitten auf Druckkostenzuschüsse, Reisebeihilfen, Stipendien, Konferenzfinanzierungen etc. erreichen, und die Stiftung muss auswählen. Sehr wichtig ist, dass diese Auswahl von kompetenter Seite vorgenommen wird. Hier muss die fördernde Stiftung dieselben Qualitätsansprüche an sich stellen wie eine operative Stiftung. Ein Experte für transatlantische Geschichte, der die universitären Gepflogenheiten kennt, sollte von der Stiftung den Auftrag erhalten, die Anträge zu bearbeiten. Die Kriterien setzt die Stiftung fest: Qualifizierung von Nachwuchswissenschaftlern, Bedürftigkeit, Originalität des Themas, Exzellenz des Bewerbers, Dringlichkeit sind mögliche Kriterien. Sie müssen auch den Antragstellern bekannt sein. Nur so erreicht die Stiftung ein Renommee in der Fachwelt als ernst zu nehmender Förderer, der weiß, gute Anträge von weniger guten zu unterscheiden. Die Stiftung will doch diejenigen fördern, die die Kriterien am besten erfüllen und für die Allgemeinheit den höchsten Nutzen erwarten lassen.

Die fördernde Stiftung braucht sich also vor der operativen nicht zu verstecken. Sie darf sich nur nicht als Scheckausgabestelle missverstehen, sondern muss eine hohe Messlatte für die Bewertung der bei ihr eingereichten Anträge anlegen. Dies erreicht sie, wenn die Stiftungsverantwortlichen sich vorher Gedanken zu ihrer Stiftungsstrategie und -konzeption machen und die Stiftungstätigkeit auf jeweils begrenzbare Bereiche konzentrieren. Die einzelnen Schwerpunkte können ja alle fünf Jahre geändert werden, sodass trotz Konzentration auf bestimmte Themen langfristig ein breites Förderspektrum entsteht. Wie im kommerziellen Bereich auch hat hier diejenige Einrichtung den Vorsprung, die in relevanten Nischen führend tätig ist. Dann hat auch eine verhältnismäßig kleine Münze einer fördernden Stiftung eine große Wirkung!

Die operative Stiftung hingegen, die beispielsweise einen eigenen Beitrag zum Abbau von Langzeitarbeitslosigkeit leisten möchte, weiß, dass kleine Münze hier nicht reichen wird. Eine Denkfabrik auch im kleinen Maßstab erfordert höchstqualifizierte Projektleiter, die auch dann viel kosten, wenn sie nicht auf der eigenen Gehaltsliste der Stiftung stehen, sondern für die Projektdurchführung „eingekauft“ werden müssen. So reizvoll Projekte dieser Art sind, so benötigen sie eine sehr genaue Planung, Absprachen mit anderen, auch internationalen Forschungseinrichtungen, und interdisziplinäres Zusammenwirken mit Praktikern und Betroffenen. Eine typische Aufgabenstellung für größere Stiftungen mit längerer Projekterfahrung als operativer Akteur.

## 3.3 Rechtliche und steuerrechtliche Bedingungen

Sie haben Ihre Stiftung gegründet, sie ist von der Aufsichtsbehörde anerkannt, das Finanzamt hat Ihnen die vorläufige Bescheinigung der Gemeinnützigkeit, den sogenannten Freistellungsbescheid übermittelt und das Stiftungskapital hat die ersten Erträge erbracht. Oder: Sie haben eine Anstellung bei einer gemeinnützigen Stiftung gefunden und sollen nun als Referent, als Geschäftsführer oder als „Herr oder Frau für alles“ aktiv werden. Wie auch immer: Nehmen Sie sich die Zeit und schauen Sie noch einmal in Ruhe die wenigen Paragrafen im Bürgerlichen Gesetzbuch durch, die sich mit den Stiftungen beschäftigen (§§ 80 bis 88 BGB, im Anhang A abgedruckt), besorgen Sie sich das für Ihre Stiftung gültige Landesstiftungsgesetz und die Abgabenordnung, deren für gemeinnützige Körperschaften relevanter „dritte Abschnitt“ im Anhang B abgedruckt ist (§§ 51 bis 68 AO, Fassung von 2007). Achten Sie darauf, dass Sie das Landesstiftungsgesetz und die Abgabenordnung in ihrer jüngsten Fassung erhalten. Die meisten Bundesländer haben zwischen 2003 und 2007 ihre Stiftungsgesetze modernisiert, das heißt in der Regel, sie haben sie entschlackt. Die Abgabenordnung ist zuletzt 2007 an die neueste Steuergesetzgebung angepasst worden.

Die nachfolgenden Seiten sollen Ihnen ein wenig Hilfe zum Verständnis der Stiftungsgesetze und der Abgabenordnung bieten, denn nicht immer ist deren juristische Formulierung unmittelbar eingängig. Auch wenn es ein wenig mehr Mühe macht, ist es für die sorgfältige Geschäftsführung unabdingbar, die rechtlichen Bedingungen zu kennen. Doch auch wenn Sie nicht der Stifter oder Geschäftsführer sind, lohnt sich die Beschäftigung mit den Rechtsgrundlagen, da sie viel über das Verständnis von Gemeinnützigkeit aussagen, die ja nun einmal im Zentrum aller Stiftungsarbeit steht, sofern es sich nicht um privatnützige Familienstiftungen handelt.

Die selbstständige Stiftung ist eine eigene Rechtspersönlichkeit. Als Gründung von Privatleuten oder Unternehmen ist sie eine Stiftung des bürgerlichen Rechts im Unterschied zu den Stiftungen des kirchlichen oder des öffentlichen Rechts. Das Bürgerliche Gesetzbuch und die einzelnen Landesstiftungsgesetze geben den rechtlichen Rahmen vor.

- **Das Bürgerliche Gesetzbuch (BGB)**

Das BGB regelt in den §§ 80 bis 88 lediglich das Nötigste (siehe auch Anhang A. Da hierzu vor allem gehört, wie eine rechtsfähige Stiftung entsteht und was das Stiftungsgeschäft umfassen muss, haben wir bereits im zweiten Kapitel ausführlicher über die Vorschriften des BGB gesprochen. Das BGB regelt auch, dass eine Stiftung per Testament oder Erbvertrag errichtet werden kann. In diesem Fall ist das hinterlassene Stiftungsgeschäft maßgeblich, das die Stifungsbehörde von sich aus ergänzt, sofern der Erblasser/Stifter sich nicht eindeutig bspw. zu den Zwecken oder dem Sitz der Stiftung geäußert hat. Auch die Zweckänderung oder Aufhebung einer Stiftung ist dem BGB wieder ein eigener Paragraf wert, in dem festgelegt wird, dass hierbei der Wille des Stifters weitgehend beachtet werden muss. Für die richtige Erfüllung der Stiftungstätigkeit sind jedoch die Landesstiftungsgesetze aussagekräftiger.

- **Die Landesstiftungsgesetze**

Gemäß unserer föderalen Ordnung hat jedes Bundesland sein eigenes Landesstiftungsgesetz. Einige sind sehr ausführlich wie beispielsweise das bayerische, andere sind schlank gehalten wie beispielsweise das aus Hamburg. Auffallend ist, dass in den letzten Jahren beinahe alle Bundesländer ihre Landesstiftungsgesetze neu und kürzer gefasst haben. Hatte das Stiftungsgesetz für das Land Nordrhein-Westfalen in seiner Fassung von 1977 noch sechs Paragrafen der „Verwaltung der selbstständigen Stiftung" gewidmet, so sind es in der nunmehr gültigen Fassung von 2005 nur noch zwei Paragrafen. Sie klären, dass die

# Fritz Thyssen Stiftung

Foto: Fritz Thyssen Stiftung

Die Fritz Thyssen Stiftung in Köln fördert bereits seit 1959 die Wissenschaften. Sie gehört zu den bedeutendsten Stiftungen in Deutschland und konnte 2007 rund 20 Millionen Euro an Erträgen zu Förderzwecken bereitstellen. Eine Reihe von Forschungsprogrammen unterstützt die Fritz Thyssen Stiftung in Kooperation mit einschlägigen Partnern. So hat sie sich mit der Berlin-Brandenburgischen Akademie der Wissenschaften und dem Wissenschaftskolleg zu Berlin für das Programm „Europa im Nahen Osten – Der Nahe Osten in Europa“ verbunden. Das Programm erforscht die Verflechtungen zwischen Europa und dem Nahen Osten. Es integriert mehrere Forschungsfelder, deren Fragestellungen an Bruchlinien nationaler, religiöser oder kultureller Vorverständnisse ansetzen. Im Zentrum steht ein Postdoktorandenprogramm, das jüngere Wissenschaftler für jeweils ein Jahr nach Berlin führt.

Weitere Informationen: www.fritz-thyssen-stiftung.de

# Sepp Herberger-Stiftung des DFB

Foto: Carsten Kobow/DFB

Die vom ehemaligen Bundestrainer Sepp Herberger und dem Deutschen Fußball-Bund 1977 gemeinsam initiierte Stiftung verfolgt das Ziel, die integrative Kraft des Fußballsports für die Gesellschaft zu nutzen. „Anstoß für ein neues Leben" – unter diesem Motto hat die Stiftung in Köln 2008 ein Fußballprojekt für Gefangene im Jugendstrafvollzug ins Leben gerufen. Dabei sollen nach dem Jugendstrafrecht verurteilte junge Männer und Frauen mithilfe des Fußballs auf das Leben nach der Haft vorbereitet werden. Nach der Entlassung werden ihnen zudem konkrete Hilfen zur Wiedereingliederung in die Gesellschaft angeboten.

Als Paten aus dem Fußball engagieren sich unter anderem Horst Eckel (WM-Gewinner von 1954), der frühere Bundesliga-Torschützenkönig Heiko Herrlich oder Steffi Jones, mehrfache Welt- und Europameisterin und Präsidentin des Organisationskomitees der Frauen-Fußball-Weltmeisterschaft 2011. Jones betreut die bisher einzige weibliche Fußballmannschaft im Jugendstrafvollzug in der JVA Köln.

Weitere Informationen: www.sepp-herberger.de

Stiftungsorgane „die Stiftung so zu verwalten [haben], wie es die nachhaltige Verwirklichung des Stiftungszweckes im Sinne der Stiftungssatzung oder des mutmaßlichen Willens der Stifterin oder des Stifters erfordert“ (§ 4 Abs. 1 StiftG NRW). Sie legen ferner fest, was sich in nahezu allen Stiftungssatzungen in ähnlichen Formulierungen findet, nämlich dass „das Stiftungsvermögen ungeschmälert zu erhalten [ist]“ (§ 4 Abs. 2 StiftG NRW). In Bayern heißt es hierzu in StiftG Bayern, Artikel 11:

(1) Das Vermögen der Stiftung ist sicher und wirtschaftlich zu verwalten. Es ist vom Vermögen anderer Rechtsträger getrennt zu halten. [...]
(2) Das Vermögen, das der Stiftung zugewendet wurde, um aus seiner Nutzung den Stiftungszweck dauernd und nachhaltig zu erfüllen (Grundstockvermögen), ist in seinem Bestand ungeschmälert zu erhalten.

Auch für die Verwendung der Erträge aus dem Stiftungsvermögen gibt es in den einzelnen Gesetzen genaue Vorgaben: „Soweit nicht in der Satzung etwas anderes bestimmt ist, sind die Erträge des Stiftungsvermögens sowie Zuwendungen Dritter, die nicht ausdrücklich zur Erhöhung des Stiftungsvermögens bestimmt sind, zur Verwirklichung des Stiftungszwecks und zur Deckung der Verwaltungskosten zu verwenden.“ (§ 4 Abs. 3 StiftG NRW). Die Abgabenordnung erlaubt allerdings, dass man Teile der Erträge beispielsweise auch zum Kapitalerhalt und zum Unterhalt des Stifters verwenden darf, doch dazu später.

Was Satzungsänderungen angeht, so gestattet das Hamburgische Landesstiftungsgesetz diese, „soweit

1. in der Satzung nicht etwas anderes bestimmt ist,
2. hierfür ein sachlicher Grund besteht, insbesondere die tatsächlichen oder rechtlichen Verhältnisse sich nachhaltig geändert haben, und
3. der tatsächliche oder mutmaßliche Wille des Stifters nicht entgegensteht“ (§ 7 Abs. 1 StiftG Hamburg).

Alle Landesstiftungsgesetze weisen darauf hin, dass Satzungsänderungen nur dann gültig werden, wenn sie von der Stiftungsaufsicht genehmigt wurden.

Einig sind sich die Landesstiftungsgesetze auch darin, dass die Stiftung „der Stiftungsbehörde die Jahresabrechnung mit einer Vermögensübersicht und einen Bericht über die Erfüllung der Stiftungszwecke, im Falle des Betreibens eines erwerbswirtschaftlichen Unternehmens den Jahresabschluss, vorzulegen [hat]" (§6 Abs. 2 StiftG Brandenburg). In den meisten Neufassungen sind die Fristen für die Vorlage des Berichts auf bis zu neun Monate nach Ende des Geschäftsjahres verlängert worden. Die Landesstiftungsgesetze verpflichten die Stiftungen zur ordnungsgemäßen Buchführung, die „Buchführungsart können sie im Rahmen der gesetzlichen Bestimmungen selbst wählen" (Art. 25 Abs. 2 StiftG Bayern). Es reicht demnach eine einfache Einnahmenüberschussrechnung aus, was auch von den meisten kleineren Stiftungen praktiziert wird. Die finanzstärkeren Stiftungen sind dagegen seit Langem zum Zwecke der größeren Transparenz dazu übergegangen, eine Jahresbilanz zu erstellen. Viele lassen ihren Jahresabschluss durch eine Wirtschaftsprüfungsgesellschaft testieren. Erstreckt sich diese Prüfung auf die Erhaltung des Stiftungsvermögens und die satzungsgemäße Verwendung der Erträge und Zuwendungen, so sieht in mehreren Bundesländern „die Stiftungsaufsichtsbehörde von einer eigenen Prüfung und Verbescheidung der Jahresrechnung ab" (Art. 25 Abs. 3 StiftG Bayern). Zur Rechnungslegung siehe auch die Ausführungen weiter unten.

Einige Landesstiftungsgesetze schreiben für bestimmte, eher selten vorkommende Vorgänge in der Vermögensverwaltung die vorherige Genehmigung durch die Aufsichtsbehörde vor. So zum Beispiel die Annahme von „Zustiftungen, die mit einer Last verknüpft sind, oder die einem anderen Zweck als der Stiftung dienen sollen" (Art. 27 Abs. 1 Nr. 1 StiftG Bayern) Sie sehen, die Kenntnis des Stiftungsgesetzes des Bundeslandes, in dem Ihre Stiftung ihren Sitz hat, gehört zu den Selbstverständlichkeiten einer guten Geschäftsführung. Dies gilt gleichermaßen für die Abgabenordnung.

Die Stiftungsaufsicht der jeweiligen Bundesländer wacht darüber, dass die Stiftung auch Jahrzehnte nach Ableben des Stifters die Zwecke erfüllt, die der Stifter satzungsgemäß festgelegt hat. Das jeweils zuständige Finanzamt überprüft, ob die Stiftungserträge im jeweils zurückliegenden Jahr auch tatsächlich im Sinne der Gemeinnützigkeit eingesetzt wurden.

Für die tägliche Arbeit einer gemeinnützigen Stiftung ist daher die Abgabenordnung (AO) ein besonders wichtiger Begleiter. Sie legt in den §§ 51 bis 68 fest, was gemeinnützig ist und welche Bedingungen gemeinnützige Organisationen erfüllen müssen.

- **Die Abgabenordnung**

Aus ihr wird ersichtlich, wann eine Stiftung steuerbegünstigte Zwecke verfolgt und was ihr erlaubt ist, ohne diesen privilegierten Status zu verlieren. Die Abgabenordnung spricht dabei im übergeordneten Sinne von Körperschaften, da ja neben Stiftungen auch Vereine, GmbHs und andere Einrichtungen steuerbegünstigte Zwecke verfolgen können. Diese sind gemeinnützige, mildtätige oder kirchliche Zwecke. Sofern sie *ausschließlich* und *unmittelbar* verfolgt werden, genießt die Körperschaft, also in unserem Fall die Stiftung, eine Reihe von Steuervergünstigungen, die wiederum an eine Reihe von Vorschriften geknüpft sind. Dazu sollten Sie sich noch einmal vor Augen führen, dass die Stiftungsaktivität grundsätzlich zwei, mitunter gar drei oder auch vier unterschiedliche Bereiche umfasst, die auch steuerlich unterschiedlich behandelt werden. Es sind auf jeden Fall

- der fördernde Bereich, der in der Literatur auch gern der ideelle Bereich genannt wird, und
- die Vermögensverwaltung, denn ohne eine Vermögensverwaltung kann das Stiftungskapital keine Erträge abwerfen, mit denen die satzungsmäßigen Zwecke erfüllt werden.

Zu diesen zwei grundlegenden Bereichen kann ein Zweckbetrieb und/oder ein wirtschaftlicher Geschäftsbetrieb hinzukommen.

Der ideelle Bereich ist grundsätzlich steuerfrei. Die Einkünfte aus der Vermögensverwaltung sind von den Ertragsteuern befreit. Die Stiftung zahlt keine Abgeltungsteuer und keine Quellensteuer. Das zuständige Finanzamt stellt die entsprechenden Nichtveranlagungsbescheinigungen aus. Auf Gewinne aus der Vermögensverwaltung zahlt die gemeinnützige Stiftung keine Körperschaft- oder Gewerbesteuer. Umsatzsteuer kann jedoch in einzelnen Fällen, zum Beispiel bei kurzfristiger Vermietung von Wohnräumen, anfallen. Ein von der Stiftung unterhaltener wirtschaftlicher Geschäftsbetrieb hingegen ist steuerpflichtig; ein Zweckbetrieb, mit dem die Stiftung ihren satzungsmäßigen Zweck erfüllt (zum Beispiel Kinderheim) ist wiederum nicht steuerpflichtig, er kann jedoch zur Umsatzsteuer veranlagt werden (siehe zu wirtschaftlicher Geschäftsbetrieb und Zweckbetrieb die weiter unten stehenden Ausführungen).

Nach §52 AO verfolgt eine Stiftung dann gemeinnützige Zwecke, wenn ihre Tätigkeit darauf gerichtet ist, die *Allgemeinheit* auf materiellem, geistigem oder sittlichem Gebiet selbstlos zu fördern. Es muss also ein größerer Personenkreis von der Förderung profitieren, der nicht – etwa wie eine Familie oder die Angehörigen einer Firma – begrenzt oder abgeschlossen ist.

*Unmittelbar* fördert die Stiftung immer dann, wenn sie selbst tätig ist. Fördert sie einen Wissenschaftler für ein Forschungsprojekt oder betreut sie lernschwache Kinder nachmittags in einer Lerngruppe, setzt sie unmittelbar ihre Stiftungszwecke um. Sie gefährdet die Steuerbegünstigung aber auch dann nicht, wenn sie sich zur Erfüllung des Satzungszweckes einer Hilfsperson bedient, wenn also eine Stiftung zur Förderung hochbegabter Studenten beispielsweise mit der dafür seit Jahrzehnten tätigen Studienstiftung des deutschen Volkes zusammenarbeitet und mit ihr ein kleines eigenes Förderprogramm bespricht, das diese dann nach Weisung durch die Stiftung als „Hilfsperson" umsetzt.

*Ausschließlich* fördert sie, wenn sie sich nur den satzungsmäßigen Zwecken widmet. Die Vermögensverwaltung gehört selbstverständlich dazu, denn sonst könnte die Stiftung ja gar nicht fördern. Auch einen wirtschaftlichen Geschäftsbetrieb schließt das Wort „ausschließlich" ebenso wenig aus wie der in der Abgabenordnung mehrfach gebrauchte Begriff des selbstlosen Förderns.

Ein eigener ausführlicher Paragraf der Abgabenordnung widmet sich der Erläuterung des selbstlosen Förderns. Selbstlosigkeit liegt nur dann vor, wenn die Stiftung „nicht in erster Linie eigenwirtschaftliche Zwecke – zum Beispiel gewerbliche Zwecke oder sonstige Erwerbszwecke – verfolgt" (§55 Abs. 1 AO). Dies wird uns noch einmal weiter unten bei den Erläuterungen zum wirtschaftlichen Geschäftsbetrieb beschäftigen, denn ein solcher ist auch einer Stiftung durchaus erlaubt, sofern er von nachgeordneter Bedeutung ist.

Die Mittel der Stiftung dürfen nur für die in der Stiftungssatzung festgelegten Zwecke verwendet werden. Die Stiftung darf „keine Person durch Ausgaben, die dem Zweck der Körperschaft fremd sind, oder durch unverhältnismäßig hohe Vergütungen begünstigen" (§55 Abs. 1 Nr. 3 AO). Ebenso wenig darf die Stiftung politische Parteien unterstützen. Auch bei der Auflösung der Stiftung darf das vorhandene Stiftungskapital nur für gemeinnützige beziehungsweise mildtätige und kirchliche Zwecke verwendet werden. Ferner legt der §55 fest, dass die Stiftung ihre Mittel grundsätzlich *zeitnah* für ihre satzungsmäßigen Zwecke verwenden muss.

Zeitnahe Mittelverwendung wird hier als dann gegeben definiert, wenn die Erträge oder Spenden spätestens bis Ende des Jahres satzungsgemäß ausgegeben werden, das auf das Jahr des Mittelzuflusses folgt. Nehmen Sie im Mai eine größere Dividendenzahlung aus Aktien des Stiftungsvermögens entgegen, so müssen diese Erträge also spätestens Ende Dezember des nachfolgenden Jahres verwendet werden. Unter Verwendung versteht der Gesetzgeber nicht nur die Bewilligung und Ausschüttung von Fördermitteln, sondern auch die Anschaffung von Gegenständen, die der Erfüllung der satzungsmäßigen Zwecke dienen (beispielsweise der Erwerb einer Wohnung, in der die Stiftung einen Kindergarten einrichten will).

Es gibt jedoch eine Reihe von Ausnahmen von diesem Gebot der zeitnahen Mittelverwendung, die steuerlich unschädlich sind: So gilt das Gebot beispielsweise nicht, wie §58 Nr. 12 AO deutlich macht, für frisch errichtete Stiftungen, die ihre Erträge in den ersten drei Jahren ganz oder teilweise dem Vermögen zuführen dürfen, um so das Stiftungsvermögen zunächst einmal zu stärken. Dies ist für eine frisch gegründete kleinere Stiftung oft ganz sinnvoll, da die Kapitalbasis gestärkt wird. Sind Sie jedoch ein unruhiger Stifter, der nicht drei Jahre mit der Aufnahme der eigentlichen Fördertätigkeit warten möchte, so ist diese Option weniger attraktiv. Sie können allerdings die Fördertätigkeit auch mit Mitteln aus einer Spende an die Stiftung beginnen und so die Erträge erst einmal unangetastet lassen.

Sie dürfen auch verschiedene *Rücklagen* bilden und auf diese Weise steuerlich unschädlich vom Grundsatz der zeitnahen Mittelverwendung abweichen. Die hierzu gültigen Voraussetzungen regelt § 58 der AO. So ist es gestattet, für ein umfangreicheres Vorhaben zur Erfüllung eines Satzungszwecks Mittel über mehrere Jahre anzusammeln. Voraussetzung für diese zweckgebundene Rücklage ist, dass das Vorhaben schriftlich festgelegt ist und ein angemessener Zeitraum genannt wird, innerhalb dessen das finanzielle Ziel der Rücklage erreicht werden kann, sodass das Projekt dann mit den nötigen Mitteln ausgestattet ist. Hat eine bildungsfördernde Stiftung beispielsweise beschlossen, eine eigene Kita zu errichten, so kann sie für den Erwerb eines dafür geeigneten Gebäudes beispielsweise über fünf Jahre jeweils einen Teil ihrer Erträge oder auch die gesamten Erträge in dieser zweckgebundenen Rücklage nach § 58 Nr. 6 AO ansammeln. Gleichermaßen ist die Bildung einer Betriebsmittelrücklage gestattet, in der für periodisch wiederkehrende Betriebskosten (Löhne, Mieten, Wartungskosten) Mittel über einen angemessenen Zeitraum gebunden werden. Sollten zum Stiftungsvermögen Häuser gehören, können Sie selbstverständlich auch im Rahmen der Vermögensverwaltung eine Instandhaltungsrücklage bilden, um für etwaige größere Reparaturkosten gerüstet zu sein.

Unbedingt empfehle ich, die Möglichkeiten der sogenannten freien Rücklage gemäß § 58 Nr. 7a AO zu nutzen. Danach darf die Stiftung bis zu einem Drittel des Überschusses der Einnahmen aus der Vermögensverwaltung über den Kosten der Vermögensverwaltung dieser Rücklage zuführen. Erwirtschaftet die Vermögensverwaltung Ihrer Stiftung aus den Zinsen, Dividenden, Pacht- und Mieteinnahmen des Stiftungskapitals 250 000 Euro im Jahr und kostet Sie die Verwaltung des Vermögens 10 000 Euro im Jahr (Depotkosten, Kontoführungskosten, Steuerberater, Buchhaltung etc.), so beträgt der Überschuss 240 000 Euro. Gemäß § 58 Nr. 7a AO dürfen Sie bis zu einem Drittel, also bis zu 80 000 Euro der freien Rücklage zuführen. Hat Ihre Stiftung darüber hinaus noch Einnahmen aus dem ideellen Bereich, also Spenden, oder auch Gewinne aus einem wirtschaftlichen Geschäftsbetrieb, so dürfen Sie aus diesen Einnahmen maximal 10 % in der freien Rücklage ansammeln. Zweck dieser sehr sinnvollen Rücklage ist es, der Stiftung im Laufe ihrer Tätigkeit eine eigene Kapitalbildung zu ermöglichen, die dazu beiträgt, die jährliche Inflation auszugleichen und dadurch den Wert des Stiftungskapitals zu erhalten. Ein eigenes Kapitel beschäftigt sich weiter unten mit dem Kapitalerhalt, für den die freie Rücklage eine wichtige, wenngleich nicht ausreichende Stütze ist (vgl. Kapitel 2.11 Finanzmanagement). Wie der Name schon sagt, ist die „freie“ Rücklage vom Gebot der zeitnahen Mittelvergabe befreit. Sie kann aber jederzeit ganz oder in Teilen auch wieder zu Förderzwecken eingesetzt werden, wenn der Vorstand der Stiftung dies für geraten hält. Das könnte dann der Fall sein, wenn eine größere Zustiftung das Stiftungskapital vermehrt und gleichzeitig ein größeres Fördervorhaben auf den Weg gebracht werden soll. Hier hat die Stiftung Gestaltungsspielraum.

Schon mehrfach habe ich die Möglichkeit erwähnt, dass auch die gemeinnützige Stiftung dem Stifter und seinen unmittelbaren Verwandten (Ehegatte, Eltern, Kinder, Enkelkinder) einen Unterhalt „in angemessener Weise“ zahlen kann. Dies regelt die Abgabenordnung in §58 Nr. 5 AO. Demnach darf für diesen Zweck maximal ein Drittel der Einkünfte verwendet werden. Aus diesem Drittel können auch die Kosten für die Grabpflege, das Aufstellen von Gedenksteinen etc. beglichen werden.

Sofern eine Unterhaltszahlung von Anfang an beabsichtigt ist, empfehle ich sehr, diese Absicht mit Verweis auf den §58 Nr. 5 AO in die Satzung aufzunehmen. Wie man nun „in angemessener Weise“ definiert, ist in der Literatur umstritten. Sicher ist es mehr als der Sozialhilfesatz, aber man sollte diese Möglichkeit auch nicht als „nach oben offen“ und nur durch die Drittelregelung begrenzt ansehen. Die Vorgabe in der Abgabenordnung ist ja sinnvoll, gibt sie dem Stifter doch die beruhigende Möglichkeit, trotz Gründung einer gemeinnützigen Stiftung mit vollständiger Mittelbindung seinen engsten Familienangehörigen einen Zuschuss zum Lebensunterhalt zu geben. Ich empfehle, vor der Festsetzung der Höhe dieses Zuschusses mit der Stiftungsaufsicht und dem Finanzamt zu sprechen.

§58 der Abgabenordnung gibt darüber hinaus weitere Vorgänge an, die unter bestimmten Einschränkungen der Steuerbegünstigung von Stiftungen nicht schaden. So ist es der Stiftung durchaus gestattet, „gesellige Zusammenkünfte“ zu veranstalten, solange diese „im Vergleich zu ihrer steuerbegünstigten Tätigkeit von untergeordneter Bedeutung sind“ (§58 Nr. 8 AO). Das ist immer dann der Fall, wenn Sie im Anschluss an eine Tagung, eine Gesprächsrunde oder einen Vortrag zu einem Imbiss einladen, wenn Sie die Konferenzteilnehmer beköstigen, die Studenten des Sommerkurses der Stiftung zu einem Abschlussfest einladen oder den Geburtstag Ihrer Stiftungs-Kita feiern. Alle diese Zusammenkünfte sind eindeutig der eigentlichen Fördertätigkeit nachgeordnet. Anders verhält es sich, wenn die Stiftung zu einem Benefizessen, einer Tombola oder einem Ball einlädt. Diese Feste können bereits einen wirtschaftlichen Geschäftsbetrieb begründen, der grundsätzlich steuerpflichtig ist.

Hatten wir bei den Ausführungen zur Vermögensverwaltung der Stiftung bereits festgehalten, dass diese wie der ideelle Förderbereich zur steuerbegünstigten Tätigkeit von Stiftungen gehört, so stellt §58 Nr. 11 AO zusätzlich fest, dass auch Zustiftungen steuerbefreit dem Vermögen der Stiftung zugeführt werden können. Hier legt die Abgabenordnung Wert darauf, dass die Zuwendung deutlich als Zuführung zum Kapital, also als Zustiftung gekennzeichnet ist beziehungsweise im Erbfall der Erblasser die Zuwendung nicht ausdrücklich als Spende markiert hat. Denken Sie an diese Pflicht zur deutlichen Kennzeichnung der Zustiftung, wann immer Sie für Ihre Stiftung Personen gefunden haben, die bereit sind, das Stiftungskapital zu stärken.

Hat §58 AO ausführlich dargelegt, welche Betätigungen von Stiftungen unter welchen Bedingungen die Steuerbegünstigung *nicht* beeinträchtigen, so erläutert der nachfolgende §59 noch einmal, dass bereits aus der Satzung eindeutig hervorgehen muss, „welchen Zweck die Körperschaft verfolgt“, dass sie selbstlos handelt und der Zweck „ausschließlich und unmittelbar verfolgt wird“. Wenn dann gleich noch einmal darauf hingewiesen wird, dass in der Satzung die Zwecke und die Art ihrer Verwirklichung „so genau bestimmt sein [müssen], dass aufgrund der Satzung geprüft werden kann, ob die satzungsmäßigen Voraussetzungen für Steuervergünstigungen gegeben sind“ (§60 Abs. 1 AO), begründet sich dieser deutliche Hinweis aus der Anerkennungs- und Prüfungspraxis der Finanzämter. Das Finanzamt erteilt am Ende des Anerkennungsverfahrens der Stiftung die „vorläufige Bescheinigung“, aus der hervorgeht, dass sie steuerbegünstigt ist und entsprechende Zuwendungsbescheinigungen ausstellen darf, die den einzelnen Spendern wiederum erhebliche steuerliche Vergünstigungen einräumen (siehe auch Kapitel 2.7). Auch wenn diese „vorläufige Bescheinigung“ jederzeit rückgängig gemacht werden kann, ist sie steuerlich doch sehr bedeutsam. Das erklärt, warum die Satzung eindeutig sein muss, denn allein auf ihrer Grundlage treffen die Finanzämter die Entscheidung für oder gegen die Steuerbegünstigung. In der Regel gilt die vorläufige Bescheinigung mindestens 18 Monate, bis die erste Prüfung der tatsächlichen Geschäftsführung stattgefunden hat und ein Freistellungsbescheid ausgestellt wird. Dieser bestätigt immer für einen zurückliegenden Zeitraum, dass die Stiftung gemeinnützig gemäß ihrer Satzung gehandelt hat. Der Bescheid ist dann die Grundlage, auf der die Stiftung die steuerlich wirksamen Zuwendungsbestätigungen für die kommenden Jahre ausstellen darf.

Dass Stiftungen im Kern nichts anderes als zweckgebundenes Vermögen sind und allein der Zweck über die Gemeinnützigkeit und damit Steuerbegünstigung entscheidet, verdeutlicht noch einmal §61 AO mit seinen Vorschriften zur Vermögensbindung. Auch für den Fall der Auflösung der Stiftung muss bereits die Satzung verbindlich regeln, wie der Grundsatz der Vermögensbindung eingehalten werden kann. Dies ist dann der Fall, wenn die Satzung beispielsweise festhält, dass das Stiftungsvermögen bei einer etwaigen Auflösung einer anderen gemeinnützigen Körperschaft für deren gemeinnützige Zwecke überantwortet werden soll.

### • Der wirtschaftliche Geschäftsbetrieb

Schon mehrfach haben wir in den vorangegangenen Erläuterungen den wirtschaftlichen Geschäftsbetrieb erwähnt. Er ist zwar steuerpflichtig, was auf viele Stiftungsmanager zunächst einmal abschreckend wirkt, hat sich aber auch bei kleineren Stiftungen durchaus bewährt, um die finanziellen Möglichkeiten zu erweitern und damit die gemeinnützige Tätigkeit der Stiftung zu stärken. Wann immer eine Stiftung über die eigentliche Vermögensverwaltung hinaus selbstständig tätig wird, um Einkünfte zu erzielen, begründet sie einen wirtschaftlichen Geschäftsbetrieb. Zeigt eine Stiftung eine Bilderausstellung und eröffnet dazu einen kleinen „Museumsshop", wo sie Poster, Bücher, Postkarten und Ähnliches verkauft, so liegt ein wirtschaftlicher Geschäftsbetrieb vor. Jede gemeinnützige Stiftung darf auf diese Weise wirtschaftlich tätig werden und gefährdet ihre Gemeinnützigkeit nicht, sofern alle Gewinne aus der wirtschaftlichen Betätigung der gemeinnützigen Zweckerfüllung zugeführt und eine Reihe zusätzlicher Vorgaben beachtet werden. Wirtschaftliche Geschäftsbetriebe dienen also eindeutig dazu, der Stiftung weitere Mittel zuzuführen, auf dass sie ihre gemeinnützigen Ziele noch besser erfüllen kann. Demnach sind wirtschaftliche Geschäftsbetriebe einer Stiftung und deren gemeinnützigem Auftrag ganz klar nachgeordnet. Sie sind immer dann problematisch, wenn sie einmal keinen Gewinn, sondern Verluste erwirtschaften. Denn diese darf die Stiftung nicht aus steuerfreien Mitteln des ideellen Bereiches (Spenden) oder aus Mitteln der steuerfreien Vermögensverwaltung ausgleichen.

Der wirtschaftliche Geschäftsbetrieb ist selbstverständlich umsatzsteuerpflichtig, denn es liegt ja ein regelrechter Leistungsaustausch vor. Übersteigen die jährlichen Einnahmen einschließlich Umsatzsteuer 35 000 Euro, so fällt Körperschaftsteuer einschließlich Solidaritätszuschlag und Gewerbesteuer an. Unterhält die Stiftung mehrere wirtschaftliche Geschäftsbetriebe (zum Beispiel Museumsshop, Café, Anzeigen im Stiftungsnewsletter, Erbringen von Sponsoringleistungen), so werden alle Geschäftsbetriebe bei der Ermittlung der Freigrenze von 35 000 Euro zusammen veranlagt (§ 64 Abs. 2 AO). Die Besteuerung bezieht sich dann selbstverständlich nur auf die Einnahmen aus den Geschäftsbetrieben. Sofern diese dem eigentlichen Stiftungszweck nachgeordnet sind, bleiben die Einkünfte aus Vermögensverwaltung, den Zweckbetrieben und die Spenden aus dem ideellen Bereich weiterhin steuerbefreit. Wird aber das Café für die Stiftung einmal wichtiger als die Förderung junger Künstler, die nach einiger Zeit nur noch mit drei Bildern an der Wand vertreten sind, während die restlichen früheren Ausstellungsflächen nunmehr dem Café dienen, verliert die Stiftung ihre gesamte Gemeinnützigkeit. Dies kann auch dadurch geschehen, dass die Stiftung Verluste der wirtschaftlichen Geschäftsbetriebe mit Mitteln aus der Vermögensverwaltung ausgleicht, die allein den gemeinnützigen Förderzielen dienen müssen. Unterhält die Stiftung mehrere wirtschaftliche Geschäftsbetriebe, so kann sie eventuelle Verluste des einen Betriebes mit Gewinnen aus den anderen Betrieben ausgleichen. Dadurch reduziert sich auch häufig die steuerliche Belastung.

Denken Sie daran, dass neben dem bereits erwähnten Museumsshop, dem Café und der Anzeigenschaltung im Stiftungsnewsletter auch Einnahmen aus Sponsoring einen wirtschaftlichen Geschäftsbetrieb bilden (siehe auch Kapitel 3.14). Wenn Sie auf der Stiftungshomepage einen Link anbringen, über den der Leser per Klick direkt zur Homepage des Unternehmens gelangt, mit dem die Stiftung als Partner verbunden ist, so wird dessen Förderung als Sponsoring verstanden und die Einnahmen müssen Sie als wirtschaftlichen Geschäftsbetrieb verbuchen. Selbstverständlich gehören hierzu *alle* üblichen Werbemaßnahmen, die Ihre Stiftung im Rahmen eines Sponsoringvertrages für ein Unternehmen leistet (siehe Kapitel 3.14). Falls die Buchhaltung Ihrer Stiftung Leistungen für andere gemeinnützige Stiftungen oder Vereine erbringt, gelten diese Einnahmen ebenso als Einkünfte aus einem steuerpflichtigen wirtschaftlichen Geschäftsbetrieb.

Auch wenn das Ausfüllen von Steuererklärungen unbeliebt ist und ein Stiftungsmanager gern die Vorteile der steuerbefreiten Tätigkeit genießt, sollten Sie nicht davor zurückschrecken, einen steuerpflichtigen wirtschaftlichen Geschäftsbetrieb zu begründen, wenn die Gewinnerwartungen aus dieser Tätigkeit realistisch sind. Die Steuerbelastung auf die Gewinne durch die Körperschaftsteuer betragen 15 % (2008), der Solidaritätszuschlag liegt bei 5,5 % des Betrags der Körperschaftsteuer, dann kommt je nach dem von der Gemeinde festgelegten Hebesatz noch Gewerbesteuer hinzu. Doch trotz dieser Steuern bleibt ein ansehnlicher Gewinn für die gemeinnützige Zweckerfüllung. Und das ist entscheidend.

Sollte der wirtschaftliche Geschäftsbetrieb entgegen den Erwartungen einmal in einem Jahr mit Verlust schließen, so ist dies unschädlich, wenn der Verlust im darauffolgenden Jahr durch einen Gewinn des Geschäftsbetriebes wieder ausgeglichen werden kann. Zum Verlustausgleich ist auch die Aufnahme eines Darlehens denkbar, sofern Zinsen und Tilgung aus Erträgen des wirtschaftlichen Geschäftsbetriebes bestritten werden können. Doch beschäftigen wir uns beim gemeinnützigkeitsunschädlichen Ausgleich aus Verlusten von wirtschaftlichen Geschäftsbetrieben mit einem derart speziellen und differenziert zu lösenden Problem, dass eine weitere Behandlung hier den Rahmen sprengen und ich für diesen Fall die Beratung durch einen Steuerspezialisten dringend empfehlen möchte.

- **Der Zweckbetrieb**

Auch ein Zweckbetrieb ist ein wirtschaftlicher Geschäftsbetrieb. Er unterscheidet sich jedoch erheblich von wirtschaftlichen Geschäftsbetrieben dadurch, dass er keineswegs der eigentlichen Stiftungstätigkeit nachgeordnet ist, sondern dass die Stiftung erst mit dem Zweckbetrieb ihre Satzungszwecke erfüllen kann. Daher ist der Zweckbetrieb auch steuerbegünstigt, das heißt von der Ertragsteuer befreit.

Solch ein Zweckbetrieb ist beispielsweise die Ausstellungshalle, die eine kunstfördernde Stiftung unterhält, deren Satzungszweck ausdrücklich das Ausstellen von Kunstwerken vorsieht. Oder es ist das Waisenhaus, mit dem eine Stiftung ihren Satzungszweck „Betreuung und Erziehung von verwaisten Kindern und Jugendlichen" erfüllt. Sollten Sie also mit Ihrer Stiftung eine Kita betreiben wollen, so treffen diese Ausführungen zum Zweckbetrieb genau auf Ihren Fall zu.

Die Abgabenordnung unterscheidet zwischen allgemeinen und besonderen Zweckbetrieben (§ 65 bis 68 AO). § 65 Nr. 1 bis 3 AO definiert den Zweckbetrieb als wirtschaftlichen Geschäftsbetrieb, der dazu dient, die satzungsmäßigen Zwecke der Stiftung zu erfüllen, wobei vorausgesetzt wird, dass ohne einen eigenen Zweckbetrieb die Satzungsziele nicht erfüllt werden können und dass ein solcher Zweckbetrieb nicht in größeren Wettbewerb zu ähnlichen Einrichtungen tritt, die keinen steuerbegünstigten Status haben. Zu den besonderen Zweckbetrieben zählt die Abgabenordnung Einrichtungen der Wohlfahrtspflege, Krankenhäuser, sportliche Veranstaltungen (sofern sie einschließlich Umsatzsteuer keine höheren Einnahmen als insgesamt 35 000 Euro im Jahr erzielen beziehungsweise die in § 67 Abs. 2 und 3 AO erwähnten Einschränkungen erfüllen) sowie Altenheime, Kindergärten, Werkstätten für behinderte Menschen, Museen, Theater, Wissenschafts- und Forschungseinrichtungen. Der in § 68 Nr. 1 bis 9 AO aufgeführte Katalog ist umfangreich und führt auch im Einzelfall Einschränkungen auf (siehe Anhang B).

Da Zweckbetriebe notwendiger Bestandteil der Erfüllung der Satzungszwecke sind, unterliegen sie, wie oben erwähnt, nicht der Pflicht zur Körperschaft- und Gewerbesteuer. Von der Umsatzsteuerpflicht ist jedoch grundsätzlich auszugehen, wobei einzelne Einrichtungen (Krankenhäuser, Altenheime etc.) durchaus für Befreiung von der Umsatzsteuer in Betracht kommen.

- **Rechnungslegung**

Bereits bei den Ausführungen zum BGB und zu den Landesstiftungsgesetzen wurde deutlich, dass sie gemeinnützigen Stiftungen hinsichtlich ihrer Pflichten zur Rechnungslegung wenig Vorgaben machen. In der Abgabenordnung beschäftigt sich § 63 mit den „Anforderungen an die tatsächliche Geschäftsführung". Hier wird noch einmal darauf hingewiesen, dass die Geschäftsführung „auf die ausschließliche und unmittelbare Erfüllung der steuerbegünstigten Zwecke gerichtet sein und den Bestimmungen entsprechen (muss), die die Satzung über die Voraussetzungen für Steuervergünstigungen enthält" (§ 63 Abs. 1 AO). Ferner heißt es, dass die Stiftung den Nachweis darüber „durch ordnungsmäßige Aufzeichnungen über ihre Einnahmen und Ausgaben zu führen (hat)" (§ 63 Abs. 3 AO). Als Mindestanforderung muss also gelten, dass jede Stiftung jährlich eine geordnete, jederzeit nachvollziehbare *Aufstellung über Einnahmen und Ausgaben* vorlegen kann, die *Belege* beifügt, eine *Übersicht* über den Bestand an *Vermögensgegenständen* erstellt sowie einen sachlichen *Tätigkeitsbericht* über die Förderaktivitäten des abgelaufenen Jahres beilegt. Falls die Stiftungssatzung selbst keine Vorgaben macht, ist die Geschäftsführung dabei frei, sich zwischen der Erstellung einer einfachen Einnahmeüberschussrechnung oder eines kaufmännischen Jahresabschlusses zu entscheiden. (Das Land Berlin verlangt allerdings einen Jahresabschluss nach eigenem Muster.)

Größere Stiftungen gehen schon aus Transparenzgründen immer mehr dazu über, einen regulären Jahresabschluss zu erstellen; sehr viele lassen ihn von einem Wirtschaftsprüfer testieren.

Die Rechnungslegung muss auf jeden Fall für die einzelnen Bereiche der Stiftungstätigkeit, also den eigentlichen Förderbereich/ideellen Bereich, die Vermögensverwaltung und gegebenenfalls die Zweckbetriebe und/oder steuerpflichtigen wirtschaftlichen Geschäftsbetriebe getrennte Aufzeichnungen vorlegen. Achten Sie vor allem auf diese Trennung, falls Sie in Ihrer Stiftung einen steuerpflichtigen wirtschaftlichen Geschäftsbetrieb unterhalten, damit nie versehentlich steuerbegünstigte und steuerpflichtige Teile vermischt werden. Beachten Sie bei der Rechnungslegung auch, dass Sie eingehende Spenden gesondert ausweisen und die verschiedenen Rücklagen, die Sie bilden, genau entsprechend dem Paragrafen der Abgabenordnung kennzeichnen. Die freie Rücklage nach § 58 Nr. 7a AO muss auf jeden Fall gesondert geführt werden, da sie ja von der Verpflichtung der zeitnahen Mittelverwendung ausgenommen ist (siehe auch die Ausführungen zur Rücklagenbildung). Gleiches gilt für die sogenannte Umschichtungsrücklage, in der Sie die Gewinne aufführen, die bei Vorgängen der Vermögensumschichtung angefallen sind. Denn auch diese Mittel unterliegen ja nicht der zeitnahen Mittelverwendung und dienen der Stärkung der Kapitalbasis. Die Mittelverwendung ist selbstverständlich gesondert von den Aufwendungen zu halten, die der Stiftung nach § 58 Nr. 5 AO (Grabpflege, Stiftergedenken, eventuell Stifterrente) entstanden sind.

Ich empfehle auch kleineren Stiftungen, möglichst eine Jahresbilanz zu erstellen. Dann behalten Sie stets den Überblick über die Vermögenszwecke und deren Finanzierung und können anhand der so praktischen Gewinn- und Verlust-Rechnung (GuV) die Erträge und Aufwendungen des Jahres gegenüberstellen. Sie gewinnen über den Vergleich mit den Vorjahren oft interessanten Aufschluss über Entwicklungstendenzen, der Ihnen die Planung der Stiftungsaktivität für das Folgejahr erleichtert. Die stärkere Transparenz spricht eindeutig für die Jahresbilanz, da Sie auf diese Weise auch Förderungen gut verfolgen können, die über mehrere Jahre angelegt sind und bei denen es jährlich nur einen begrenzten Mittelabfluss als Teil der Gesamtförderung gibt. Wenn Sie mit Ihrer Stiftung jetzt erst beginnen, greifen Sie gleich zur doppelten Buchführung. Wenn Ihre Stiftung schon über viele Jahre mit der Einnahmeüberschussrechnung lebt, so ist die Umstellung auf den kaufmännischen Jahresabschluss ein aufwendiger Kraftakt. Doch der Gewinn an Übersicht und Sicherheit spricht allemal dafür.

Rechnungslegung ist kein Hexenwerk. Lassen Sie sich keineswegs beeindrucken von scheinbarer Komplexität. Gerade für eine kleine Stiftung mit wenigen Buchungen ist das schnell gemacht, und wenn Sie es von einem Buchhalter extern machen lassen, auch nicht teuer. Wenn einmal die Vorlage steht, werden Sie sehen, wie schnell Jahr für Jahr die neuen Werte eingetragen und die Überschussrechnung oder Bilanz erstellt werden können.

In diesem Bereich sehr sorgfältig zu sein lohnt sich immer. Auch die Stiftungsaufsicht und das Finanzamt freuen sich, wenn sie von Ihnen jedes Jahr eine gut strukturierte leicht nachvollziehbare Rechnungslegung erhalten. Die Stiftungsaufsicht interessiert sich dabei vor allem dafür, ob die Stiftung satzungsgerecht tätig war und das Stiftungskapital nicht angegriffen wurde. Das Finanzamt prüft, ob die Geschäftsführung auch tatsächlich entsprechend den Vorschriften des Gemeinnützigkeitsrechts gearbeitet hat. Seien Sie nicht überrascht, dass das Finanzamt auch von der steuerbefreiten Stiftung eine regelrechte Steuererklärung erwartet. Zumeist verlangen sie diese nur im Dreijahresrhythmus. Unterhält die Stiftung jedoch einen steuerpflichtigen wirtschaftlichen Geschäftsbetrieb, so wird von ihr jährlich eine Steuererklärung erwartet. Sie legen den rechnerischen und sachlichen Tätigkeitsbericht bei, sodass sich das Finanzamt einen Gesamtüberblick über die Stiftungstätigkeit verschaffen kann. Sie erhalten dann im Gegenzug im Dreijahresrhythmus den Freistellungsbescheid, der bestätigt, dass Sie gemeinnützig gearbeitet haben und dass Ihre Stiftung steuerwirksame Zuwendungsbestätigungen ausstellen darf.

Falls Sie Ihren Jahresabschluss von einem Wirtschaftsprüfer bestätigen lassen, sehen einige Landesstiftungsgesetze Erleichterungen bei den behördlichen Prüfungen vor. Der Bestätigungsvermerk des Wirtschaftsprüfers, der ja auch den Kapitalerhalt überprüft, hat für den Stiftungsvorstand den Vorteil, dass die umsichtige, ordentliche Geschäftsführung von einem neutralen Dritten bescheinigt wurde. Dies ist gerade dann für eine Stiftung vorteilhaft, wenn sie Spender oder Zustifter gewinnen möchte, die zu Recht großen Wert auf „saubere“ und geprüfte Arbeit legen.

- **Kapitalerhalt**

Die sogenannte Verbrauchsstiftung ist eindeutig die Ausnahme. Sie ist zeitlich limitiert und verbraucht sich nach einer bestimmten Dauer selbst. Sie speist zu den Erträgen auch Teile des Stiftungskapitals in die jährliche Zweckverwirklichung ein, bis das Kapital entsprechend dem festgelegten Zeitplan erschöpft ist. Doch die regelmäßige gemeinnützige Stiftung ist verpflichtet, ihr Kapital zu erhalten. Wie bereits weiter oben ausgeführt, sind die Landesstiftungsgesetze hier eindeutig, wenngleich immer mehr Stiftungsgesetze Ausnahmen wie die oben genannte Verbrauchsstiftung zulassen. Was bedeutet der Hinweis auf den ungeschmälerten Kapitalerhalt, der sich in den Landesstiftungsgesetzen findet? Mit Sicherheit bezeichnet er den unbedingten Erhalt des nominalen Grundstockkapitals der Stiftung. Wie aber steht es um die schleichende Geldentwertung? Muss auch die Inflationsrate erwirtschaftet werden, um ungeschmälert das Stiftungskapital zu erhalten?

Ich denke, die Landesstiftungsgesetze sind hier bewusst interpretationsoffen. *Ideal* ist der Kapitalerhalt einschließlich Auffangen der jährlichen Inflation; *geboten* ist auf jeden Fall, dass das ursprünglich vom Stifter eingebrachte Kapital nicht unter seinen Einstandswert fällt. Schon Letzteres ist nicht immer leicht zu erreichen, wenn das Vermögen beispielsweise allein aus einem schwächelnden Aktienpaket oder aus einem schwierigen Immobilienbestand besteht. Ersteres zu erreichen ist auf lange Zeit gesehen eine Kunst, die Geschicke und Glück und gute Bankverbindungen voraussetzt.

Die sogenannte freie Rücklage nach §58 Nr. 7a AO ist die grundlegende Stütze für den Kapitalerhalt, sie wird daher auch allgemein Kapitalerhaltungsrücklage genannt. Aber wenn Sie bei der Vermögensanlage mit Glück eine gut 4,5 %ige Rendite an ordentlichen Erträgen erzielen und davon gemäß dem oben zitierten Paragrafen bis zu einem Drittel „bunkern" können, so sind das höchstens 1,5 % des Stiftungskapitals. Das ist gegenwärtig bei Weitem kein genügender Inflationsausgleich. Dann bleiben als weitere Stütze die außerordentlichen Erträge. Wenn eine Stiftung 25 % oder 30 % des Stiftungsvermögens an der Börse investiert und steigende Aktienkurse den Marktwert der Aktien nach oben treiben, lohnt es sich schon, auch einmal Gewinne zu realisieren. Die auf diese Weise realisierten außerordentlichen Erträge benutzen Sie dann, um sie zu reinvestieren: vielleicht in Immobilien, vielleicht in sorgsam ausgewählten Unternehmensanleihen oder in erstrangigen M-Dax-Werten. Auf jeden Fall unterliegen diese Erträge nicht der zeitnahen Mittelverwendung. Sie stärken vielmehr die Kapitalbasis und tragen so langfristig dazu bei, dass sich die Ertragskraft der Stiftung verbessert und dass die durch die jährlichen Preisleistungen bedingte Schwächung des Vermögens vermieden wird. Diese Kapitalzufuhr sollte in der Rechnungslegung als Umschichtungsrücklage ausgewiesen werden. Sie dokumentiert, dass der Stiftungsvorstand die Frage des Kapitalerhalts sehr ernst nimmt und dass es gelungen ist, frisches Geld zu erwirtschaften.

Wenn Sie die Jahresbilanz der Stiftung von einem Wirtschaftsprüfer testieren lassen und dieses Testat auch den Kapitalerhalt mit umfassen soll, wird er Sie nach dem gültigen Kapitalerhaltungskonzept fragen. In der ZEIT-Stiftung haben wir dazu einen jährlichen Sollwert des Kapitals ermittelt (Kapitalstock bei Gründung zuzüglich Inflationsrate), dem wir jeweils am Jahresende den Istwert, bestehend aus dem Kapitalstock zuzüglich freier Rücklage und Umschichtungsrücklage, gegenüberstellen. Wenn Ihre Stiftung mit einem Grundkapital von einer Million Euro gegründet wurde und Sie eine jährliche Inflationsrate von 2,5 % bis 3 % zugrunde legten, so müsste diese Stiftung bei vollem Inflationsausgleich nach 10 Jahren über ein Kapital von etwa 1,3 Millionen Euro (Sollwert) verfügen. Schauen Sie nun in die Bilanz, um zu sehen, welchen Wert das Kapital plus freier Rücklage plus Umschichtungsrücklage tatsächlich ergibt. Liegt diese Addition über dem Sollwert, so haben Sie das Ideal des vollen Inflationsausgleichs erreicht. Sollte der addierte Wert aber trotz anhaltend guter Börsenentwicklung unter dem Wert des ursprünglichen Stiftungskapitals liegen, müssen Sie ev. mit Nachfragen der Stiftungsaufsicht rechnen, denn die geht davon aus, dass Sie zumindest mit der freien Rücklage nach § 58 Nr. 7a AO das Stiftungskapital ein wenig hätten stärken und wachsen lassen können. Nicht dass hier ein falscher Eindruck entsteht: Eine gemeinnützige Stiftung ist keine Sparkasse, sondern eine Fördereinrichtung. Mit den Mitteln soll Jahr für Jahr das allgemeine Wohl gefördert werden. Aber wenn Ihre Stiftung dies auch in den kommenden Jahren nachhaltig tun will, muss sie jetzt dafür sorgen, dass die Vermögensverwaltung nicht nur auf die laufenden ordentlichen Erträge schaut, sondern auch auf das Erzielen außerordentlicher Erträge mit dem Ziel der Kapitalstärkung. Wie bereits in Kapitel 2.11 beschrieben, ist dies mit einem Girokonto und Festgeld nicht zu bewerkstelligen. Da muss das Stiftungsvermögen freier arbeiten können, auch wenn das Ziel, Gewinne zu erzielen, um das Stiftungskapital zu erhöhen, mit dem Risiko verknüpft ist, mitunter Abschläge hinnehmen zu müssen. Etwaige Abschreibungen belasten zunächst einmal die Umschichtungs- und die freie Rücklage. Wenn solche Abschreibungen in Jahren vorgenommen werden, die wie 2008 allgemein von Börsenrückgängen und Rezession geprägt sind und die sich im Rahmen des allgemeinen wirtschaftlichen Abschwungs bewegen, wird keine Stiftungsaufsicht Sie rügen. Und es wird auch wieder ein Aufschwung folgen und die freie Rücklage und die Umschichtungsrücklage werden wieder wachsen!

## 3.4 Entwicklung von Stiftungsschwerpunkten

Stiftungen sind für viele Bürger unscharfe, ja profillose Einrichtungen. Die meisten Mitbürger wissen kaum, wofür Stiftungen stehen und was sie leisten. Eine Fokussierung der Stiftungstätigkeit hilft beiden: einmal der Stiftung selbst und zum andern der Bevölkerung, die ein klareres Bild von gemeinnützigem Wirken erhält.

Den Rahmen für mögliche Schwerpunkte gibt immer die Satzung vor. Legt diese beispielsweise fest, dass die Stiftung ihre Aufgaben in der Kulturförderung sieht, so sollte der Vorstand ein *Förderkonzept* für diesen Bereich entwickeln. Es beginnt mit der Frage nach der *Förderstrategie*: operativ, fördernd oder eine Mischung von beidem (siehe Kapitel 3.2). Sodann die Frage nach den *Schwerpunkten*: Musik, bildende Kunst, Schauspiel, Oper, Ballett, Literatur, Film, Kabarett, Jazz, Unterhaltungsmusik usw. Nehmen wir an, der Vorstand entscheidet, für die nächsten fünf Jahre schwerpunktmäßig Literatur und Schulmusik zu fördern, so stellt sich die Frage, mit welchem *Förderprogramm* jeder Schwerpunkt versehen sein soll, welche *Einzelprojekte* als Ganzes gesehen zu einem Programm vereinigt werden können. Der

Schwerpunkt nämlich wird nur durch die einzelnen Projekte mit Leben erfüllt, wobei die Projekte im Sinne von *Clustern* sich gegenseitig verstärken können. In diesem Fall entsteht ein fruchtbares Förderprogramm, in dem die einzelnen Projekte mit ihren Synergien aufgehoben sind. Die Außenwirkung eines jeden Projektes wird so erheblich verstärkt.

Bei der Literaturförderung lässt sich an folgende mögliche Projekte denken:

- Preise für Debütanten,
- Lesungen von jungen Autoren,
- Vorlesewettbewerbe für Schüler,
- Buchbesprechungen in Altersheimen, Jugendheimen, Unternehmen,
- Schreibwettbewerb für Schüler,
- Leseförderung in Grund- und Hauptschulen,
- literarisches Quartett im Stadttheater,
- Errichtung eines Literaturhauses,
- Einrichtung einer Gastdozentur für fiktionales Schreiben an der heimischen Universität,
- Aufbau einer Schreibwerkstatt für junge Autoren,
- Aufbau eines Literaturfestivals.

Je nach finanzieller Leistungskraft kann die Stiftung nun mit zwei oder drei Projekten starten, nach einigen Jahren ein viertes, fünftes Projekt hinzunehmen und schon hat die Stiftung ein Literaturförderprogramm geschaffen, das ihr ein Alleinstellungsmerkmal verleiht. Eine Stiftung mit einem derart klaren Profil wird weithin wahrgenommen und verfügt nach kurzer Zeit über erhebliche eigene Expertise als *die* Literaturstiftung im Land. Und wenn diese Stiftung zugleich ein zweites Programm für die Förderung der Schulmusik aufbaut, macht sie deutlich, dass die selbst gesetzten Schwerpunkte variierbar sind, dass sie eines Tages erweitert oder gegen neue Schwerpunkte ausgetauscht werden können. Schwerpunkte legen die Stiftungstätigkeit nur mittelfristig fest. Die Einschränkung der Vielfalt der Fördermöglichkeiten, die mit der Schwerpunktsetzung einhergeht, ist nur scheinbar ein Nachteil. Die Tiefe des Förderprogramms, die mit den clusterartigen Einzelprojekten entsteht, bereichert die Fördertätigkeit hingegen ungemein.

In Kapitel 5.1 werden verschiedene Wege aufgezeigt, wie eine Stiftung zu Projekten und Förderprogrammen kommt. Daher hier vorab nur der Hinweis, dass der erste Schritt vom Vorstand oder Geschäftsführer ausgehen sollte. Bleibt dieser Impuls zur Schwerpunktbildung aus, kann ihn auch der Stiftungsmitarbeiter angehen. Er muss dabei wissen, in welch eine Richtung Vorstand oder Kuratorium denken. Und dann muss er fragen, Zeitung lesen, Kongresse besuchen, nach Modellprojekten in anderen Städten Ausschau halten, einen runden Tisch einberufen, Erfahrungen anderer Stiftungen einholen, bis er einen Projektplan zusammenhat, den er mit dem Vorstand oder dem Kuratorium bespricht.

Der Weg kann mitunter vom kleinen Einzelprojekt zum Förderprogramm führen, aus dem sich ein ausgesprochener Stiftungsschwerpunkt entwickelt. Besser ist es aber, die mittel- bis langfristige Planungsphase geht voran und daraus entwickelt sich das Stiftungsprogramm:

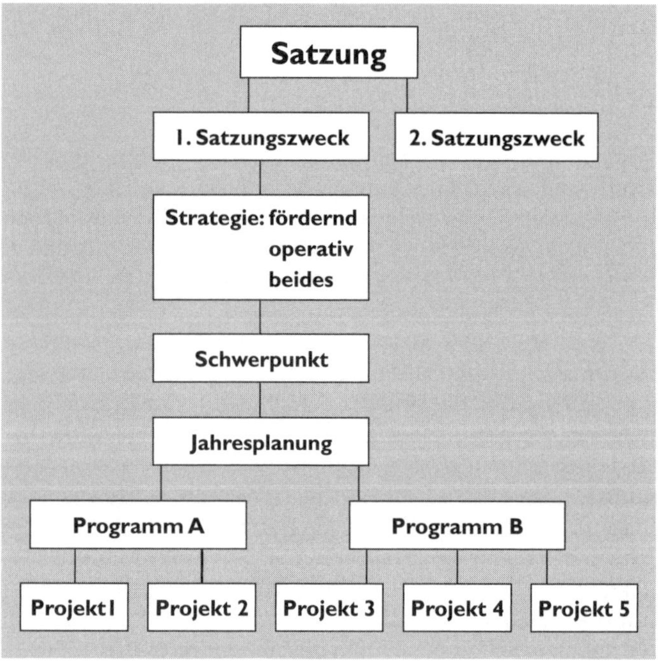

Beispiel:
Die Satzung sieht als einen von drei Zwecken die Förderung von Bildung und Erziehung vor.

Die Stiftung hat als Strategie beschlossen, sowohl fördernd als auch operativ tätig sein zu können.

Sie entscheiden, schwerpunktmäßig Kinder bis zum Übergang auf weiterführende Schulen zu fördern.

In der Jahresplanung legen Sie die Aktivitäten fest.

Im Programm A bündeln Sie die Aktivitäten, mit denen Kinder im Vorschulalter unterstützt werden, im Programm B fassen Sie die Projekte zusammen, die für Schülerinnen und Schüler an Grundschulen eingerichtet werden.

Zum Programm A (Vorschulalter) gehören beispielsweise drei Projekte:

1. Förderung einer Institution, die alleinstehenden Elternteilen bei der Betreuung ihrer Kleinkinder hilft (Förderprojekt).
2. Unterstützung der Kita X für Aufbau und Pflege eines Gartens (Förderprojekt).
3. Integration von Kindergartenkindern aus Migrantenfamilien (operatives Projekt).

Zum Programm B (Schulkinder) gehören:

1. Hausaufgabenbetreuung für Dritt- und Viertklässler an den Grundschulen X, Y und Z (operatives Projekt).
2. Leseförderung für lernschwache Kinder an den Grundschulen W und V (Förderprojekt).
3. Unterstützung einer Institution, die bedürftigen Schulkindern individuelle Mentoren vermittelt (Förderprojekt).

Das hier vorgestellte Beispiel macht deutlich, dass die Schwerpunktsetzung fokussierend wirkt, keineswegs aber dazu führt, dass die Stiftung zu eng an einem Schwerpunkt klebt und am Ende kaum noch Projekte findet. Im Gegenteil: Die Projekte befruchten sich, das eigene Wissen der Stiftung wächst und der Stiftungsmitarbeiter wird zum Fachmann in Fragen der Förderung von Kindern in den ersten zehn Lebensjahren.

## 3.5 Marketing

Unter Marketing für Stiftungen seien hier all die Aktivitäten verstanden, die Stiftungen unternehmen, um gemäß ihrer Satzung diejenigen Förderprojekte zu finden, mit denen sie die größte Wirkung für den Gemeinnutz erzielen können. Ferner verstehen wir unter diesem Begriff die Aktivitäten, die einer Stiftung ein Alleinstellungsmerkmal und eine besondere Markenidentität sichern, mit der sie sich vor anderen Stiftungen auf dem Markt der Fördereinrichtungen abhebt. Alle Maßnahmen, die zu einer stärkeren Profilierung und damit Wahrnehmung der Stiftung führen, gehören ebenso zum Bereich des Marketings, also die Darstellung der Förderprojekte, die Beziehung zu den geförderten Personen und Einrichtungen, die Öffentlichkeitsarbeit für die einzelnen Projekte und Programme der Stiftung wie für die Stiftung in ihrer Gesamtheit. Denn nur dann, wenn die Bevölkerung ein recht genaues Bild vom Arbeitsspektrum einer gemeinnützigen Stiftung hat und mit dem Begriff Stiftung sogleich einige positiv besetzte Assoziationen geweckt werden, wird der dritte Sektor, der sogenannte Non-Profit-Bereich, weiter wachsen und an gesellschaftlicher Bedeutung zunehmen. Aus diesem Grund ist Marketing von und für Stiftungen wichtig. Es dient der Sicherung von möglichst hoher Qualität bei allen Stiftungsprojekten.

- **Die Marke**

Es mag zunächst erstaunen, dass dieser Begriff auch im gemeinnützigen Bereich auftritt. Aber gerade die Marke verpflichtet zu hoher Qualität, und die wollen wir bei allen Stiftungsvorhaben erreichen. Wenn die ZEIT-Stiftung beispielsweise ihre wichtigsten Einrichtungen und Projekte stets mit dem Namen ihres Stifters Bucerius versieht, also Bucerius Law School, Bucerius Kunst Forum, Bucerius LERN-WERK, dann möchte sie damit ein Qualitätssignal versenden und natürlich auf den Urheber der gemeinnützigen Stiftung verweisen, der diese Einrichtungen ins Leben gerufen hat.

Ein Markenbewusstsein wirkt auch nach innen. Wenn Deutschlands erste private Rechtshochschule Bucerius Law

School heißt, dann wird damit nach außen kundgetan, dass die von Gerd Bucerius gegründete ZEIT-Stiftung Ebelin und Gerd Bucerius dieses Projekt verantwortet. Für jeden Mitarbeiter, der an der Bucerius Law School mitwirkt, bedeutet dies eine hohe Verpflichtung. Und um diesen hohen Standard bemühen sich dann auch diejenigen Mitarbeiter, die für andere Bucerius-Projekte zuständig sind.

Es gibt eine Reihe von Beispielen, wo die Markenbildung sehr gut funktioniert hat. Der Alfried Krupp-Förderpreis für junge Hochschullehrer ist unter allen Nachwuchskräften auf dem Gebiet der Natur- und Ingenieurwissenschaften ein Begriff für die Auszeichnung von exzellenter Wissenschaft und für optimale Förderbedingungen. Die Alfried Krupp von Bohlen und Halbach-Stiftung in Essen zeigt zu Recht langen Atem bei diesem Nachwuchspreis und verleiht ihn seit rund 20 Jahren! Das KörberForum in Hamburg hat die Körber-Stiftung in wenigen Jahren an die Spitze der Wahrnehmung für erstklassige Debattierveranstaltungen in Norddeutschland gebracht. Das Forum ist nur ein Teil der zahlreichen Aktivitäten dieser Hamburger Stiftung, gibt ihr aber weithin ein Alleinstellungsmerkmal und führt dazu, dass der Bürger auf der Straße ein bestimmtes Projekt einer bestimmten Stiftung zuordnen kann, was die Profilierung des Stiftungswesens allgemein befördert.

### • Der Markt der Projekte

Ob operative oder fördernde Stiftung: Es lohnt immer, einen Überblick über die Bereiche zu haben, die satzungsmäßig zu den Fördergebieten gehören. Sind diese Bereiche riesig wie beispielsweise die Wissenschaft oder das Erziehungswesen, sollte die Stiftung Schwerpunkte ihrer Arbeit herausschälen und sich mutig zu diesen bekennen. Die Stiftung, die zu ihren Satzungszwecken die Förderung der Bildung zählt, kann – wie oben gezeigt – sich guten Gewissens für einen längeren Zeitraum auf bestimmte Altersabschnitte begrenzen oder auf Querschnittsthemen wie Integration von Kindern aus Migrantenfamilien oder auch auf die Förderung der mathematisch-naturwissenschaftlichen Bildung von Kindern, Jugendlichen und jungen Erwachsenen (siehe auch Kapitel 3.4).

Ist der Schwerpunkt gesetzt, muss vom Stiftungsmitarbeiter erwartet werden, dass er sich schlaumacht, welche Entwicklung der Bereich in der letzten Zeit genommen hat und welche Förderanstrengungen von Stiftungen oder öffentlichen Einrichtungen bereits bestehen. Der Stiftungsmitarbeiter muss den Markt kennen! Er muss die einschlägigen Wissenschaftler treffen können und die entsprechenden Tagungen besuchen. Es zahlt sich für jede Stiftung aus, wenn sie dem für bestimmte Aufgaben verantwortlichen Kollegen die Freiräume gibt, sich über Lektüre, Symposien, Tagungen kundig zu machen, bevor die ersten Projektentwürfe für die Tätigkeit der Stiftung auf diesem Satzungsgebiet im Vorstand und Kuratorium diskutiert werden. Je besser das neue Stiftungsprojekt vorbereitet ist, desto wirksamer wird der Impuls, der von den neuen Förderaktivitäten der Stiftung ausgeht. Die amerikanischen Kollegen benutzen dafür gern das Wort „intervention" (Eingriff). Wenn also das neue Projekt oder Förderprogramm sich tatsächlich zu einer Intervention auf diesem Satzungsgebiet entwickeln soll, dann muss zuvor der Markt genau gesichtet und erforscht werden. Ist dies geschehen, bekommt das neue Projekt ein klares Profil. Das gilt auch für die fördernde Stiftung (siehe Kapitel 3.2), die nach diesen Vorbereitungen davon ausgehen kann, dass ihre Ausschreibung einer neuen Förderinitiative genau die richtigen Anträge hervorrufen wird.

Stiftungen, die auf diese Weise vorgehen, werden von den Geförderten (wie auch von den abgelehnten Antragstellern) und von der entsprechenden Szene der Wissenschaftler oder der Künstler oder Bildungsexperten etc. sehr ernst genommen. Nach diesen Vorbereitungen der Marktanalyse und der Nischenfindung kann die Förderung ihre volle Wirkung entfalten. Die betroffene Stiftung wird zum Akteur auf diesem Markt, was sie wesentlich vom bloßen Geldgeber und von jeder Beliebigkeit einer Bewilligung oder Ablehnung eines Förderantrags unterscheidet.

### • Öffentlichkeitsarbeit

Markenaufbau, Marktanalyse, Profilbildung und Evaluation sind Aspekte der Stiftungsarbeit, die dann funktionieren, wenn die Öffentlichkeit informiert und die Transparenz der Stiftungsarbeit gewährleistet wird. Nur wenn die Förderaktivitäten bekannt sind, erreichen sie auch diejenigen, die am meisten von ihnen profitieren können. Und wie sollen die besten gegenwärtigen Stiftungsprogramme neue potenzielle Stifter wecken, wenn diese die Vorbilder gar nicht kennen können, weil sie im Verborgenen blühen? Transparenz der Stiftungsarbeit ist so vielschichtig und wichtig, dass ihr in diesem Band ein eigenes Kapitel gewidmet ist (siehe Kapitel 3.11).

## 3.6 Jahresplanung

Die Planung des kommenden Jahres beginnt stets mit dem Wirtschaftsplan. Grundlage einer jeden Stiftungsarbeit ist das Wissen um die zur Verfügung stehenden Fördermittel. Hat man die aus dem Stiftungsvermögen zu erwartenden Erträge kalkuliert, den Betrag abgezogen, den man der Kapitalerhaltungsrücklage nach §58 Nr. 7a AO zuführen will und die Kosten subtrahiert, die an Personal- und Sachausgaben anzusetzen sind, so weiß der Vorstand, was die Stiftung an Förderung im neuen Jahr leisten kann.

Jetzt zahlt sich aus, wenn mehrjährige Förderungen immer in dem Jahr belastet werden, in dem sie bewilligt wurden. Wenn also eine Stiftung im Jahre 2009 einer Kindertagesstätte für deren musische Früherziehung eine fünfjährige Förderung bereitstellt, die pro Jahr mit 15 000 Euro beziffert ist, so sollte diese Stiftung im Bewilligungsjahr 2009 75 000 Euro für den Zeitraum 2009 bis 2013 zurückstellen, die dann jährlich in Tranchen à 15 000 Euro abgerufen werden. Auf diese Weise hat der Förderempfänger, hier die Kindertagesstätte, die Sicherheit, dass die Jahresbeträge auch tatsächlich die gesamten fünf Jahre über bereitstehen. Und die Stiftung braucht die jährliche Fördersumme von 15 000 Euro nicht jedes Jahr erneut von den zur Verfügung stehenden Mitteln abzuziehen, sondern der jährliche Mittelabruf reduziert lediglich die bereits 2009 dafür gebildete Rückstellung. Bei dieser Form der Finanzplanung, die für alle mehrjährigen Projekte jeweils mit Rückstellungen arbeitet, kann die Stiftung jedes Mal die Jahreserträge abzüglich der Kosten für völlig neue Förderungen verplanen. Sie spricht dann auch niemals Bewilligungen aus, deren Höhe nicht schon am Tage der Bewilligung gedeckt ist. Mit der Hoffnung auf zukünftige Erträge sollte eine Stiftung nicht spekulieren. Daher der dringende

Rat, bei Förderbewilligungen, die sich auf mehrere Jahre erstrecken, immer auf Nummer sicher zu gehen und die gesamte Fördersumme zurückzustellen!

Bei der inhaltlichen Jahresplanung empfiehlt es sich, zunächst auf Projekte zu setzen, die das bereits Vorhandene ergänzen und die der Stiftung auf dem Markt der Fördermöglichkeiten auf einigen Feldern mittel- bis langfristig eine Vorrangstellung einräumen. So hat die ZEIT-Stiftung ab 1997 nach dem Aufbau des Bucerius-Jura-Programms für Doktoranden drei rechtswissenschaftliche Stiftungsprofessuren an den Universitäten Rostock, Greifswald und Jena bewilligt und anschließend Moot-Court-Wettbewerbe (nachgemachte Verhandlungssituationen) unterstützt. So häuften sich die Bausteine auf dem Gebiet der rechtswissenschaftlichen Förderung, mit der die Stiftung zugleich Erfahrungen sammelte für ihr Flaggschiff-Vorhaben einer eigenen Hochschule für Rechtswissenschaften, die dann 2000 als Bucerius Law School an den Start ging. Fünf Jahre später gesellte sich als weiterer *Cluster* im Bereich der rechtswissenschaftlichen Förderung der Schülercampus Jura für Oberstufenschüler hinzu. In der Zwischenzeit hatte die Stiftung zudem einen weiteren wissenschaftlichen Schwerpunkt auf dem Gebiet der historischen Wissenschaften eröffnet, der ein Doktorandenprogramm, eine Summer School, Gründung und Aufbau des Deutschen Historischen Instituts in Moskau und zahlreiche geschichtswissenschaftliche Forschungsprojekte umfasste.

Aus dieser Clusterbildung erwächst nicht nur eigene Stiftungskompetenz, sondern auch ein harmonisch aufeinander abgestimmtes Jahresprogramm. Clusterbildung macht deutlich, dass hier konzeptionell gearbeitet wird und keineswegs beliebig zum einen die Archäologie, zum anderen die Genetik und zum Dritten die Nanotechnologie gefördert wird. Zumindest in der großen Linie muss eine Konzeption sichtbar sein. Bei Kleinförderungen einer großen Stiftung kann auch schon einmal aus bestimmten Gründen von der übergeordneten Richtung abgesehen werden. Es sollte aber die Ausnahme bleiben.

Die im Herbst angestellten Überlegungen zum Programm des nächsten Jahres stellen die Weichen, sie bestimmen nicht bereits die Einzelförderungen. Der große Vorteil der Stiftungsarbeit ist ja die unbürokratische schnelle Entscheidung, die

Dinge verwirklichen lässt, die anderenorts noch im Planungsstadium verharren würden. Die Weichen der Jahresplanung zeigen die Wege, auf denen die Stiftung das kommende Jahr beschreiten wird. Die Vorhaben, die genau entlang diesem Weg liegen, finden dann schnell Eingang in den Katalog der geförderten Projekte, sei es über Antragsteller oder über die eigenen Mitarbeiter der Stiftung, die aufgrund der Fokussierung durch die Jahresplanung gezielt nach den geeigneten Vorhaben Ausschau halten. Und für die Ablehnungen hat die Stiftung gute Gründe: „So wichtig Ihr Vorhaben auch ist, so passt es leider nicht in die gegenwärtige Schwerpunktsetzung unserer Stiftungsarbeit, mit der wir uns in diesem Jahr vor allem Projekten im Bereich von X und Y widmen wollen“, heißt es dann überzeugend und wohlklingend in den Absagebriefen.

Eine derartige Jahresplanung sollte mit den Mitgliedern des Kuratoriums rechtzeitig besprochen und gebilligt und von den Mitarbeitern im Haus getragen werden. Die Vorteile überzeugen schnell.

## 3.7 Projektplanung

Während die rein *fördernde* Stiftung auf Antrag hin ein bereits vom Antragsteller konzipiertes Projekt fördert, plant und verwirklicht die *operative* Stiftung ihre Vorhaben selbst (zur Unterscheidung von fördernder und operativer Arbeit siehe auch Kapitel 3.2). Mit der Zunahme operativ tätiger Stiftungen in den letzten Jahren stehen immer mehr Stiftungsvorhaben und ganze Einrichtungen unter der unmittelbaren Verantwortung einzelner Stiftungen. So reizvoll dieser Gestaltungsspielraum und Verantwortungsgewinn für das Stiftungsmanagement auch ist, so fordert es die einzelnen Mitarbeiter von operativen Stiftungen bei der Projektplanung und -umsetzung doch in ganz besonderer Weise! Für den Mitarbeiter einer operativen Stiftung hat diese Herausforderung jedoch den großen Vorteil, dass er erleben kann, wie ein von ihm geplantes Vorhaben vom Vorstand der Stiftung bewilligt wird und er es tatsächlich realisieren darf. Wenn er das Vorhaben dann erfolgreich umsetzt, die erwarteten Ergebnisse eintreffen und die Evaluation positiv verläuft, hat der Stiftungsmitarbeiter Erfahrungen gesammelt und Kompetenz und Verantwortungsbewusstsein in einer Weise bewiesen, dass seiner weiteren beruflichen Entfaltung im Stiftungswesen nichts mehr im Wege steht.

Projektplanung gehört also für eine operativ tätige Stiftung zum Tagesgeschäft. Sie führt nicht immer über die Planung hinaus zu einem Förderprojekt, denn darüber entscheiden ja Vorstand und Kuratorium. Sie beginnt aber immer mit einer Defizitanalyse, also der Frage, was in welchem Bereich fehlt und mit welcher Dringlichkeit diesem Defizit abzuhelfen ist. Fördert eine Stiftung beispielsweise satzungsgemäß das Bildungs- und Erziehungswesen, so muss sie herausfinden, wo in der Region, in der sie tätig ist, in diesem Bereich die größten Defizite liegen: in der frühkindlichen Erziehung, bei den Kitas, in den Kindergärten, im Grundschulbereich oder eher in der musischen Erziehung, in den Möglichkeiten, mit naturwissenschaftlichen oder technischen Fragestellungen konfrontiert zu werden, im Betreuungsbereich nach Schulschluss, im Jugendstrafvollzug? Die Stiftung sollte sich dann diejenigen Mängel und Fehlstellen genauer ansehen, die von ihrem jährlichen Fördervolumen her überhaupt sinnvoll angegangen werden können. Halbe Reförmchen oder stecken gebliebene Innovationen sind kein Ruhmesblatt für Stiftungen. Eine große Stiftung, die auf Jahre hin fünf Millionen Euro jährlich allein für Bildungszwecke zur Verfügung stellen will, kann eine eigene Reformgrundschule errichten, die mit einem neuen pädagogischen Konzept die Kinder zur Hauptschul-, Realschul- oder Gymnasialreife führt. Wer laut Jahresplanung 50 000 Euro für den Bildungsbereich aufwenden kann, sollte damit eher ein Ergänzungsprogramm für schwächere Schüler einer Hauptschule entwickeln lassen und modellhaft an ein oder zwei Schulen am Ort umsetzen.

Projektplanung ist also immer abhängig vom einsetzbaren Finanzvolumen und von der Mittel- oder Langfristigkeit, in der diese Mittel für den jeweiligen Satzungsbereich zur Verfügung stehen sollen. Projektideen entstehen im Austausch mit Betroffenen, durch die Teilhabe am öffentlichen und wissenschaftlichen Diskurs, durch den Besuch von Tagungen, durch Lektüre entsprechender Zeitschriften etc. Bleiben wir bei unserem Beispiel aus dem Erziehungs- und Bildungswesen: Ein runder

Tisch mit Schulrektoren, Pädagogen, Vertretern der Schulbehörde etc. verleiht sehr schnell Einblick in aktuelle Problembereiche und gibt Anstöße für Reformideen. Das ewige „man müsste mal" kann eine Stiftung schnell in ein „wir machen das" drehen, aber eben nur mit guter Planung.

Der Mitarbeiter, der sich jetzt daranmacht, ein Förderprojekt zu entwerfen, muss sich folgende Leitfragen stellen:

- Wer soll von der Förderung profitieren?
- Was gibt es bereits auf diesem Gebiet von anderen Stiftungen?
- Was geschieht Neues durch die Stiftungsförderung?
- Wie nachhaltig wird sie wirken?
- Inwieweit schließt das Vorhaben an bereits bestehende Stiftungsprojekte an?
- Fügt sich das neue Vorhaben in die Schwerpunktsetzung der Stiftung ein?
- Über welche Erfahrungen verfügt die Stiftung selbst bei der Konzeption des Projektes?
- Welche Kenntnisse müssen wie eingeholt werden?
- Wer muss wann informiert werden?
- Wie lässt sich das Vorhaben als Werbung für stifterisches Engagement darstellen?
- Kann das Projekt eventuell an anderen Orten von anderen Stiftungen ebenso errichtet werden (Social Franchising)?
- Welche Ausstiegsmöglichkeiten gibt es, falls das Projekt zu scheitern droht (Exit Strategy)?

Aus den Fragen ist ersichtlich, dass stets sieben große Blöcke beachtet werden müssen:

1. Zielvorstellung des Projektes,
2. Einbindung in die Stiftungsziele/Schwerpunkte,
3. Finanzvolumen,
4. Zeitplan,
5. Mitarbeiterbeanspruchung,
6. Öffentlichkeitsarbeit,
7. Zwischenbewertung/Endbewertung.

Ein derartig differenzierter Projektplan macht Arbeit, ist aber ein unverzichtbares Werkzeug für die Entscheidungsfindung, mit der Vorstand und Kuratorium einer Stiftung beauftragt sind. Kommt es dann zu einer Bewilligung, so gibt der Projektplan für die weitere Durchführung die Orientierung vor und ist für das gesamte Projektcontrolling maßgeblich. Denn auch die beste Planung wird durch die Wirklichkeit überholt. Nur muss dann klar sein, an welchen Stellschrauben gedreht werden kann, damit das Vorhaben tatsächlich effizient und erfolgreich zum Abschluss kommt.

## 3.8 Projektdurchführung

Eine möglichst präzise, realistische Projektplanung bildet die beste Grundlage für die Verwirklichung eines Projektes. Aber jedes Mal zeigt die Wirklichkeit neue Aspekte und unerwartete Gegebenheiten, die in der Planung nicht bedacht werden konnten. Hier muss der Projektleiter vom Vorstand der Stiftung mit ausreichend Vertrauen und Spielraum ausgestattet sein, damit er Justierungen schnell und unbürokratisch vornehmen kann. Wie gesagt: Justierungen, keine völlig neuen Projektentwürfe oder bauchgesteuerte Experimente! Die Stiftung trägt die Verantwortung für das Erreichen der Ziele, für den Mitteleinsatz, für das Personal, das für das Vorhaben eingestellt wird, für die Marke, die die jeweilige Stiftung mittlerweile für sich als Qualitätsmerkmal aufgebaut hat, und für die Marke „Stiftung" insgesamt.

Für die operative Stiftung erscheint es selbstverständlich, aber auch für die fördernde Stiftung gilt, dass sich persönliches Engagement für das Vorhaben immer positiv auswirkt. Zeigt ein Stiftungsvertreter, dass der Stiftung sehr viel an dem Vorhaben liegt, besucht er die geförderte Institution, lässt er sich den Projektfortschritt erklären, lädt er den Projektleiter zu einem Arbeitsessen ein, so zählt das allemal mehr, als wenn die Stiftung nur jährlich oder nach Abschluss des Vorhabens den Projektbericht zur Kenntnis nimmt. Die von einem Stifter eingesetzte Stiftung verdankt ihre Existenz ja dem persönlichen Interesse dieses Stifters an ganz bestimmten Zwecken, die er in der Stif-

# BürgerStiftung Region Ahrensburg

Foto: Barbara Schult-Runge

Die BürgerStiftung Region Ahrensburg, gegründet 2001, ist eine von fast 200 Bürgerstiftungen in Deutschland. Die Idee kommt ursprünglich aus den Vereinigten Staaten: Bei einer Bürgerstiftung bringt zumeist eine ganze Gruppe von Bürgern einer Stadt das Gründungskapital auf und bestimmt meist das weitere Geschehen der Bürgerstiftung. Sie gilt daher auch als besonders demokratische Stiftungsform. Die lokale Verwurzelung hilft der Bürgerstiftung beim Einwerben von Spenden und Zustiftungen.

Bei der BürgerStiftung Region Ahrensburg stehen zwei Bereiche im Mittelpunkt: die Förderung von Kindern und Jugendlichen sowie die Stärkung des Ehrenamtes. Die Ahrensburger gehen dabei unkonventionelle Wege, legen großen Wert auf Netzwerkbildung und sind über die Region hinaus erfolgreich. Zur Stärkung des Ehrenamtes beitreibt die BürgerStiftung eine Freiwilligen-Agentur, vergibt jährlich einen Ehrenamtspreis und richtet Messen zum Ehrenamt aus.

Weitere Informationen: www.buergerstiftung-region-ahrensburg.de

# Max-Schmeling-Stiftung

Foto: Max-Schmeling-Stiftung

Max Schmeling (1905 bis 2005), der einzige deutsche Weltmeister im Schwergewichtsboxen, gründete die nach ihm benannte Stiftung 1991. Max Schmeling machte eine glanzvolle Boxkarriere in Deutschland und den USA der 1930er-Jahre. Sein besonderer Sinn für Fairness brachte ihm den Titel „Sportler des Jahrtausends“ ein.

Die von Schmeling gegründete Stiftung unterstützt vornehmlich ältere Menschen und Kinder im Bereich Strasburg/Uckermark, in der Nähe seines Geburtsortes Klein Luckow. Die „Max Akademie“, ein Schulergänzungsprogramm für Kinder, zielt dabei auf die Stärkung kognitiver und sozialer Fähigkeiten von Kindern. Durch Hausaufgabenhilfe, Lernprogramme, Ausflüge und kleine Reisen sollen Selbstbewusstsein und Motivation der Kinder in einem der strukturschwächsten Kreise Deutschlands nachhaltig verbessert werden.

Weitere Informationen: www.max-schmeling-stiftung.de

tungssatzung festgelegt hat. Das macht Stiftungen von vornherein zu sehr persönlichen Einrichtungen, was die einzelnen Stiftungsmitarbeiter bei der Projektbegleitung durch ihr Interesse am Vorhaben auch spiegeln sollten. Stiftungen sind keine Behörden, keine Apparate. Haben Sie als Stifter selbst die Zeit, so sollten Sie die Gelegenheit nutzen, „Ihre" Projekte und deren Beteiligte selbst kennenzulernen.

Für die fördernde Stiftung setzt die Projektbegleitung mit dem Erhalt des Antragsschreibens ein, das in der Regel vor der für die Bewilligung entscheidenden Vorstands- oder Kuratoriumssitzung noch ergänzt, erläutert und begutachtet werden muss. Der Stiftungsmitarbeiter, der das Projekt in der entscheidenden Sitzung persönlich oder per schriftlichem Votum vertritt, muss geklärt haben, dass alle grundsätzlichem Fragen zum Nutzen und zur Konzeption des Vorhabens aus dem Antrag klar hervorgehen (siehe dazu Kapitel 3.7). Für die Projektbegleitung nach der Bewilligung ist das Bewilligungsschreiben der Stiftung eine wichtige Grundlage. Der Stiftungsmitarbeiter muss in der Bewilligung festlegen:

- wer gefördert wird,
- was genau gefördert wird,
- Verweis auf den vorgelegten Antrag, der insgesamt oder in Teilen Gegenstand der Bewilligung ist,
- wie hoch die Gesamtförderung ist,
- für welchen Zeitraum die Förderung gilt,
- in welchen Tranchen die Fördermittel ausgezahlt werden,
- welche Bedingungen erfüllt werden müssen:
  - Ausstellung einer Spendenbescheinigung bei einer gemeinnützigen Einrichtung als Förderadressat (vom Finanzamt nicht vorgeschrieben, von vielen Stiftungen aber erbeten als zusätzlicher Beleg dafür, dass sie gemeinnützig gefördert haben),
  - Ausstellung eines Verwendungsnachweises (zwingend vorgeschrieben, verlangt das Finanzamt/die Stiftungsaufsicht von der Stiftung als Beleg dafür, dass die Stiftungsmittel tatsächlich gemeinnützig verwendet wurden),
  - halbjährlicher oder jährlicher Projektbericht (kann später Teil des Jahresberichtes werden, den die Stiftung an

die Stiftungsaufsicht schickt beziehungsweise als Tätigkeitsbericht der Öffentlichkeit schriftlich oder elektronisch zukommen lässt),
- Hinweis auf die Förderung in Publikationen der geförderten Einrichtung,
- gemeinsame Vorstellung der Projektziele und später der Projektergebnisse (koordinierte Öffentlichkeitsarbeit).

Ob nun die Stiftung eine Schule fördert oder ein Altersheim, die Renovierung einer wertvollen Orgel oder den Kinderchor der Jugendmusikschule, eine universitäre Forschungsstelle oder einen gemeinnützigen Verein, der sich um Demenzkranke und deren Angehörige kümmert, so sieht die Projektbegleitung immer wieder anders aus. Sie kann nicht mit dem Ausfüllen von Formblättern abgehakt werden, sie verdient jedes Mal eine individuelle Zuwendung des Stiftungsmitarbeiters. Darin liegt oft der Schlüssel zum Erfolg eines geförderten Vorhabens: Die Schule, das Altersheim, der Vorstand der Kirchengemeinde, die Leitung der Jugendmusikschule, das Universitätsinstitut oder der Demenzverein erleben das persönliche Interesse des Mitarbeiters und erst recht des Begründers der fördernden Stiftung als Bestätigung, als Anreiz, als Chance zum Austausch, als Verpflichtung zu höchster Qualität. Das schützt nicht vollständig, aber doch weitgehend vor Misserfolg. Die persönliche Zuwendung macht den Unterschied aus und ist für die geförderte Einrichtung oft von ähnlich hohem Wert wie der finanzielle Beitrag.

Der für die Projektbegleitung zuständige Mitarbeiter muss dabei die rechte Balance wahren. Die Stiftung darf nicht besserwisserisch oder ständig mäkelnd auftreten, der Mitarbeiter muss deutlich machen, dass die Stiftung den Projektverantwortlichen Vertrauen entgegenbringt. Eine Großzügigkeit in kleinen Dingen ist hier oft sehr viel sinnvoller als kleinkrämerisches Nörgeln. Die in der Bewilligung festgelegten Bedingungen müssen jedoch erfüllt werden und Transparenz des Projektverlaufs muss über ein vorab festgelegtes Berichtswesen und die persönliche Kommunikation selbstverständlich sein.

Bei Großprojekten schließt dies auch die Teilhabe der fördernden Stiftung beim Projektcontrolling mit ein. Wenn finanzielle Dinge aus dem Ruder zu laufen drohen oder der Zeitplan nicht eingehalten wird, wenn also umgesteuert werden muss, sollten der Projektleiter und der Stiftungsmitarbeiter gemeinsam daran arbeiten. Geheimhaltung vor der Stiftung ist hier fehl am Platze! Die fördernde Stiftung und das Förderprojekt sind Partner. Nur dadurch kann das Vorhaben gelingen. Zur Projektbegleitung gehört über die interne Kommunikation zwischen Projektleiter und Stiftung hinaus auch die externe Kommunikation mit Medien und der Öffentlichkeit. Ein Wissenschaftsprojekt der Öffentlichkeit so vorzustellen, dass das Medieninteresse geweckt und in allgemein verständlicher Sprache anschließend über den Projektfortschritt berichtet wird, ist kein leichtes Unterfangen. Es gelingt mitunter der Stiftung eher als den Wissenschaftlern. Und Letztere wissen diese Hilfe einer Stiftung mittlerweile sehr zu schätzen, denn auch für die Wissenschaftler ist öffentliche Wahrnehmung heute ein hohes Gut und ein Trumpf beim Wettstreit um Forschungsmittel. Vorhaben aus dem allgemeinen Bildungs- und Sozialbereich, dem Umweltschutz oder der Kultur finden oft leichter den Weg in die Öffentlichkeit, zu dem die fördernde Stiftung immer wieder anregen sollte.

Vor allem beim Abschluss eines Fördervorhabens müssen die Ergebnisse dem allgemeinen Publikum bekannt gegeben werden. Der Beitrag der Stiftung am Zustandekommen des Projekts muss klar – nicht übertrieben – kommuniziert werden, schließlich mag die Berichterstattung Auslöser dafür sein, dass weitere Mitbürger zum Stiften animiert werden (siehe hierzu auch Kapitel 3.11).

Die möglichen Wirkungen einer angemessenen Projektbegleitung durch die fördernde Stiftung werden oft unterschätzt. Die vertrauensvolle Kooperation der Projektleitung mit der Stiftung, die Transparenz in der Berichterstattung, die Abstimmung beim Projektcontrolling und die gemeinsame Öffentlichkeitsarbeit geben dem Projekt oft einen erheblichen Mehrwert. Dies setzt bei der Stiftung Mitarbeiter voraus, die breit ausgebildet und vielseitig interessiert sind, sodass sie sich mit jedem von ihnen betreuten Vorhaben identifizieren und es ganz individuell betreuen können. Dieses flexible persönliche Vorgehen ist für den Stiftungsmitarbeiter höchst motivierend und befriedigend (siehe Kapitel 5.3). „To make a difference“ ist ein viel zitierter Wahlspruch höchst erfolgreicher privater Universitäten in den Vereinigten Staaten. Sie wissen, dass dieses Versprechen allerdings nur einzuhalten ist, wenn die Einrichtung in ausreichender Zahl geeignete Mitarbeiter bereithält. Eine Stiftung kann hierzu mitunter hoch motivierte ehrenamtliche Kräfte heranziehen. Es wird aber ohne einen Stamm gut qualifizierter eigener Stiftungsmitarbeiter nicht gehen. Hier sollte eine Stiftung nicht am falschen Ende sparen. Projektbegleitung ist äußerst wichtig, um gemeinnützige Projekte zielgenau, effizient und nachhaltig wirksam umzusetzen. Das ist nicht zum Nulltarif zu haben.

Die Projektdurchführung nimmt bei der operativ tätigen Stiftung den höchsten Stellenwert ein. Hat die Stiftung das Projekt schon selbst erfunden, steht sie jetzt in der Pflicht, es so gut umzusetzen, dass es möglichst modellhaft wirkt, alle Ziele erfüllt und als Aushängeschild für die Stiftung dienen kann. Es wird nicht immer so erfolgreich enden, aber der Anspruch ist zu Recht sehr hoch! In der erfolgreichen Realisation von selbst konzipierten Projekten liegt auch der Unterschied zum klassischen Think Tank amerikanischer Prägung wie Brookings oder Hoover. Kreativ neue Projekte „andenken“ und Lösungsoptionen „formulieren“ ist eine Sache. Ein Vorhaben zu realisieren, tatsächlich eine Reformstruktur im öffentlichen Dienst umzusetzen (Bertelsmann Stiftung), eine eigene Hochschule für Rechtswissenschaften aufzubauen (ZEIT-Stiftung), eine Kunsthalle zu errichten (Hypo-Kulturstiftung), ein eigenes Forschungsinstitut für Sozialwissenschaften zu unterhalten (Jan Philipp Reemtsmas Stiftung Hamburger Institut für Sozialforschung) oder eigene Stipendienprogramme durchzuführen ist eine andere Sache. Für die Projektdurchführung ist hier zuvorderst wichtig, dass die Verantwortlichkeiten klar geregelt und die Aufgaben im Projektteam eindeutig verteilt sind. Der Projektverantwortliche berichtet entweder direkt dem Vorstand/der Geschäftsführung oder deren Vertretung. Er legt monatlich dar, ob es Abweichungen vom Projektplan gibt. Dieser Projektbericht wird am besten mündlich vor einem Team der Stiftung (Kreis der wissenschaftlichen Referenten, Kreis aller Projektleiter) wiederholt und diskutiert, denn jedes Projekt wird in seiner Aufbauphase von den Erfahrungen der anderen Stiftungskollegen profitieren und wertvolle Anregungen erhalten. Die Stiftung beweist sich hier als „lernende Organisation“, die immer offen ist für mögliche Projektoptimierungen.

Die Stiftung beauftragt einen Mitarbeiter aus der Finanzabteilung, der dem Projektleiter für das Projektcontrolling zur Verfügung steht. Zahlungen, die das Projekt betreffen, sollten ab einer gewissen Höhe (5 000 Euro) stets nach dem Vieraugenprinzip von einem Mitglied der Geschäftsführung mit unterzeichnet werden.

Was weiter oben für die externe Kommunikation bei fördernden Stiftungen gesagt wurde, gilt auch für die operative Stiftung. Die Öffentlichkeit gehört informiert. Die Stiftung hat schließlich das Ziel, den allgemeinen Nutzen zu befördern, und ist dafür steuerlich privilegiert. Die operativ tätige Stiftung steht sogar mehr noch als die fördernde Stiftung in der Verpflichtung, der Öffentlichkeit Antwort zu geben auf die Frage: Was macht diese Stiftung denn mit all dem Geld? Diese Aspekte aber werden uns noch ausführlicher in Kapitel 3.10 beschäftigen.

## 3.9 Projektcontrolling

Unter Controlling ist hier stets der größere Zusammenhang von Steuerung, Gestaltung, Anpassung gemeint, keineswegs allein Aufsicht oder Kontrolle über einzelne Projekte oder die gesamte Stiftung. Ebenso wie in der Wirtschaft ist unter Controlling im Allgemeinen die Unterstützung des Managements bei der Planung, Kontrolle, Steuerung und Gestaltung zu verstehen.

Controlling funktioniert über das Zahlenwerk, genauer über Abweichungen der tatsächlichen Entwicklung vom Plan-Soll. Diese Abweichungen müssen geklärt werden. Möglicherweise liegt von Anfang an eine Fehlplanung vor, was ärgerlich genug ist. Wenn das höchste Gremium der Stiftung den Wirtschaftsplan für das kommende Jahr verabschiedet hat, geht es davon aus, dass dieser gut und verlässlich vorbereitet war. Wenn dann die Personalkosten bereits zur Jahresmitte zu 60 % verbraucht sind, weil der Plan die gezielte und längst beabsichtigte Expansion einzelner Stiftungsbereiche versehentlich nicht berücksichtigte, hat die Geschäftsführung ein Erklärungsproblem. Wenn aber bei der Planung alle Absichten bekannt waren und eingearbeitet wurden, dennoch die Personalmittel zur Jahresmitte zu 60 % verbraucht sind, muss die Geschäftsführung nun schleunigst umsteuern. Weihnachtsgratifikationen können in einem derartigen Fall sicher nicht mehr gezahlt und Sachmittel müssen gegebenenfalls umgeschichtet werden. Reicht auch das nicht, wird die Stiftung Mittel, die den Förderungen zugedacht waren, für Personalkosten verwenden müssen. Das geht nicht ohne Vorstandsbeschluss, ja in den meisten Stiftungen muss eine solche Abweichung vom Wirtschaftsplan sogar vom höchsten Stiftungsgremium, dem Kuratorium oder Stiftungsrat, genehmigt werden.

Kein Geschäftsführer stellt sich gern in der zweiten Jahreshälfte vor sein Kuratorium und versucht, eine unerwartete Erhöhung von Personalkosten zu erläutern. Und so mancher Geschäftsführer überlebt das auch nur ein-, vielleicht zweimal. Controlling beginnt mit der Jahresplanung und deren Umsetzung in den Wirtschaftsplan. Hier werden die finanziellen Eckdaten für Personal- und Sachkosten, für die Einstellung von Mitteln in die Rücklage nach § 58 Nr. 7a AO (Kapitalerhaltungsrücklage), für den eventuell vorgesehenen Unterhalt der Stifterfamilie nach § 58 Nr. 5 AO (Stifterrente) und für die Mittel zur Erfüllung der in der Satzung festgelegten Förderzwecke gesetzt.

Grundsätzlich ist die Luise Muster-Stiftung gut aufgestellt. Von den Einnahmen von sechs Millionen Euro verwendet sie planmäßig 9,3 % auf Personal- und Sachkosten. Das ist eine vernünftige Relation. Das Auge des Controllers schaut jedoch sorgenvoll darauf, dass am 30. Juni bereits 60 % der Personalkosten verbraucht sind. Über 55 % der Fördermittel sind bereits bewilligt, was zur Vorsicht mahnt, vor allem da ein (allerdings kleiner) Anteil aus Spendenmitteln stammt. Die für die Rückstellung nach § 58 Nr. 7 AO vorgesehenen 1,5 Millionen Euro hat der Geschäftsführer der Stiftung stets erst im Dezember entsprechend verbucht. Sie sind zur Jahresmitte ein Merkposten.

Natürlich hat die Stiftung in dem oben beschriebenen Fall die Möglichkeit, die erhöhten Personalkosten zulasten der Fördermittel anzugleichen. Die Jahresbilanz rutscht dann am Ende nicht ins Minus, aber einige Projekte, die durchaus dringend, auf jeden Fall förderungswürdig waren, könnten durch diese Fehlplanung nicht zum Zuge kommen. Die Leistung, die

Schaubild Luise Muster-Stiftung

| **Wirtschaftsplan für 2010** | | ***in* *Mio.* *Euro*** | **Ist 30.06.2010** | **Prozent** | **Vermerk des Controllers** |
|---|---|---|---|---|---|
| Einnahmen | Erträge | 5,20 | 2,50 | 48 % | o.k. |
| | Spenden | 0,80 | 0,50 | 63 % | o.k. |
| Ausgaben | Personalkosten | 0,45 | 0,27 | 60 % | Warnung! |
| | Sachkosten | 0,11 | 0,06 | 55 % | Warnung! |
| | Stifterrente | 0,04 | 0,02 | 50 % | o.k. |
| | Kapitalerhaltungsrücklage | 1,50 | 0,00 | 0 % | Zuführung stets erst Mitte Dezember |
| | Förderzwecke | 3,90 | 2,20 | 56 % | Vorsicht, Entwicklung der Spendeneingänge unsicher |

der fürs Controlling zuständige Mitarbeiter erbringen muss, liegt darin, die Fehlentwicklung möglichst früh zu erkennen und Vorschläge für Maßnahmen des Gegensteuerns zu erarbeiten.

Das gilt auch für das Projektcontrolling: Die ZEIT-Stiftung hat für ihre Großprojekte Bucerius Law School und Bucerius Kunst Forum jeweils eine Machbarkeitsstudie und einen Businessplan von einer Unternehmensberatungsgesellschaft erstellen lassen. Für die baulichen Maßnahmen gab es darüber hinaus ein eigenes Controlling, für die inhaltliche Aufbauarbeit der beiden wichtigsten Stiftungstöchter lag die Gesamtplanung vollständig in der ZEIT-Stiftung als Muttergesellschaft. Schon nach dem ersten Jahr, erst recht nach drei Jahren des Aufbaus der Bucerius Law School waren die Abweichungen vom ursprünglichen Plan sehr groß. Es war abzusehen, dass aufgrund inhaltlicher Optimierung auch in den kommenden Jahren der ursprüngliche Businessplan nicht eingehalten werden konnte: Die Bucerius Law School würde das Budget der ZEIT-Stiftung stärker belasten als erwartet. Auch wenn das Controlling dies nicht vermeiden konnte, hat es äußerst segensreich gewirkt. Denn bei jeder Planabweichung waren wir gezwungen, die Differenzen zu analysieren und uns genau zu fragen, welche Notwendigkeiten die Abweichungen erklären und rechtfertigen. Das Controlling führt zur nötigen Transparenz und bringt die weitere Planung kräftig voran.

Auch kleinere Stiftungsprojekte profitieren immens vom regelmäßigen Plan-Ist-Vergleich. Wenn eine Schreibwerkstatt, die eine Stiftung für junge Nachwuchsautoren in einem städtischen Kulturzentrum eingerichtet hat, den Kostenansatz für einzuladende Schriftsteller dreimal hintereinander übersteigt und dies mit immer bescheidener ausfallenden Werbemitteln zu kompensieren versucht, so ist der Stiftungsmitarbeiter hier in der Rolle des Controllers gefragt: Er sieht die Differenz und spricht mit dem Kulturzentrum. Controlling ist Teil der Gestaltung. Diesen Spielraum sollte auch die rein fördernde Stiftung stets für sich in Anspruch nehmen, vor allem wenn sie mit einem Förderpartner für einen längeren Zeitraum zusammenarbeitet. Sich die Zahlen zeigen und erläutern zu lassen und die Zahlenentwicklung zu bewerten, ist oft der erste Schritt in eine mögliche Projektoptimierung.

## 3.10 Evaluation

Controlling betrachtet das Stiftungsprojekt oder auch die Gesamtstiftung vom Zahlenwerk her; Evaluation hat einen noch höheren Anspruch. Die Evaluation eines Förderprojektes betrachtet dieses insgesamt: die Ziele, die bei der Planung des Vorhabens angestrebt wurden, die Mittel, die zum Einsatz kamen, das Zwischenergebnis in der Mitte der Laufzeit, das Ergebnis am Ende der Projektlaufzeit, das Verhältnis von Kosten und Wirkung, die angestrebten und bereits eingetretenen Folgewirkungen, die Resonanz in der Öffentlichkeit, die Lehren, die wir aus dem abgeschlossenen Vorhaben für die weitere Projektarbeit der Stiftung ziehen können. Begutachtung der Förderarbeit gehört zu einer guten, das heißt selbstbewussten und selbstkritischen Stiftungstätigkeit. Sie ist Teil der für alle Beteiligten hilfreichen Transparenz.

Projekte können stiftungsintern evaluiert werden. Die schlichteste Variante liegt dann vor, wenn der Förderempfänger einen Bericht schickt und dieser in der Stiftung nicht nur vom zuständigen Sachbearbeiter gelesen, sondern gründlich im Kollegenkreis besprochen wird. Hilft die Stiftung einem Kindergarten bei der Anschaffung von neuem Spielzeug, so muss die Leiterin des Kindergartens, die ja bereits den rechnerischen Verwendungsnachweis bei der Stiftung eingereicht hat, einige Monate nach der Anschaffung der Spielgeräte einen Bericht senden, in dem sie die Anschaffung bewertet. In der Stiftung dreht sich die Diskussion im Kollegenkreis darum, ob die Förderung ihr Ziel erreicht hat und sinnvoll die Möglichkeiten des Kindergartens erweitert hat. Die wichtigste Frage ist dabei immer: „Würden wir diese Fördermaßnahme noch einmal bewilligen?" Die Diskussion im Kollegenkreis wird zusammengefasst dokumentiert. Diese kritische Würdigung des Projekts wird der Projektakte beigefügt. Erst danach kann die Projektakte geschlossen werden.

Die aufwändige Variante geht über die Selbstevaluation hinaus. Da lässt die Stiftung nicht nur die Geförderten zu Wort kommen, die der Stiftung einen Bericht senden, da reicht auch nicht der kritische Kommentar aus dem eigenen Haus, der ebenso dokumentiert wird, sondern nun werden darüber hinaus auch Personen, möglichst ein Experte außerhalb der Stiftung, gebeten, das abgeschlossene Vorhaben zu begutachten. Die Stiftung, die dem örtlichen Museum für die Neueinrichtung der Dauerausstellung eine umfangreiche Förderung zukommen ließ, bittet also nicht nur den Museumsdirektor um einen Bericht, sondern auch den (ehemaligen) Leiter eines ähnlichen Museums in einer anderen Stadt. Sie kann auch einige Hundert Bewertungsbögen auslegen, auf denen die Besucher des Museums ihre Bewertung der neu gestalteten Dauerausstellung abgeben. Der auswärtige Museumsleiter, den die Stiftung als Gutachter über das Ergebnis der Förderung gewonnen hat, kostet Geld: Reisekosten, eventuell eine Übernachtung, eventuell eine Aufwandsentschädigung für den Begutachtungstag. Da kommen schnell 1000 Euro zusammen, doch rechtfertigt der Erfahrungsgewinn für die Stiftung nach einem solchen Gutachten die Kosten. Dies vor allem dann, wenn die Stiftung im Rahmen ihrer Clusterstrategie (siehe Kapitel 3.5) beabsichtigt, in Zukunft einer ganzen Reihe von Museen in der Region beim Neudesign ihrer Ausstellungen zu helfen.

Bei längerfristigen Förderungen empfiehlt es sich sehr, mit der Evaluation nicht erst zu warten, bis das Vorhaben abgeschlossen ist, sondern bereits nach einer gewissen Frist eine Zwischenevaluation vorzunehmen. Diese zeigt mitunter Schwächen bei der Förderung auf, die noch in der Förderlaufzeit behoben werden können, oder gibt Anregungen für sinnvolle Ergänzungen. Wenn eine Stiftung beispielsweise eine Stiftungsprofessur mit fünfjähriger Förderzeit errichtet, empfiehlt es sich, sie schon nach drei Jahren erstmalig zu begutachten, wobei hier neben dem Bericht des Lehrstuhlinhabers lediglich auf den Dekan des Fachbereichs, den Rektor oder Präsidenten der Hochschule und die Studentenevaluation zurückgegriffen werden kann. Nach fünf Jahren muss die Lehr- und Forschungsleistung jedoch auch von auswärtigen Kollegen begutachtet werden. Grundlage dieser Begutachtung ist dabei stets die bei der Bewilligung der Stiftungsprofessur festgelegte Zielerwartung. Dazu kann gehören:

- Attraktivität des Fachs an der Hochschule steigern,
- Studierende aus anderen Hochschulorten anziehen,
- weit überwiegend positive Bewertung der Studierenden,
- Zahl der Doktoranden,
- Zahl der Forschungsbeiträge, der Auftritte bei Fachtagungen, der Einladungen im Ausland,
- Forschungsförderung von Dritten (DFG, andere Stiftungen),
- Engagement für den Hochschulort (öffentliche Vorträge, Initiativen wie Kinder-Uni, Dies academicus etc.).

Schwierig ist eine zeitnahe Bewertung von Stipendienprogrammen. Vergibt eine Stiftung Stipendien für Doktoranden aus den Geschichtswissenschaften, so muss sie oftmals lange warten, bis sich Ergebnisse des Programms messen lassen. Wie viele der einst geförderten Doktoranden sind Professoren geworden, haben leitende Stellen gefunden, sind in der Forschung anerkannt, haben eine eigene wissenschaftliche Schule begründet oder leisten einen Beitrag zum populären allgemeinen historischen Diskurs in den Feuilletons oder einschlägigen Medienformaten? Viele dieser Fragen lassen sich erst zehn, 15 oder gar 20 Jahre nach der Förderung beantworten. Eine derartige Langzeitverfolgung von ehemaligen Stipendiaten ist sehr aufwendig und setzt eine gut geführte Alumni-Pflege voraus, die die Stationen der einst unterstützten Studierenden über Jahrzehnte ihres beruflichen Lebensweges verfolgt. Hat die Stiftung Fördergesuche erst nach einer gutachterlichen Stellungnahme bewilligt (Peergroup-Verfahren), so tut sie gut daran, den einen oder anderen Gutachter auch für die Bewertung der Fördererergebnisse heranzuziehen. Derjenige, der vor Jahren mit seiner Begutachtung dem Projekt den Start ermöglicht hat, hatte damit recht genaue Erwartungen verknüpft. Er wird auch jetzt nicht davor zurückschrecken, zu benennen, welche Erwartungen noch nicht erfüllt wurden.

An diesen Ausführungen wird wieder einmal deutlich, dass es sich bereits bei der Programmkonzeption lohnt, das gesamte Vorhaben auch durch die Brille der einst kommenden Evaluation zu sehen (siehe Kapitel 3.6 Jahresplanung und Kapitel 3.7 Projektplanung). Und dies nicht, damit die Ergebniserwartungen niedrig gehängt werden, sondern um noch einmal genau zu überlegen, welche Ergebnisse bei ambitionierten Vorgaben und sicherer Finanzierung tatsächlich erzielt werden sollten. Diese Messlatte kann durchaus mit dem Förderempfänger dann noch einmal justiert werden: besser nach oben, als nach unten. Stiftungsmittel können nun einmal nur einer kleinen Gruppe ausgewählter Empfänger zugutekommen. Da kann die Stiftung auch besondere Anstrengungen erwarten und muss sich nicht mit mittelmäßigen Ergebnissen zufriedengeben. Zudem sind die Stiftungsmittel steuerlich begünstigt. Das ist ein weiterer Grund, die Ergebnisse offen und kritisch zu bewerten.

Sollte die Stiftung die Evaluationsresultate veröffentlichen? In der Regel ja, aber es gibt mitunter Förderungen, bei denen ein Ergebnis, das weit hinter den Erwartungen zurückbleibt, den Förderempfänger erheblich beschädigen kann. Hier muss die Stiftung mit Fingerspitzengefühl arbeiten. Ein deutlich unbefriedigendes Resultat einer Förderung muss intern den Kollegen, dem Vorstand und dem Kuratorium bekannt sein, es muss aber nicht im Rahmen einer eigenen Pressekonferenz verkündet oder an eine ähnlich große Glocke gehängt werden. Hier reicht gegebenenfalls ein Hinweis auf der Stiftungshomepage, falls auf dieser regelmäßig über die Evaluationen berichtet wird. Auf Nachfrage lässt sich ausweichend bemerken, dass das Vorhaben noch nicht ganz abgeschlossen sei und einige Teilbereiche soeben weiter verfeinert würden. Auf jeden Fall muss eine Evaluation, die Mängel aufzeigt, dazu Anlass geben, das Projekt wenn eben möglich zu überarbeiten und zu verbessern. Jeder Mitarbeiter sollte wissen, wie er bei zukünftigen Vorhaben ähnlicher Art von vornherein die Schwachstellen vermeiden kann. Aus Fehlern muss man lernen!

Die Evaluation der gesamten Stiftungstätigkeit ist sehr schwierig vorzunehmen. Für die Mitarbeiter einer Stiftung ist das öffentliche Echo in der Stadt, in den Medien ein Gradmesser. Der Vorstand einer Stiftung wird zudem darauf achten, wie in den Vorständen anderer Stiftungen über die eigene Tätigkeit geredet wird. Angeblich wird an einem Ranking deutscher Stiftungen gearbeitet, aber wer will, wer kann das tun? Eine deutsche Stiftung selbst kommt dafür nicht infrage, nicht einmal die einschlägige Stiftung Warentest, denn Stiftungen sind nun einmal keine Bohrmaschinen oder Digitalkameras. Die universitären Forschungsstellen, die sich eines solchen Rankings annehmen könnten, sind zum Teil selbst noch sehr jung, kaum etabliert und unterfinanziert. Wahrscheinlich könnte das 2006 gegründete Institut Centrum für soziale Investitionen und Innovationen an der Universität Heidelberg am ehesten einmal solch eine Aufgabe meistern. Bei Zeitschriften und Zeitungen, die gern Rankings erstellen, müsste ein immenser Aufwand betrieben werden, um eine differenzierte, kluge Evaluation der Gesamtleistung einer Stiftung zu ermitteln und sie wertend mit der Leistung anderer Stiftungen zu vergleichen. Doch auch wenn diese Vergleichsaufgabe äußerst diffizil ist, wird bei der zunehmenden Bedeutung des Stiftungswesens ein Ranking nicht mehr lange auf sich warten lassen.

## 3.11 Kommunikation und Öffentlichkeitsarbeit

So ganz unumstritten ist Öffentlichkeitsarbeit im gemeinnützigen Bereich noch immer nicht. „Für gute Taten braucht man doch nicht zu werben“, heißt es dann. Dabei kann eine geschickte Öffentlichkeitsarbeit äußerst hilfreich sein, wirkt nach innen wie nach außen, klärt über die Ziele und Ergebnisse auf, verpflichtet zu Qualität und Effizienz und rechtfertigt, warum gemeinnützige Stiftungen steuerbegünstigt sind.

- **Interne Kommunikation**

Öffentlichkeitsarbeit ist Teil der Gesamtkommunikation einer Stiftung. Zu dieser gehören eine interne Seite und die externe, die sich an eine breite Öffentlichkeit oder an eine spezifische Zielgruppe (Lehrer, Doktoranden, Zustifter und Spender, Politiker, Journalisten etc.) richtet. Die interne Kommunikation ist für die kleine Stiftung unproblematisch, da sich hier die Mitarbeiter täglich treffen und austauschen und jeder alle Vorhaben der Stiftung kennt. Für die größere Stiftung sollten die Kommunikationsstrukturen allerdings klar festgelegt sein. Hier hilft es nicht, jeden Mitarbeiter bei der Internetkorrespondenz in Kopie zu setzen und sich dann vollständiger Transparenz zu rühmen. Wichtig sind wöchentliche Teambesprechungen und ebenso verpflichtende wöchentliche Besprechungen über die einzelnen Teams hinaus. Es zahlt sich auch für die größere Stiftung immer aus, wenn jeder Mitarbeiter die Gelegenheit hat, sich über das gesamte Förderspektrum Kenntnis zu verschaffen. In der ZEIT-Stiftung werden alle Anträge, die diskussionswürdig sind, also in die Satzungsziele und in die mittelfristige Schwerpunktsetzung passen, im Kreis aller akademischen Kollegen beraten. So wird auch der Referent, der für Anträge aus dem Bildungsbereich zuständig ist, aufgerufen, seine Anregungen, Erfahrungen und Fragen zu einem Antrag aus dem Kultur- oder Wissenschaftsbereich einzubringen. Das schärft die Urteilsfähigkeit aller Kollegen, trainiert ihre Generalistenfähigkeit und verdeutlicht allen Mitarbeitern die übergeordnete Zielrichtung. Nur wenn die interne Kommunikation stimmt, kann ein Vorstand erwarten, dass jeder Stiftungsmitarbeiter auch ein guter Kommunikator nach außen ist. Wie ein jeder Stiftungsmitarbeiter einzelne Vorhaben oder die übergeordnete Zielsetzung „seiner" Stiftung nach außen vermittelt, ist ein überaus wichtiger Bestandteil guter Öffentlichkeitsarbeit. Daher lohnt es sich für den Vorstand, viel Zeit in eine offene Diskussionskultur innerhalb der Stiftung zu investieren, den Mitarbeitern Entscheidungen des Vorstands und des Kuratoriums zu erläutern, sie über die finanzielle Entwicklung auf dem Laufenden zu halten, viel Wert auf einen Korpsgeist zu legen und die Zusammengehörigkeit aller Mitarbeiter zu fördern, die sich ja alle darin treffen, dem Gemeinwohl zu dienen (siehe dazu auch Kapitel 5.1). Zur internen Kommunikation gehört natürlich auch die Einbindung der Gremien. Wenn Geschäftsführung und Vorstand nicht identisch sind, muss dem Geschäftsführer ein direkter Zugang zum Vorstand offenstehen. Zumeist regelt ja eine Geschäftsordnung das Berichtswesen recht genau, doch geht ein vertrauensvoller, fruchtbarer Austausch immer über das festgelegte Berichtswesen hinaus.

Das Kuratorium oder der Stiftungsrat ist bei vielen Stiftungen das höchste Entscheidungsgremium. Hier ist es Aufgabe des Vorstands, das Kuratorium regelmäßig auch zwischen den Sitzungen über wichtige Gegebenheiten zu informieren. Kein Kurator mag es, wenn er aus der Zeitung Neuigkeiten über Entwicklungen in der Stiftung erfährt. Hier ist die direkte persönliche Kontaktaufnahme durch den Geschäftsführer oder Vorstand angesagt. Der Vorstand sollte allerdings unmittelbare Kontakte zwischen Mitarbeitern und Kuratoren unterbinden oder nur in besonderen Fällen gestatten. Es besteht sonst die Gefahr des Durcheinanders, das keiner Stiftung bekommt.

- **Externe Kommunikation**

Ein Mäzen, der einmalig Gutes tut, mag zu Recht entscheiden, dass dies doch niemanden etwas angeht. Ein Stifter hingegen, der langfristig mit seiner Stiftung gemeinnützige Ziele verfolgt, tut gut daran, für angemessene Formen von Öffentlichkeitsarbeit aufgeschlossen zu sein. Die Öffentlichkeit hat ein Recht zu erfahren, was steuerbegünstigte, gemeinnützige Stiftungen tun. „Tue Gutes und rede darüber" ist ein Marketinggrundsatz, der auch für den Non-Profit-Bereich gilt! Gute, überzeugende

Öffentlichkeitsarbeit fußt stets auf guten Produkten und bei Stiftungen entsprechend auf guten, wirkungsvollen Projekten und Förderprogrammen. Daher verwundert es nicht, dass das Hauptaugenmerk eines Stiftungsvorstands zuvorderst immer auf der finanziellen Entwicklung des Kapitals und der Erträge sowie auf der Qualität der Projekte und Programme liegt. Doch gleich danach sollte der Blick darauf gerichtet sein, dass die Öffentlichkeit von der Stiftungstätigkeit erfährt. Öffentlichkeitsarbeit unterstützt die Stiftung bei ihrer Zweckerfüllung. Sie vermittelt die Ziele der Stiftung und hilft ihr, die „richtigen" Anträge zu erhalten. Ist die Stiftung darauf aus, Zustiftungen und Spenden einzuwerben, um ihren Wirkungsradius zu vergrößern, so ist Öffentlichkeitsarbeit von zentraler Bedeutung. Nur durch geschickte Öffentlichkeitsarbeit kann für den für unsere Gesellschaft heute so wichtigen Gedanken des umfassenden gemeinnützigen Engagements von Bürgerinnen und Bürgern, Unternehmen und Verbänden geworben werden. Öffentlichkeitsarbeit von Stiftungen geht also weit über den Zweck der Selbstdarstellung oder gar der Selbstbelobigung hinaus. Sie ist vielmehr Teil der gemeinnützigen Ziele, die eine Stiftung verfolgt, die mit ihrem Wirken immer auch „anstiften" will. Haben Sie also keine Sorge, dass Ihre Stiftung von Post, E-Mails und Anrufen überschüttet wird, sobald sie sich an die Öffentlichkeit wendet. Ganz im Gegenteil: Kluge Öffentlichkeitsarbeit wirkt wie ein Filter. Je deutlicher das Profil der Stiftung in der Öffentlichkeit bekannt ist, desto weniger werden Allerweltsanfragen, private Bittgesuche oder Anträge aus Gebieten Sie erreichen, die weitab von dem sind, was Ihre Stiftung fördert.

### • Allgemeine Öffentlichkeitsarbeit

Öffentlichkeitsarbeit beginnt schon bei der Erstausstattung des Stiftungsbüros. Wie sieht das *Briefpapier* aus, hat die Stiftung ein eigenes *Logo*, wie ist die *Visitenkarte* gestaltet, wie lautet die Ansage beim *Anrufbeantworter*, gibt es eine eigene *Homepage*, welche Informationen kommen auf das erste *Faltblatt*, den *Flyer*? Der Auftritt einer Stiftung sendet ein deutliches Signal. Er sollte gut überlegt sein, bei einer größeren Stiftung empfiehlt sich hier professionelle Hilfe, denn ein einheitliches, wiedererkennbares Erscheinungsbild, das Corporate Design, ist keine vernachlässigbare Geschmacksfrage.

Ich rate auch bei einer kleinen Stiftung sehr zum eigenen Internetauftritt. Die Kosten für die Gestaltung einer Homepage sind nicht sehr hoch, und oft finden sich hier versierte Studierende, die dieses Metier gut beherrschen. Die monatlichen Gebühren des Providers, der dafür sorgt, dass die Homepage im Internet zugänglich ist, sind gering. Die Präsenz im Internet erspart Ihnen viele Porto- und Telefonkosten, sodass sich die Internetausgaben schnell amortisieren.

Spätestens bei der Gestaltung der Homepage und eines ersten Flyers stellen sich zentrale Fragen:

- Wofür steht die Stiftung?
- Was sind ihre wichtigsten Ziele?
- Welche Angebote macht sie?
- Was soll der Öffentlichkeit allgemein über die Stiftung vermittelt werden?
- Gibt es spezielle Zielgruppen, an die sich die Stiftung wendet?

Mit diesen Fragen muss sich eine Stiftung zu Beginn beschäftigen, auch wenn sie schnell und ganz pragmatisch vorgehen und schlichtweg die Ärmel hochkrempeln will. Man kann diese Fragen auch als Weg zu einer *Leitbild*-Formulierung, einem *Mission Statement* betrachten. Wie auch immer: Wenn Sie der Öffentlichkeit einen ersten Einblick in die Ziele Ihrer Stiftung geben wollen, kommen Sie um Aussagen zu den oben gestellten Fragen nicht herum.

In der ZEIT-Stiftung haben wir vor Jahren intensiv an der Formulierung eines Leitbildes gearbeitet und dabei als übergeordnetes Ziel die Stärkung der Bürgergesellschaft betont, mit dem die ZEIT-Stiftung den Internetnutzer begrüßt. Gemäß den drei Satzungszwecken, die der Stifter Gerd Bucerius für die ZEIT-Stiftung definiert hat, lautet die Kurzbeschreibung der ZEIT-Stiftung:

> Die ZEIT-Stiftung Ebelin und Gerd Bucerius unterstützt die Entwicklung der Zivilgesellschaft. Als unabhängige gemeinnützige Stiftung will sie Wissen fördern, Kultur bereichern und Chancen eröffnen. Ihre Förderaktivitäten richten sich auf Wissenschaft und Forschung, Kunst und Kultur, Bildung und Erziehung. Flaggschiffe ihres Engagements sind die im

Jahr 2000 gegründete Bucerius Law School in Hamburg sowie das Bucerius Kunst Forum, das im Herzen der Hansestadt liegt.

[Quelle: Flyer ZEIT-Stiftung allgemein 2004, S. 6]

Die drei Tandems „Wissen fördern – Kultur bereichern – Chancen eröffnen" bilden dabei das Motto, das auch die Homepage und die Druckerzeugnisse der ZEIT-Stiftung strukturiert. Andere Stiftungen haben noch knappere Mottos gefunden wie „Wir stiften Wissen" (VolkswagenStiftung) oder „Forum für Impulse" (Körber-Stiftung). Ein einprägsames Motto verkürzt natürlich die Leistungsbreite einer Stiftung, vermag aber in der breiten Bevölkerung eine bestimmte Assoziation zu wecken, die neugierig macht.

Flyer und Homepage sollten dann klar die Ziele, die Satzungszwecke, Schwerpunkte und das Leistungsangebot der Stiftung benennen. Auch Ausschlusskriterien gehören angegeben. Eine Stiftung, die die Wissenschaften fördert, aber grundsätzlich keine Druckkostenzuschüsse zu Dissertationen vergibt, sollte dies im Flyer und auf der Homepage mitteilen. Eine Stiftung, die keine Gesamtförderung für ein Projekt bereitstellt, sollte deutlich sagen, dass sie nur Vorhaben bezuschusst, bei denen mindestens 25 % der Kosten durch Eigenanteil oder durch Dritte gedeckt sind. Flyer und Homepage müssen auch die Modalitäten, Fristen und formalen Ansprüche angeben, die die Stiftung von den an sie geschickten Anträgen erwartet. Selbstverständlich werden der für die Öffentlichkeitsarbeit zuständige Stiftungsmitarbeiter oder die Sachbearbeiter unter Angabe ihrer Erreichbarkeit genannt.

Gehören Flyer und Homepage zu den Kernbestandteilen der nach außen gerichteten Kommunikation der Stiftung, so lassen sie sich leicht durch weitere Formen der Öffentlichkeitsarbeit ergänzen. Hier kommt es sehr auf die Größe und auf die Kommunikationsstrategie der Stiftung an. Entwickelt eine operativ tätige Stiftung eine ganze Reihe von neuen Vorhaben im Jahr, für die sie Bewerber und Partner sucht, muss sie ihre Öffentlichkeitsarbeit viel bunter und offensiver gestalten als die fördernde Stiftung, die drei Kindergärten und zwei Schulen in der Stadt für das musische und künstlerische Gestalten fördert. Startet eine Stiftung eine Kampagne, um Kinder vor sexuellem

Missbrauch zu schützen, und sammelt sie für diesen Zweck Spenden und Zustiftungen ein, wird sie das ganze Instrumentarium der Öffentlichkeitsarbeit nutzen. Die Stiftung hingegen, die Kirchgemeinden in Sachsen-Anhalt bei der Restaurierung wertvoller historischer Orgeln hilft, begnügt sich vielleicht mit Homepage, Flyer und der gelegentlichen Pressemitteilung.

Grundsätzlich bieten sich *Pressekonferenz* und *Pressemitteilung* immer dann an, wenn die Stiftung ein neues Projekt startet. Ist ein Neuigkeitswert gegeben, kann die Stiftung von Medieninteresse ausgehen. Der Start einer neuen Stiftung ist für die lokale Presse immer wichtig, doch sollte bei der Präsentation der neuen Stiftung der Informationsflyer vorliegen, damit die Stiftungsziele auch korrekt wiedergegeben werden. Bieten Sie *Interviews* an, aber bereiten Sie diese gut vor. Tätigkeitsberichte, die ja nun einmal über einen vergangenen Zeitraum informieren, sind als Rechenschaftsbericht und als auskunftsreiches Werbematerial wichtig. Für die auf Aktualitäten erpichte Tagespresse ist aber die Vorstellung des Jahresplans viel spannender, vor allen Dingen, wenn dabei die Gesamtfördersumme für das kommende Jahr genannt wird.

Einige Zeitungen publizieren viertel- oder halbjährlich Sonderbeilagen zu Stiftungen in Deutschland, die sich über *Inserate* finanzieren. Die Entscheidung ist nicht immer leicht, zumal die Inserate oft sehr teuer sind. Erreicht man mit den Sonderbeilagen die gewünschte Zielgruppe? Ist die primäre Zielgruppe der potenzielle zukünftige Stifter, den Sie mit einem Inserat zur Tätigkeit Ihrer Stiftung in seinen Stiftungsplänen bestärken wollen, so werden Sie diese stiftungsaffine Lesergruppe erreichen. Besser als ein Inserat wirkt ein *Zeitungsartikel* von Ihnen, in dem Sie zu einem Stiftungsthema Stellung nehmen. Sind Sie selbst ein begabter Redner oder ist in der Stiftung ein Gremienmitglied oder Mitarbeiter mit guten rhetorischen Fähigkeiten, so haben Sie einen gewichtigen Trumpf in der Hand.

### • Zielgruppenspezifische Öffentlichkeitsarbeit

Neben der beschriebenen allgemeinen Öffentlichkeitsarbeit sprechen die meisten Stiftungen persönlich oder medial ganz bestimmte Zielgruppen an. Die Wissenschaftsstiftung, die ein Doktorandenprogramm zum Themenschwerpunkt Migration beschlossen hat, sendet den entsprechenden Instituten und universitären Lehrstühlen nicht den allgemeinen Tätigkeitsbericht zu, sondern versorgt sie per Internet, per Printmedien oder auch durch persönliche Anschreiben mit den entsprechenden Informationen. Die Studierenden erfahren heute zumeist über digitale Ausschreibungsformate von den neuen Stiftungsvorhaben, in den Medien sendet die Stiftung die Informationen über das neue Doktorandenförderprogramm unmittelbar an die für Wissenschaft und Hochschulen zuständigen Redakteure. Entwickelt die Stiftung ein Vorhaben zur Förderung von Haupt- und Realschülern, denen durch Praktika eine inhaltliche Starthilfe für den Übergang ins Berufsleben gegeben werden soll, so muss sie dafür sorgen, dass dieses Programm den Unternehmen in der Stadt bekannt wird. Also wird die Stiftung in diesem Fall beispielsweise über die Handels- und Handwerkskammer Kanäle suchen, um die Zielgruppe der Unternehmen zu erreichen, die sie so dringend für den Erfolg des Projekts braucht.

Zielgruppenspezifische Öffentlichkeitsarbeit geht in der Regel mit einer größeren Informationstiefe einher. Wenn eine Stiftung die Steuer- und Finanzpolitiker in Bund und Ländern davon überzeugen will, dass die Kapitalerhaltungsrücklage von 33 % auf 40 % der Jahreserträge angehoben werden soll, muss sie detail- und kenntnisreich informieren. Sie wird versuchen, mit einer entsprechenden Pressemitteilung Verbündete im Wirtschaftsteil der großen Tageszeitungen zu finden, setzt Musterfälle zusammen und wappnet sich für steuerrechtliche Diskussionen.

Aber auch die Broschüre, mit der die Stiftung Studierende über ein neues Stipendienprogramm informiert, muss einen umfassenden Informationsgrad aufweisen:

- Was ist das Ziel des Stipendienprogramms?
- Wer kann sich bewerben?
- Wo und wie erhält man die Antragsunterlagen?
- Was sind die Zugangsvoraussetzungen?
- Welche und wie viele Gutachten müssen beigefügt werden?
- Wie hoch ist das Stipendium?
- Welche ideellen Förderungen (Seminare, Workshops etc.) sind vorgesehen?

- Wer trifft die Entscheidung?
- Wie lange dauert die Förderung im Regelfall?
- Darf der Antragsteller noch von dritter Seite gefördert werden?

Dies sind nur einige Fragen, die die Informationsbroschüre beantworten muss. Und sie sollte von vornherein deutlich machen, welches Gremium von Fachleuten letztlich die Entscheidung darüber trifft, wer ein Stipendium erhält und wer nicht. Und wenn das Programm bereits im zweiten oder dritten Programmjahrgang angelangt ist, sollte die Broschüre auch erwähnen, welches Zahlenverhältnis zwischen Anträgen und Zusagen besteht, sodass ein potenzieller Bewerber die Chancen kennt.

Gehören Spender und Zustifter zu den angesprochenen Zielgruppen der Stiftung, so wird sie diese Gruppe mit einer eigenen Kommunikationsstrategie ansprechen, zu der ein eigens gestaltetes Faltblatt, eigene Seiten auf der Homepage, eventuell auch Massenaussendungen (sogenannte Mailing-Aktionen) und Anzeigen gehören. Wie in Kapitel 3.12 näher ausgeführt, kann Fundraising letztlich nur gelingen, wenn es mittel- bis langfristig konzipiert ist, mit Markenbildung und deutlichen Wiedererkennungsmerkmalen verbunden ist.

- **Transparenz**

Transparenz ist im Gemeinnützigkeitssektor ein hohes Gut! Wer gemeinnützig arbeitet, legt seine Ziele, seine Vorgehensweise, die Mittelverwendung, die Projekte und Programme offen. Er hat ja nichts zu verbergen. Andererseits darf Transparenz nicht in ein zwanghaftes Rechtfertigungsbedürfnis ausarten. Stiftungen arbeiten mit Personen und Institutionen zusammen, die zu Recht Diskretion erwarten dürfen. Kein Antragsteller, dessen Antrag von den Stiftungsgremien abschlägig entschieden wurde, möchte hinterher auf der Homepage der Stiftung oder in der Zeitung von der Absage lesen können. Kein Bewilligungsempfänger, dessen Projekt nicht ganz die Erwartungen erfüllte, möchte die schlechte Bewertung seines Projektes anschließend schwarz auf weiß im allgemein zugänglichen Tätigkeitsbericht der Stiftung wiederfinden. Wie eine Stiftung den Spagat zwischen transparentem Wirken und berechtigter Diskretion wahren will, muss der Vorstand selbst entscheiden. Er sollte dabei beachten, dass Transparenz wesentlich zur Akzeptanz und Vertrauenswürdigkeit beiträgt. Stiftungen in Deutschland genießen diese Akzeptanz und das Vertrauen der Gemeinschaft. Doch muss dieses immer wieder neu erworben werden. Nur dann bleibt der gemeinnützige Sektor ein wachstumsstarker und wirkungsvoller gesellschaftlicher Akteur.

Aus den USA erreichen uns deutliche Vorgaben nach größtmöglicher Offenheit. Da in Deutschland der Hang besteht, das amerikanische Vorgehen als Vorbild anzusehen und ihm nachzueifern, werden Stiftungen wahrscheinlich auch hierzulande demnächst jedes Förderprojekt, auch das kleinste, auflisten, für jedes Gremienmitglied alle Mitgliedschaften in privaten und öffentlichen Einrichtungen nennen, Gehälter offenlegen und alle Evaluationsergebnisse mitteilen. Man sollte die in Deutschland über Jahrzehnte gewachsene Unternehmenskultur jedoch nicht gering schätzen und bei den von privater Hand gegründeten Stiftungen des bürgerlichen Rechts das private Recht auf Diskretion nicht völlig missachten. Ich habe daher Verständnis für den Stifter, der nach von ihm getätigten Zustiftungen gar nicht will, dass die Höhe des nunmehr aktuellen Kapitals seiner Stiftung bekannt gegeben wird. Auch das sollten wir bei aller Hochschätzung von Öffentlichkeitsarbeit letztlich respektieren.

Es reicht also nicht, bei kritischen Nachfragen zur Transparenz auf die amtliche Stiftungsaufsicht zu verweisen, unter deren Obhut die Stiftung steht, auch wenn die Stiftungsaufsicht in Deutschland sicherlich sehr zur allgemein hohen Wertschätzung von Stiftungstätigkeit beiträgt. Es gehört sich, dass die einzelne Stiftung selbst bereit ist, der Öffentlichkeit Einblick in ihre Arbeit zu geben. Unter dieser Prämisse rate ich jeder Stiftung, einen Tätigkeitsbericht zu veröffentlichen – und dazu reicht für kleine Stiftungen durchaus ein Bericht auf der Homepage –, der Folgendes enthält:

- die Angabe zur Zusammensetzung und zum Stand des Kapitals,
- die Jahreserträge aus dem Stiftungskapital,
- der für die Förderungen zur Verfügung stehende Betrag,
- die Verwaltungskosten,

- die Zuführung in die sogenannte Kapitalerhaltungsrücklage,
- die Zahl der geförderten Projekte,
- die Förderaufwendungen für jeden Satzungszweck,
- die Beschlüsse über Schwerpunkte der Fördertätigkeit,
- die Mitglieder der Entscheidungsgremien (Vorstand, Kuratorium, Fachbeiräte),
- eine Kurzdarstellung der wichtigsten Vorhaben,
- eine Kurzdarstellung der wichtigsten Ergebnisse.

## 3.12 Kooperation und Public Private Partnership

Die Autonomie und Selbstständigkeit einer gemeinnützigen Stiftung des bürgerlichen Rechts ist ein hohes Gut. Solange sie die Stiftungssatzung befolgt, ist sie frei in ihren Entscheidungen, kann ihr niemand Auflagen oder Vorgaben machen und ist sie selbst verantwortlich für die Ergebnisse ihres gemeinnützigen Wirkens. Die größte Einschränkung ihrer Wirkungsmöglichkeiten kommt meist von der finanziellen Seite. Das Stiftungskapital ist fast nie groß genug, um so hohe Erträge zu erreichen, dass ein Stiftungsvorstand alle seine Ideen umsetzen kann. Wie oft höre ich den Seufzer, wenn ein Stiftungskollege ein wunderbares Projekt skizziert hat, am Ende aber damit schließt, dass die von ihm verwaltete Stiftung leider nicht so hohe Mittel abwirft, um den soeben vorgestellten Projektplan auch noch umzusetzen. Doch dann ist der Moment gekommen, um mit Stiftungskollegen über eine Kooperation zu sprechen.

Kooperationen, an denen sich zwei oder drei oder gar mehr Stiftungen beteiligen, sind in den letzten Jahren zum Glück häufiger geworden, denn gemeinsam lässt sich in der Tat oft – nicht immer – mehr bewegen. Kooperationen müssen jedoch gut vorbereitet sein und während der Laufzeit des gemeinsamen Vorhabens gut gepflegt werden. Sie bergen immer auch das Potenzial von Ärger, Reibung, Enttäuschung und Verdruss, funktionieren aber in der Regel sehr gut, wenn die Chemie zwischen den Partnern stimmt und jeder zur Koordination und zu – oft zahlreichen – Abstimmungstelefonaten bereit ist.

Die Kooperation von Stiftungen mit dem Ziel, ein gemeinsames Projekt zu starten und zum Erfolg zu führen, werde ich im Folgenden an ein paar Beispielen darlegen, aus denen die Bedingungen für eine gedeihliche Zusammenarbeit deutlich werden. Viel häufiger als das Zusammenführen von verschiedenen Stiftungen für ein gemeinsames Vorhaben findet sich natürlich die Kooperation mit einem Förderpartner, mit dessen Hilfe die Stiftung einen ihrer Satzungszwecke umsetzt. Dies geschieht bei fördernden Stiftungen ständig, wenn sie beispielsweise zur Erfüllung ihres Satzungszweckes „Förderung von besonders begabten Schülern und Studierenden“ Einrichtungen wie Spezialgymnasien, die Studienstiftung des deutschen Volkes oder Graduiertenkollegs fördern. Über die Kooperation mit den Förderpartnern oder Destinatären haben Sie bereits im Kapitel 3.8 einiges gelesen. An dieser Stelle soll abschließend vor allem auf größer angelegte Public Private Partnerships eingegangen werden, die auch für operative Stiftungen immer wichtiger werden.

- **Kooperation unter Stiftungen**

Wenige Jahre nach Ende des Eisernen Vorhangs trafen sich Vertreter des Stifterverbandes für die Deutsche Wissenschaft mit Kollegen der Hertie-Stiftung, der Robert Bosch Stiftung, der Krupp-Stiftung und der ZEIT-Stiftung, um gemeinsam über ein Programm nachzudenken, das schnell, unbürokratisch und auf einer persönlichen Ebene einen Beitrag zur Stabilisierung und Verbesserung der Situation osteuropäischer Universitäten leisten könnte. Der Stifterverband trug die Überlegungen zusammen, bereitete eine Projektskizze vor und im Mai 1997 gründeten die beteiligten Stiftungen das Herder-Programm. Grundidee war, dass Professorinnen und Professoren, die jüngst in Deutschland emeritiert worden waren, für ein Jahr, mindestens ein Semester, an eine osteuropäische Universität gingen, um dort zu lehren und Forschungsanregungen zu geben. Jede der beteiligten Stiftungen gab anfangs 400 000 DM, aus denen Reisekosten, Aufenthaltszuschüsse und kleinere Hilfsbeträge für die Anschaffung von einigen wichtigen Büchern, eines Faxgerätes oder einer Kopiermaschine an den oft sehr schlecht ausgestatteten Hochschulen Osteuropas finanziert wurden. Die

Bereitschaft der deutschen Wissenschaftler, mit dem Herder-Programm für begrenzte Zeit ins Ausland zu gehen, war überwältigend. Regelmäßig gab es Treffen mit den Rückkehrern, an denen alle beteiligten Stiftungen die Berichte entgegennahmen.

Der Erfolg der Kooperation lag darin, dass die Stiftungen bereit waren, in der Anfangsphase dem Stifterverband eine Führungsrolle einzuräumen, bis der Stifterverband dann gemeinsam mit den Partnerstiftungen im Stifterverband eine eigene Koordinationsstelle einrichtete, ohne die die große Zahl von entsandten Wissenschaftlern gar nicht hätte bewältigt werden können. Die Fördermittel der beteiligten Stiftungen gingen dabei an den Stifterverband, der auch für die Erstellung der jährlichen Verwendungsnachweise zuständig war. Das Programm bestand zehn Jahre.

2002 taten sich die Alfried Krupp von Bohlen und Halbach-Stiftung und die ZEIT-Stiftung Ebelin und Gerd Bucerius zusammen, um dafür zu sorgen, dass in Moskau ein Deutsches Historisches Institut gegründet werden konnte. Deutsche Historische Institute, unterhalten aus Bundesmitteln, gibt es seit über 100 Jahren, als das erste in Rom entstand, später folgten London, Paris, Washington, Tokio und Warschau. Sie sind ein Aushängeschild für die internationale geschichtswissenschaftliche Forschung. Nach dem Zerfall der Sowjetunion und der Öffnung der historischen Archive wurde immer deutlicher, dass ein solches Deutsches Historisches Institut (DHI) auch nach Moskau gehört. Die beiden Stiftungen konnten auf mehrjährige Erfahrungen mit der Förderung in Osteuropa zurückblicken, als sie sich zu diesem Schritt entschlossen. Ihr Projektpartner war die gerade erst vom Bund gegründete DGIA, Stiftung Deutsche Geisteswissenschaftliche Institute im Ausland, eine öffentlich-rechtliche Stiftung, die als Trägerin aller im Ausland angesiedelten geisteswissenschaftlichen Institute der öffentlichen Hand fungiert. Die DGIA übernahm nun auch die offizielle Projektkoordination für das aus privaten Stiftungsmitteln errichtete DHI in Moskau, sprach sich also in allen Fragen mit den Vertretern der Krupp- und der ZEIT-Stiftung ab, die einen Sitz im wissenschaftlichen Beirat des DHI erhielten. Die Fördersumme betrug insgesamt fünf Millionen Euro, jeweils 2,5 Millionen Euro von der Krupp-Stiftung und von der ZEIT-Stiftung für einen Zeitraum von fünf Jahren. Mit dem Bundesministerium für Wissenschaft und Forschung war vereinbart, dass nach erfolgreicher Evaluation des DHI durch den unabhängigen Wissenschaftsrat das Bundesministerium die weitere Finanzierung nach dem fünften Jahr übernehmen würde. Das DHI in Moskau eröffnete 2005. Es hat von Beginn an sehr gute Arbeit geleistet, sodass die Evaluation entsprechend positiv verlief. Ab der zweiten Hälfte 2009 wird das DHI Moskau wie die anderen Deutschen Historischen Institute aus Bundesmitteln finanziert.

Es ist selten geworden, dass ein von Stiftungen initiiertes Vorhaben nach erfolgreichem Start aus Bundesmitteln weitergeführt wird. Das Signal, das die Kooperation zweier bekannter Stiftungen für diesen Zweck aussendete, hatte offenbar Wirkung. Das über mehr als 50 Jahre angewachsene große Renommee des Vorsitzenden der Krupp-Stiftung, Berthold Beitz, in Angelegenheiten mit Osteuropa und die Aktivitäten der ZEIT-Stiftung als eines Gründungsmitgliedes des Petersburger Dialogs haben wichtige Türen in Moskau geöffnet. Der offizielle öffentlich-rechtliche Partner DGIA war ideal als Koordinator der Aktivitäten, verantwortlich für den Wirtschaftsplan und den Jahresabschluss, und die auf Übernahme durch Bundesmittel angelegte Planung gab von Anfang an eine langfristige Perspektive für das Stiftungsprojekt DHI vor.

Nicht immer mündet die Verbindung von zwei Stiftungen für die Projektdurchführung in einer dritten Einrichtung wie bei unserem Beispiel, wo die DGIA das gemeinsame DHI-Moskau-Projekt durchgeführt hat. Wir haben die DGIA als öffentlich-rechtliche Stiftung offiziell für den Unterhalt des DHI Moskau gefördert. Diese Formulierung hilft, etwaige Fragen zu vermeiden, die auftreten können, wenn Stiftungen nicht „unmittelbar" fördern, wie es die Abgabenordnung in § 57 vorsieht, sondern eine Zwischenstation, hier die DGIA, eingeschaltet wird. Ist diese Zwischenstation eine gemeinnützige Einrichtung, die als Hilfsperson für die Stiftung fungiert und unmittelbar den Zweck erfüllt, für den die Stiftung satzungskonform Mittel bereitgestellt hat, sind die gemeinnützigkeitsrechtlichen Bedingungen erfüllt. Eine solche Dreieckskonstruktion wie beim DHI Moskau ist für die beiden Partnerstiftungen ideal, da beide Stiftungen gleichberechtigt mit der dritten Einrichtung kooperieren und Einvernehmen finden müssen.

Das kann aber auch ebenso einvernehmlich geschehen, wenn einer der beiden Partner für die operative Durchführung des gemeinsamen Vorhabens selbst verantwortlich ist. So arbeiten seit 2003 die ZEIT-Stiftung und die Heinz Nixdorf Stiftung zusammen für die gemeinsame Bucerius Summer School on Global Governance. Dabei ist die ZEIT-Stiftung, die diese Summer School entwickelt und bereits im Jahr 2001 erstmalig angeboten hat, der für die gesamte Abwicklung zuständige und verantwortliche Partner. Die Planung für die jährliche Summer School erfolgt im gemeinsamen Gespräch mit der Heinz Nixdorf Stiftung, die Finanzierung wird hälftig geteilt.

Ein weiteres Beispiel aus dem Spektrum von Stiftungskooperationen, das gerade auch mittlere und kleinere Stiftungen mit einbezieht und eine hochinteressante Weiterentwicklung genommen hat, ist das „Start-Programm". Es unterstützt Oberstufenschüler mit Migrationshintergrund für zwei bis maximal drei Jahre, die durch „Start" eine IT-Ausstattung und ein Büchergeld erhalten und denen zugleich ein kleines lokales Förderprogramm mit zahlreichen außerschulischen Anregungen geboten wird. Entwickelt hat das Programm die Gemeinnützige Hertie-Stiftung, die es zunächst im Großraum Frankfurt startete und von vornherein Stiftungen im Einzugsgebiet mitzumachen bat. Die Beteiligung am Start-Programm bedeutete für die Stiftungen die Übernahme eines zweijährigen Stipendiums für mindestens einen Teilnehmer, also 10 000 Euro. Nachdem sich im Frankfurter Raum nach kurzer Zeit eine erstaunlich große Zahl von Kooperationsstiftungen gefunden hatte, trug die Hertie-Stiftung das Start-Projekt auch in andere Regionen. In Hamburg beispielsweise sind 2008/2009 sechs Stiftungen als Partner an Bord. Die Dürr-Stiftung, die ZEIT-Stiftung, die Bankhaus Wölbern Stiftung, die J. und E. Frauendorfer-Förderstiftung, die Jürgen Sengpiel Stiftung und die Gemeinnützige Hertie-Stiftung.

Alle zusammen fördern in Hamburg 38 Stipendiaten. Die Hertie-Stiftung als Entwickler und Leitfigur des Projekts war klug beraten, dass sie ihre Führungsposition für dieses Projekt nicht hervorgehoben hat. Schon die Bezeichnung des Programms mit dem neutralen Namen „Start" statt mit dem Namen des Erfinders zeigt die kluge Strategie der Hertie-Stiftung. Dies zahlte sich schnell darin aus, dass die beteiligten Kooperationspartner nicht den Eindruck erhielten, sie würden von der Hertie-Stiftung dominiert oder wären nur als Finanziers des Programms gefragt. Stattdessen sieht sich jede beteiligte Stiftung als gleichberechtigter Partner, eingebunden in lokale Gruppen, aber insgesamt mit nationaler Reichweite.

Als krönender Schlussstein für dieses so erfolgreiche Förderprojekt für Schülerinnen und Schüler aus Migrantenfamilien muss der 2008 erfolgte Übergang des Start-Programms auf eine eigene neu gegründete Start-Stiftung gelten. Sie nimmt nunmehr von den Kooperationspartnern die Spenden ein, mit denen die Start-Stipendien finanziert werden. Dieses Programm hat neben der exzellenten Zielsetzung den weiteren Vorteil, dass die in den einzelnen Regionen kooperierenden Stiftungen oftmals erst durch „Start" zum gemeinsamen Austausch fanden.

Und wann immer der Austausch zwischen Stiftungen funktioniert, kleinere und größere Stiftungen sich zu einem Thema oder einem regionalen Förderkreis versammeln, entstehen neue Kooperationsideen, werden Ideen und Mittel verknüpft, werden Projekte und Programme ins Leben gerufen, die über das hinausgehen, was eine einzelne Stiftung vermag. Hierzu bietet der Bundesverband auf seinen Tagungen entsprechende Foren an, ebenso die in immer mehr Städten regelmäßig stattfindenden Stiftertage oder Stiftungsmessen, die hervorragende Kontaktmöglichkeiten schaffen. Dabei sind Kooperationen längst nicht mehr auf nationale Verbindungen beschränkt. Die Robert Bosch Stiftung und die ZEIT-Stiftung haben sich 2008 mit der amerikanischen Stiftung German Marshall Fund in Washington zusammengetan und die *Transatlantic Academy* gegründet. Die italienische Stiftung Compagnia di San Paolo ist dieser Kooperation mittlerweile ebenso beigetreten wie die nordamerikanische Bradley Foundation, und ERP-Mittel der Bundesregierung tragen das ihre zur Förderung bei. Solche Kooperationen ermutigen, sich wirklich großer Dinge anzunehmen. Wie jede Kooperation fußt der Erfolg einer solchen Verbindung auf den Kriterien

- gleiche Interessen,
- Vertrauen unter den Beteiligten,
- klare Regeln/verbindliche Verträge,

- durchgängige Zuverlässigkeit,
- dynamische Strukturen,
- Offenheit für Verbesserungen und für Kritik.

- **Public Private Partnership**

Dieser Ausdruck hat sich zu einem Modebegriff entwickelt, der nichts anderes bezeichnet als eine Kooperation zwischen einer privaten Einrichtung, in unserem Fall der Stiftung, und der öffentlichen Hand. Eine solche Kooperation kommt häufig vor und hat für beide Seiten viele Vorteile.

Aber nicht jede Förderung einer Bundes-, Landes- oder kommerziellen Einrichtung ist gleich eine Public Private Partnership. Wenn heute in Deutschland beispielsweise mehr als 350 Stiftungsprofessuren an den staatlichen Hochschulen bestehen, so handelt es sich hier nicht um Public Private Partnership, sondern um den ganz traditionellen Fall, dass von privater Hand gegründete gemeinnützige Stiftungen staatliche Einrichtungen fördern, auf dass hier Reformen oder Innovationen greifen und ein Defizit behoben wird. Hier ist die staatliche Hochschule Förderpartner.

Eine tatsächliche Public Private Partnership entsteht erst dann, wenn die private und die öffentliche Seite frische Mittel zur Verfügung stellen, um ein gemeinsam konzipiertes Vorhaben umzusetzen. Es ist ein gemeinsames Investment für eine in der Regel neue Sache. Dies empfiehlt sich auf regionaler Ebene besonders für Stiftungen, die einen starken örtlichen Bezug zu ihrer Heimatregion aufweisen. Die ZEIT-Stiftung hat trotz aller internationalen Projekte solch eine deutliche Bindung an Hamburg, die Stadt, in der ihr Stifter Gerd Bucerius nahezu sein ganzes Leben verbracht hat und für die er sich als Senator, als Bundestagsabgeordneter und als Verleger immer eingesetzt hat. Daher verwundert es auch nicht, dass die Stadt und die Stiftung für neue Vorhaben immer wieder kooperieren. Als es beispielsweise darum ging, für die Hansestadt ein Musikfestival zu entwickeln, taten sich Stadt und Stiftung paritätisch zusammen, und es entstanden 1999 das Musikfest Hamburg und 2005 die „Ostertöne".

Die Vorteile gehen weit über das Teilen der Kosten hinaus. Mit der Kulturbehörde hat die ZEIT-Stiftung einen starken hochrenommierten Partner mit direktem Einfluss auf die durchführende Organisation, hier die Musikhalle/Laeiszhalle. Die öffentliche Wahrnehmung eines neuen Musikfestivals ist neben der gebotenen Qualität entscheidend für den Erfolg. Mit einem wichtigen öffentlichen Partner kann die Stiftung davon ausgehen, dass Öffentlichkeitsarbeit auf höchster Ebene die städtische Marketinggesellschaft, die Medien, die Litfaßsäulen erreicht.

Ich empfehle daher auch kleineren Stiftungen immer wieder, die Möglichkeiten einer Public Private Partnership zu suchen. Der Imagegewinn kann gerade für eine junge noch kleine Stiftung bedeutsam sein, wenn öffentlich bekannt wird, dass die Stadt oder der Landkreis mit der Stiftung gemeinsam ein neues Freizeitheim mit Hausaufgabenbetreuung in einem schwierigen Stadtteil errichtet oder dass Stadt und Stiftung sich zusammentun, um erstmals ein landesweites Sportturnier für Behinderte in der Stadt auszurichten.

Eine besonders schöne Form der Public Private Partnership existiert seit 50 Jahren in Hamburg und begann, als es den Begriff noch gar nicht gab. Die Stiftung für die Hamburger Kunstsammlungen (SHK), früher Stiftung zur Förderung der Hamburgischen Kunstsammlungen, wurde 1957 gegründet und entwickelte sich schnell zum wichtigen Finanzier für Ankäufe der beiden großen Hamburger Kunstmuseen. Von Anfang an hat die Kulturbehörde ein gedeckeltes Matching-Grant-Verfahren mitgetragen, das heißt, sie hat die von privater Seite von der Stiftung eingesammelten Beträge bis zu einem festgesetzten Maximalbetrag verdoppelt. Heute liegt der Deckel bei 350 000 Euro im Jahr. Dies ist ein schöner Anreiz für die Stiftung, in jedem Jahr auf jeden Fall 350 000 Euro für die satzungsmäßigen Zwecke einzusammeln, weiß man doch, dass diese Summe aus städtischen Mitteln verdoppelt wird. Das ist auch für die Spender ein kräftiger Anreiz, der Stiftung für die Hamburger Kunstsammlungen Jahr für Jahr bei diesem Ziel zu helfen. Die Kunstgegenstände, die die SHK auf diese Weise in den vergangenen 50 Jahren für die beiden Kunstmuseen hat erwerben können, haben heute allein einen Versicherungswert in mehrstelliger Millionenhöhe: offenbar eine lohnenswerte Public Private Partnership.

## 3.13 Fundraising

Immer mehr Stiftungen haben bei ihrer Gründung eine Finanzausstattung, die den Stiftungszweck nur in bescheidenem Maße erfüllen lässt. Sie sind von Anfang an bestrebt, die Fördermöglichkeiten der Stiftung dadurch zu erhöhen, dass sie um Spenden und Zustiftungen bitten. Andere Stiftungen sehen im Verlauf der Jahre, dass ihr Stiftungszweck besonders aktuell und für die Allgemeinheit attraktiv ist, die Erträge aus dem Stiftungskapital aber bei Weitem nicht ausreichen, um die vielen wünschenswerten Fördervorhaben zu starten und nachhaltig zu unterstützen. Wiederum andere Stiftungen – und hierzu gehören gerade auch die Bürgerstiftungen (siehe auch Kapitel 5.7) – werden von vornherein als Sammelstiftungen gegründet und sind für ihre Zweckerfüllung darauf angewiesen, ständig weitere Geld- und auch Sachmittel zu akquirieren. Das Zauberwort in diesen Fällen ist stets dasselbe: Fundraising.

Unter Fundraising versteht man alle Maßnahmen, mit denen Mittel eingeworben werden, um die Finanzausstattung der Einrichtung zu verbessern. Im Stiftungsbereich sind dies Zustiftungen, die dem Stiftungskapital zugeführt werden und somit langfristig über die Erträge aus der Zustiftung wirken, und Spenden, die unmittelbar, spätestens im Jahr nach Zugang der Spende, für den Stiftungszweck verwendet werden.

Schon dass die Stiftung ihren Mittelgebern die Alternative zwischen nachhaltig wirkender Zustiftung und kurzfristig tätiger Spende anbieten kann, gibt ihr einen Vorteil gegenüber anderen Organisationen außerhalb des Stiftungsbereichs. Diesen strategischen Vorteil haben viele Einrichtungen erkannt und Stiftungen gegründet, die – wie vormals der Förderverein – die nötigen Mittel akquirieren sollen, um die Universität, die Kunsthalle, die Kirchgemeinde, den Kindergarten etc. zu fördern. Gerade bei den Überlegungen älterer Leute zur sinnvollen Testamentsgestaltung spielen Aspekte einer langfristigen Wirkung des Erbes oder eines Teils davon eine wichtige Rolle. Hierzu ist die Zustiftung in der Tat das geeignetste Instrument (siehe auch Kapitel 2.5). Mitunter ist sogar der Schritt über die Zustiftung hinaus zu einer unselbstständigen Stiftung sinnvoll. Auch diese

# Bucerius Law School

Foto: Bucerius Law School

Die Bucerius Law School – Hochschule für Rechtswissenschaft – ist das Flaggschiff der ZEIT-Stiftung Ebelin und Gerd Bucerius in Hamburg. 550 Studierende sind dort eingeschrieben. Sie absolvieren nach drei Jahren (neun Trimestern) den Bachelor und melden sich nach Abschluss des vierten Studienjahres für das erste Staatsexamen. Zusätzlich zu den Studierenden der Rechtswissenschaften beherbergt die Hochschule rund 200 Jura-Doktoranden und 50 Master-Studenten, die aus aller Welt kommen, um an der Bucerius Law School den Master of Law an Business zu erwerben. Dieses Master-Programm bietet die Law School in Zusammenarbeit mit der WHU – Otto Beisheim School of Management in Vallendar an. Die ZEIT-Stiftung hat die Hochschule konzipiert, gründete sie in 1999 und finanziert über 60 % des laufenden Etats.

Weitere Informationen: www.law-school.de

# Bucerius Kunst Forum

Foto: Ulrich Perrey

Unmittelbar im Zentrum Hamburgs neben dem Rathaus zeigt das Bucerius Kunst Forum seit 2002 jährlich vier große Ausstellungen. Darüber hinaus bietet es in großer Zahl Konzerte, Lesungen, Podiumsgespräche und ähnliche kulturelle Veranstaltungen. Das Bucerius Kunst Forum ist eine Einrichtung der ZEIT-Stiftung Ebelin und Gerd Bucerius. Es wird allein aus Stiftungsmitteln und Zuwendungen weiterer Förderer finanziert.

Weitere Informationen: www.buceriuskunstforum.de

Möglichkeit sollte eine Stiftung, die kompetent Fundraising betreibt, um ihren Wirkungsradius zu vergrößern, im Angebot haben. Für die großen Sammelstiftungen ist es geradezu selbstverständlich, dass sie auch treuhänderisch unselbstständige Stiftungen verwalten (siehe Kapitel 2.4).

Wann immer eine Stiftung sich für Fundraising entscheidet, muss sie bereit sein, verstärkt Mittel und Energie in eine kluge Fundraising-Strategie und in eine damit einhergehende intensive Öffentlichkeitsarbeit zu investieren.

Projekt benennen

- **Fundraising-Strategie**

Je konkreter die Zwecke sind, für deren Erfüllung Geld eingeworben wird, und je klarer die Zielgruppe ist, die eine Stiftung für diese bestimmten Zwecke ansprechen kann, desto größere Chancen bestehen, dass die Fundraising-Bemühungen erfolgreich sind. Hier zeigt sich erneut, wie wichtig es ist, dass eine Stiftung, die mehrere Satzungszwecke verfolgt und hinsichtlich ihrer Fördermöglichkeiten breit angelegt ist, *Schwerpunkte* definiert, die ihr ein Profil geben. Wenn Ihre Stiftung das Ausbildungs- und Erziehungswesen fördert, hat es wenig Sinn, wenn Sie mit der Bitte an die Öffentlichkeit gehen, man möge Ihrer Stiftung Geld für Ausbildungs- und Erziehungsmaßnahmen geben. Wenn die Stiftung jedoch einen Schwerpunkt ihrer Arbeit in diesem Satzungsbereich darauf legt, Schülerinnen und Schülern an Haupt- und Realschulen den Übergang ins Berufsleben zu erleichtern und die Stiftung spezielle sechsmonatige Berufsvorbereitungskurse für diese 15- bis 16-jährigen Schüler entwickelt hat, die jetzt an einigen Schulen in der Stadt umgesetzt werden sollen, dann haben Sie ein *konkretes Projekt*, dessen Notwendigkeit einleuchtet, das sich einem wichtigen gesellschaftlichen Problem widmet und das für die beteiligten Jugendlichen von unmittelbarem Nutzen ist.

Die Stiftung muss deutlich machen, wozu die für ein Projekt eingeworbenen Mittel tatsächlich verwendet werden. Bei unserem Beispiel der Berufsvorbereitungskurse würden diese Mittel etwa dazu dienen, um Bewerbungsgespräche zu simulieren, Kurzpraktika in Betrieben im Schulsprengel zu organisieren, ein intensives Coaching in den Rechen- und Schreibfähigkeiten am Beispiel konkreter Fälle des Berufsalltags anzubieten, ein Stärken-Schwächen-Profil mit und von jedem Schüler zu erstellen, sodass sich die Chancen erhöhen, dass später die richtige Lehrstelle auf den richtigen Auszubildenden trifft. Natürlich kostet ein solches Programm Geld, denn ohne ein paar Fachleute und eine Reihe routinierter Studenten oder Praktiker lässt es sich nicht realisieren. Stellen Sie aber klar, dass die für dieses Vorhaben eingeworbenen Mittel nicht für Verwaltungs- oder Projektentwicklungskosten der Stiftung verwendet werden. Das sind Leistungen, die möglichst von der das Projekt tragenden Stiftung selbst erbracht werden, was Sie auch deutlich herausstellen sollten. Die einzuwerbenden Mittel hingegen werden sämtlich für die Begleichung der tatsächlichen Projektkosten eingesetzt.

Sollte diese eindeutige Projektkostenakquise für die von Ihnen verwaltete Stiftung problematisch sein, weil sie auch auf Drittmittel für die allgemeinen Verwaltungskosten angewiesen ist, erschwert dies das Fundraising. Denn zwar sind viele bereit einzusehen, dass gute Projekte einen oft teuren Vorlauf haben und ein kluges Management brauchen, das nicht kostenlos ist. Doch dass diese Overhead-Kosten aus den Spenden bestritten werden sollen, erscheint den meisten nicht richtig, und sie erwarten, dass ihre Mittel unmittelbar dem Projekt zugutekommen. Wenn Ihre Stiftung jedoch einen Anteil für die Managementkosten einbehalten muss, so muss das von Beginn an *transparent* sein. Nur Transparenz schafft Glaubwürdigkeit, die eine Grundvoraussetzung für langfristig erfolgreiches Fundraising ist.

Im vorliegenden Beispielfall empfiehlt es sich, zwei *Zielgruppen* für die Mittelakquise ins Auge zu fassen, vor allem, wenn Overhead-Kosten mit eingeworben werden sollen: Es ist denkbar, dass die Stiftung für das Projekt Berufsvorbereitungstraining erstens ein oder zwei Hauptförderer gewinnt, die die Entwicklungs- und Managementkosten der Stiftung für dieses Vorhaben einschließlich Öffentlichkeitsarbeit und Evaluation abdecken, und zweitens einzelne Förderer, die jeweils die Durchführungskosten an den Schulen vor Ort übernehmen. Dies können Firmen oder Einzelpersonen sein, die im Einzugsgebiet dieser Schule leben oder früher einen Bezug zu dieser Gegend hatten.

Eine derartige *Aufteilung* des Fundraising-Angebots in übergeordnete und lokale Förderer hat große Vorteile, muss aber bei der Fundraising-Strategie bedacht werden. Denn die Mittelgeber haben in der Regel das berechtigte Interesse, im Zusammenhang mit dem Förderprojekt deutlich genannt zu werden. Die Strategie muss dies berücksichtigen. Im vorliegenden Fall ist das einfach: Die Mittelgeber für Phase eins finden sich im Obertitel wieder:

Berufsvorbereitungstraining
Ein Programm der XYZ-Stiftung, gefördert von AB und CD

Die Mittelgeber für Phase zwei, der Umsetzung vor Ort, hier der Waldschule, finden sich wie folgt:

Berufsvorbereitungstraining an der Waldschule
Ein Programm der XYZ-Stiftung, gefördert von AB und CD,
hier realisiert dank der Firma EF oder den Eheleuten GH

Erfolgreiches Sponsoring fordert eine Stiftung heraus. Fantasie bei der Berücksichtigung individueller Wünsche ist ebenso nötig wie Sensibilität bei der ersten Kontaktaufnahme. Sie ist das Schwierigste und muss fast immer vom Geschäftsführer oder Vorstand selbst erfolgen. Sie ist zeitintensiv und führt oft zu Frustration. Hat man aber die erste Gruppe von Mittelgebern beisammen, so wird es oft leichter. Diese Gruppe sollten Sie gut pflegen, sie am Projektfortschritt teilnehmen lassen, sie in der Presse und auf den Faltblättern der Stiftung erwähnen, sie gegebenenfalls in einen Beraterkreis der Stiftung integrieren und ihnen eine gewisse Exklusivität einräumen, die nicht jeder genießen darf, der mit der Stiftung in Kontakt tritt. Ihr Ziel muss es sein, möglichst viele Mittelgeber dauerhaft zu Freunden der Stiftung und damit zu fortgesetzten Spendern zu machen. Aus dem Mehrfach- oder Dauerförderer kann sich ein Zustifter entwickeln, der anlässlich eines runden Geburtstages eine größere Summe zustiftet oder die Stiftung testamentarisch begünstigt. Aber all das dauert, braucht Zeit und Geduld und beständig gute Projektqualität.

- **Öffentlichkeitsarbeit und Fundraising**

Fundraising ist für eine kleine und mittlere Stiftung in der Regel eine durch persönliche Ansprache zu leistende Arbeit. Mailing-Aktionen mit dem Versand von Tausenden von Briefen, wie wir sie von den großen Spendenorganisationen kennen, sind für Stiftungen kaum angebracht, die Einschaltung eines Callcenters, das Massenanrufe tätigt, ebenso wenig. Persönliche Anrufe des Geschäftsführers mit der Bitte um einen Besuchstermin bei einer kleinen Gruppe von Bürgern, die vorab als Projektinteressierte identifiziert wurden, ist dagegen ein guter Weg. Erst wenn ein Projekt etabliert ist und schon einen großen Kreis von Spendern um sich versammelt, kann eine Massenaussendung von Werbeschriften für das Projekt verbunden mit einem Anschreiben helfen, den Spenderkreis zu vergrößern. Auch wenn man vorher die Zielgruppe bei solch einer Versandaktion eingrenzt, bleibt der Streufaktor groß, und die Kosten der Aktion können erheblich sein.

Einige Stiftungen versuchen Fundraising durch öffentlichkeitswirksame *Events*. Die Zahl der Benefizessen mit Programm hat in den größeren Städten in den letzten Jahren stark zugenommen, und offenbar ist das Ergebnis zufriedenstellend. Die Stiftung muss dabei erreichen, dass „man" kommt, weil einem die Ziele des Fördervorhabens, für das Geld eingeworben werden soll, sympathisch sind, weil auch „die anderen" kommen, sogar der Bürgermeister, weil das Programm attraktiv und das Essen gut ist. Dann zahlt „man" schon einmal 200 Euro zuzüglich 50 Euro für den Verzehr, und wenn man mit Partner kommt, sind es 500 Euro, von denen 400 der einladenden Stiftung zufließen. Diese muss nur darauf achten, dass der Verzehranteil wirklich die Kosten deckt und alle anderen Programmteile ohne Kosten dargeboten werden. Für die Stiftung fällt solch ein Benefizabend in den Bereich des wirtschaftlichen Geschäftsbetriebs (siehe Kapitel 3.3); er sollte nicht mit einer Unterdeckung enden. Es muss auch nicht unbedingt ein Benefizessen sein. Eine Stiftung, die die städtische Jugendmusikschule und den Musikunterricht an den Schulen fördert, lädt sinnvollerweise zu einem Konzert ein, zu dem sie vielleicht – ohne Gage – einen bekannten Schauspieler verpflichten konnte, der das übliche Konzertformat durch eine Lesung oder einen Sketch aufwertet. Wenn dann noch einige Prominente der Region zugesagt haben, wird die Einladung auch für die attraktiv, die ansonsten nicht sehr häufig ins Konzert gehen, jetzt aber bereit sind, für einen guten Zweck teure Karten zu erwerben.

Fundraising stellt stets besondere Ansprüche an die Öffentlichkeitsarbeit. Jede Mitteilung über die Förderaktivitäten muss so gestaltet sein, dass sie für die Projekte, für deren Fortsetzung und Neuentwicklung wirbt. Wenn eine Stiftung startet, die die Erfüllung ihrer satzungsgemäßen Zwecke überwiegend aus noch einzuwerbenden Mitteln finanzieren will, muss sie auch bereit sein, einen vergleichsweise hohen Anteil ihres Jahresbudgets in Maßnahmen der gezielten Öffentlichkeitsarbeit zu investieren. In der Literatur wird dazu erwähnt, dass bei Stiftungen, die Fundraising betreiben, ein Anteil der Verwaltungs- und Werbekosten von 20 % an den Gesamtausgaben als angemessen gilt, der Anteil aber keinesfalls *mehr* als 35 % der Gesamtausgaben erreichen sollte. Eine kleine Stiftung sollte rechtzeitig sehen, dass sie für bestimmte Vorhaben Spenden erhält, bei der der Spender ausdrücklich zugestimmt hat, dass die Zuwendung auch für die öffentlichkeitswirksame Verbreitung des Projektes verwendet werden darf, um mit dieser Spende einen Multiplikatoreffekt zu erzielen.

Öffentlichkeitsarbeit bei Fundraising-aktiven Stiftungen bedeutet immer auch, dass Plattformen gesucht werden müssen, um Spender und Zustifter auf Wunsch hin öffentlichkeitswirksam zu nennen, ihnen zu danken und ihr Vorbild zu propagieren. Bürgerstiftungen, die als sogenannte Allzweckstiftungen ein großes und auch oft heterogenes Förderspektrum bedienen und dazu viele Spender und Zustifter und auch Ehrenamtliche benötigen, die statt Geld wertvolle Zeit spenden, wissen, wie schwer es ist, jeden Helfer angemessen vor den Augen der Öffentlichkeit zu würdigen. Die Presse ist kaum bereit, bei einem noch so großartigen Projekt neben dem Namen der Stiftung noch mehr als ein oder zwei Namen der finanziellen Ermöglicher des Projektes zu nennen. Es sei denn, der Geschäftsführer der Stiftung hat solch einen guten Draht zur lokalen Presse, dass er diese davon überzeugen kann, die gute Tat der Förderer und Spender zu erwähnen und in einem Artikel geschickt für Nachahmung zu werben.

Erwartet der Spender von sich aus eine größere Gegenleistung als die adäquate Nennung im Zusammenhang mit dem

Projekt, so berührt dies Fragen des Sponsorings. Denn grundsätzlich wird eine Spende stets freiwillig und unentgeltlich geleistet.

## 3.14 Sponsoring

Stiftungen haben in den letzten Jahren eine Fülle von weithin beachteten Vorhaben umgesetzt. Stiftungsveranstaltungen und -programme genießen in vielen Städten ein besonders hohes Renommee. Das zahlt sich aus, nicht nur in Form weiter steigender Wertschätzung, sondern häufiger auch in barer Münze. So manches Unternehmen verbindet sich gern mit einer hochkarätigen Stiftungsveranstaltung: einem Vortrag, einer Tagung, einem Workshop, einer Kunstausstellung, einem Bildungsprojekt usw. Eine klassische Win-win-Situation, von der die Stiftung durch die Geldeinnahme und das Unternehmen durch den Imagegewinn profitiert. Aber aufgepasst: Das Unternehmen möchte dann oft nicht nur „klein gedruckt" als Förderer erwähnt werden, sondern wünscht sich eine deutliche Präsenz, denn es sieht in dem angestrebten Imagegewinn sein eigenes betriebliches Interesse an der Beteiligung. Eine finanzielle oder sachliche Zuwendung, die mit einer klar definierten, vertraglich festgelegten Gegenleistung verbunden ist, gehört nicht mehr in die Kategorie Spende, sondern gilt als Sponsoring. Sponsoring ist kein Hexenwerk und kann durchaus auch von kleineren Stiftungen erfolgreich eingesetzt werden, um deren Ruf und Finanzgestaltung zu mehren.

Sponsoring liegt laut Anwendungserlass zur Abgabenordnung immer dann vor, wenn „die Zuwendung (Geld oder geldwerter Vorteil) eines Unternehmens an die gemeinnützige Einrichtung zur Verfolgung unternehmensbezogener Ziele, insbesondere der Werbung und Öffentlichkeitsarbeit, aufgrund eines Vertrages" erfolgt.

Für die Unternehmen stellt Sponsoring demnach eine Betriebsausgabe dar, für die Stiftung gehört die Einnahme in den Bereich des wirtschaftlichen Geschäftsbetriebs (siehe Kapitel 3.3). Die Stiftung darf also keine Zuwendungsbestätigung ausfüllen, wie sie es bei Spenden oder Zustiftungen tut, sondern verbucht die Einnahme im Rahmen ihres wirtschaftlichen Geschäftsbetriebs und versteuert sie. Dabei wird grundsätzlich Umsatzsteuer fällig; sofern die Einnahmen des Geschäftsbetriebs insgesamt die in Kapitel 3.3 dargelegten Freigrenzen überschreiten, auch Körperschaft- und Gewerbesteuer.

Das vertragliche Verhältnis zwischen Stiftung und Sponsor sollte grundsätzlich schriftlich fixiert sein. Die Stiftung hat dabei in aller Regel das Interesse, die von ihr konzipierte Veranstaltung ohne inhaltliche Mitwirkung oder inhaltliche Einflussnahme des Sponsors zu planen. Sie muss auf die Beachtung ihrer Qualitätsvorstellungen und das Einhalten ihrer Standards Wert legen, denn das ist ihr Pfund, weit über die gesponserte Veranstaltung hinaus. Das Unternehmen wird Wert darauf legen, dass das Logo mehrfach und nicht nur in den schriftlichen Unterlagen erscheint, dass ein Unternehmensvertreter begrüßt, dass jeder Teilnehmer ein Werbegeschenk der Firma auf seinem Platz vorfindet, dass die Veranstaltung eventuell in Räumlichkeiten des Unternehmens stattfindet oder dass der Titel der Veranstaltung den Unternehmensnamen mit aufführt. Das lässt sich alles *vertraglich* festhalten, doch sollte die Stiftung dabei genau überlegen, auf was sie sich verbindlich einlässt. Ich warne davor, einem Unternehmen etwa zuzusagen, dass die Veranstaltung in überregionalen Zeitungen unter Nennung des Sponsors besprochen oder dass das Fernsehen berichten wird. Versprechen Sie nur, was Sie tatsächlich selbst zu leisten imstande sind. Ebenso wird der Sponsor *seine* Leistungen im Vertrag genau definieren. Sagt er Ihnen beispielsweise die kostenlose Überlassung von Räumen, das Catering für Mittag- und Abendessen und die Übernahme der Reisekosten für zwei Gastredner aus den USA zu, so müssen Sie das genau präzisieren (dreigängiges Mittagessen, Buffet am Abend, Business-class-Tickets etc.). Halten Sie im Vertrag auch fest, wie lange er gilt und welche Kündigungsfristen Sie vereinbart haben. Das ist vor allem wichtig, wenn Sie nicht nur einmal mit einem Unternehmen, sondern langfristig für ganze Vorlesungsreihen, Ausstellungszyklen etc. zusammenarbeiten.

Übrigens gehört zum Sponsoring auch der Fall, dass ein Unternehmen eine Stiftung bittet, mit dem Stiftungsnamen für ein Produkt oder für das Unternehmen insgesamt werben zu dürfen. Wenn die Stiftung dem Unternehmen die Verwendung des Stiftungslogos oder des Mottos erlaubt, erhält sie dafür eine Einnahme. Diese gehört für die Stiftung in den Bereich der Vermögensverwaltung, ist also kein Teil des wirtschaftlichen Geschäftsbetriebs und damit nicht körperschaftsteuerpflichtig.

Denken Sie daran: Letztlich muss auch beim Sponsoring immer auf ein angemessenes Verhältnis von Leistung und Gegenleistung geachtet werden. Sie haben also stets das Recht zu sagen, wann für Sie als Stiftung das Ende der zumutbaren oder erwartbaren Leistungen erreicht ist. Das Unternehmen und die Stiftung sollten stets gleichberechtigt sein und die Stiftung sollte nicht mit ihren Programmen ein nachgeordnetes Werbeinstrument des Unternehmens sein. Dann kann Sponsoring für beide Partner eine fruchtbare gewinnbringende Zusammenarbeit bedeuten.

## 3.15 Haftung

Stiftungen spielen heute eine größere gesellschaftliche und auch wirtschaftliche Rolle als noch vor zehn Jahren. Die Zahl hat sich seitdem verdoppelt, auch große neue Stiftungen sind hinzugekommen, die wie die 2008 gegründete Joachim Herz Stiftung allein auf ein Vermögen von rund einer Milliarde Euro zurückgreifen können. Kein Wunder, dass dann auch Haftungsfragen diskutiert werden, die früher kaum eine Rolle gespielt haben, bei der zunehmenden Professionalisierung des gemeinnützigen Sektors aber selbstverständlich sind. So melden sich nun auch spezielle D&O-Versicherungen (Directors-and-Officers-Versicherungen = Vermögensschadenhaftpflichtversicherungen) bei Stiftungen, deren Abschluss durchaus ratsam sein kann, vor allem, wenn die Stiftung über ein hohes Vermögen verfügt oder ein hohes Spendenaufkommen hervorbringt. Doch bei all diesen vernünftigen Überlegungen zu Haftung und Haftungsbegrenzung sollte niemand vor einer ehrenamtlichen oder vergüteten Vorstandstätigkeit in einer Stiftung zurückschrecken, der gewöhnt ist, Ämter gewissenhaft auszufüllen, sich mit den gesetzlichen und steuerrechtlichen Grundlagen vertraut zu machen, seine Pflichten zu erfüllen und im Übrigen auf seinen Erfahrungsschatz und Menschenverstand zurückzugreifen.

Der Vorstand ist das einzige zwingende Organ einer Stiftung. Er ist für die Geschäftsführung verantwortlich und vertritt die Stiftung nach außen. Als Treuhänder der Stiftung ist es selbstverständlich, dass der Vorstand keine eigenen Interessen zulasten der Stiftung verfolgen darf. Da die gemeinnützige Stiftung stets zumindest zwei Hauptaufgaben kennt, nämlich die Vermögensverwaltung und die satzungsgegebene Erfüllung der Förderzwecke, erstreckt sich die Verantwortung des Vorstands auf beide Bereiche und kann nicht delegiert werden. Grundsätzlich haftet der Vorstand für jede Form der schuldhaften Pflichtverletzung. Es empfiehlt sich, in der Stiftungssatzung die Haftung auf Vorsatz und grobe Fahrlässigkeit zu beschränken. Einige Landesstiftungsgesetze haben diese Beschränkung sogar gesetzlich verankert (siehe zum Beispiel Bayerisches Stiftungsgesetz).

Die Abgabenordnung widmet einen eigenen Paragrafen den Anforderungen an die tatsächliche Geschäftsführung für gemeinnützige Körperschaften (§ 63 AO) und weist noch einmal auf die Pflicht zur ausschließlichen und unmittelbaren Erfüllung der steuerbegünstigten Zwecke hin. Dazu gehört auch die Ausstellung von Zuwendungsbestätigungen für eingegangene Spenden und/oder Zustiftungen. Da diese Bestätigungen („Spendenbescheinigungen“) erhebliche steuerliche Wirkungen haben, müssen Sie auf deren gewissenhafte Ausstellung besonders achten. Werden diese Bestätigungen fehlerhaft ausgefüllt, haftet dafür der Vorstand. Es droht der Stiftung die Aberkennung der Gemeinnützigkeit mit all ihren Folgen einschließlich der Steuernachzahlung.

Die Haftung des Vorstands untergliedert sich in die sogenannte *Innenhaftung* gegenüber der Stiftung selbst und in die *Außenhaftung* gegenüber Dritten. Dazu gehört auch die oben bereits erwähnte steuerliche Verantwortung gegenüber dem Finanzamt. Gegenüber der Stiftung haftet der Vorstand grundsätzlich für den Vermögenserhalt, die sorgfältige, sparsame Vermögensverwaltung, die satzungsgetreue Erfüllung der Stiftungszwecke, die Einhaltung der in der Abgabenordnung festgelegten Bedingungen der Gemeinnützigkeit sowie für die Einhaltung der im zuständigen Landesstiftungsgesetz vorgeschriebenen Genehmigungspflichten und der Vorgaben und Fristen für die Rechnungslegung. Wenn Sie das Stiftungsvermögen von renommierten Banken verwalten lassen, mit den Banken regelmäßig Gespräche führen und sich über die Entwicklung des Vermögens informieren, eine Bank auch durchaus wechseln, falls diese schlechter wirtschaftet als andere Banken, so erfüllen Sie hier Ihre Pflicht der Kontrolle. Auch wenn dann – wie 2008 – durch unvorhersehbare Börsenereignisse der Wert des Stiftungsvermögens sinkt, ist Ihnen das nicht vorwerfbar. Dennoch empfehle ich jedem Stiftungsvorstand, je nach Größe des Vermögens und Komplexität der Vermögensgliederung über eine angemessene D&O-Versicherung nachzudenken. Diese Art der Vermögensschadenhaftpflichtversicherung hat auch im gemeinnützigen Bereich seine Berechtigung.

Hat die Stiftung in ihrer Satzung ein Kuratorium oder einen Stiftungsrat als Aufsichtsgremium mit Entlastungsfunktion verankert, so obliegt es diesem Gremium, den Vorstand nach Vorlage des wirtschaftlichen und sachlichen Tätigkeitsberichtes für das abgelaufene Geschäftsjahr zu entlasten.

Zur *Außenhaftung* des Stiftungsvorstands gehören alle schuldhaften Verletzungen von Rechten Dritter durch den Stiftungsvorstand. Hier haften neben der Stiftung auch die Organmitglieder als Gesamtschuldner. Hinsichtlich der steuerlichen Haftung müssen Sie als Vorstand sichergehen, dass in keinem Fall die steuerlichen Pflichten der Stiftung grob fahrlässig oder gar vorsätzlich missachtet werden. Das betrifft nicht nur die bereits aufgeführte sorgfältige Ausfertigung der Zuwendungsbestätigungen, sondern auch das gesamte Gebiet der Lohnsteuer, die die Stiftung als Arbeitgeber abführen muss, die Umsatz- oder Ertragsteuer, zu der die Stiftung herangezogen wird, wenn sie einen wirtschaftlichen Geschäftsbetrieb unterhält. Sollte die Stiftung eine eingegangene Spende nicht satzungsgemäß verwenden, haftet der Vorstand ebenfalls für dieses Fehlverhalten. Auch das Hinzuziehen einer externen Buchhaltung, Lohnbuchhaltung oder Steuerberatung entlastet den Stiftungsvorstand letztlich nicht von seiner Verantwortung. Eine Beratung durch Fachleute auf diesem Gebiet ist aber immer empfehlenswert, sobald größere Fragen auftreten. Bei komplexen Aufgaben beispielsweise im Bereich von Vermögensumschichtungen, Ausgründungen von gemeinnützigen

GmbHs usw. empfehle ich Ihnen, stets rechtzeitig das Gespräch mit der Stiftungsaufsicht und dem zuständigen Finanzamt zu suchen und durchaus um verbindliche Auskunft zu bitten.

Haftung ist Teil der Verantwortung. Eine Stiftung zu managen ist keinesfalls anspruchsvoller als übliche Leitungsfunktionen in Organisationen. Von daher soll Sie dieses Kapitel keineswegs verunsichern. Es soll aber davor warnen, leichtfertig mit dieser schönen Aufgabe umzugehen. Sie genießen jede ausgesprochene Förderung, jedes Stiftungsprojekt umso mehr, wenn Sie die überschaubaren administrativen Verpflichtungen im Griff haben.

## 3.16 Aufhebung einer Stiftung

Das BGB schreibt in §87 Abs. 1: „Ist die Erfüllung des Stiftungszwecks unmöglich geworden oder gefährdet sie das Gemeinwohl, so kann die zuständige Behörde der Stiftung eine andere Zweckbestimmung geben oder sie aufheben." Nun wird man schon bei der Formulierung der Satzung darauf achten, dass der Stiftungszweck weit genug gefasst ist und sich nicht in kurzer Zeit erschöpft. Es sei denn, hier liegt ein Sonderfall der Verbrauchsstiftung vor, die satzungsgemäß auf einen bestimmten Zeitraum festgelegt ist oder mit der Zielerfüllung endet. Die Stiftung zur Förderung der Olympischen Spiele in Hamburg 2020 beispielsweise hätte ihren Zweck 2020 erfüllt und würde regulär aufgelöst. Eher erscheint auch unwahrscheinlich, dass nach Anerkennung der Gemeinnützigkeit einer Stiftung diese in der tatsächlichen Geschäftsführung gemeingefährlich agiert. Doch muss der Gesetzgeber auch gegenüber solchen Entwicklungen Vorkehrungen treffen und ein Auflösungsverfahren bestimmen.

So kann die Behörde eine Veränderung des Zwecks anordnen, wobei der ursprüngliche Wille des Stifters und das Votum des Vorstands berücksichtigt werden. Vor der Aufhebung einer Stiftung wird die Aufsichtsbehörde auch prüfen, ob diese nicht mit einer anderen Stiftung zusammengelegt werden kann. Bei der gemeinnützigen Stiftung muss bereits die Satzung bestimmen, wie das Restvermögen der Stiftung im Falle der Auflösung gemeinnützig weiterverwendet wird. Die Bindung an die Gemeinnützigkeit ist hier zwingend. Entfällt bei einer als gemeinnützig anerkannten Stiftung die Gemeinnützigkeit aufgrund von privatnütziger oder gemeinwohlgefährdender Mittelverwendung oder auch aufgrund der selbst beabsichtigten Aufgabe der Gemeinnützigkeit, so ergeben sich erhebliche steuerliche Konsequenzen. Es ist in diesem Fall davon auszugehen, dass vom zuständigen Finanzamt eine volle Rückversteuerung über den Zeitraum der letzten zehn Jahre vor Beendigung der Gemeinnützigkeit angeordnet wird. Das betrifft auch die Erbschaft- und Schenkungsteuerbefreiung für Zuwendungen innerhalb dieses zehnjährigen Zeitraums.

Stiftungen sind für die Ewigkeit gegründet. Das Gebot des Kapitalerhalts soll sicherstellen, dass ihre Förderfähigkeit nicht abbricht. Sollte dennoch das Kapital immer weniger Erträge erbringen, lässt sich bereits weit vor Eröffnung eines Insolvenzverfahrens an eine Zusammenlegung mit anderen Stiftungen denken. Ein Entzug der Gemeinnützigkeit und die daraus resultierende Auflösung einer Stiftung sollten aber die große Ausnahme bleiben. Bisher haben es die Stiftungsverantwortlichen in unserem Land geschafft, dass derartige Auflösungen kaum vorkamen.

# 4 Die Stiftung als Instrument der Unternehmensnachfolge

Wenn ein Unternehmer nach Jahren erfolgreicher Tätigkeit vor der Frage steht, wie er die Unternehmensnachfolge regeln möchte, kommt nicht selten die Rechtsform Stiftung ins Spiel. Kurt A. Körber hat diesen Weg gewählt, Alfried Krupp von Bohlen und Halbach hat das Unternehmen Krupp in eine Stiftung eingebracht, und auch für kleinere Unternehmen und Mittelständler ist die Stiftung immer häufiger ein alternatives Instrument, die Firma in eine möglichst erfolgreiche Zukunft zu führen.

Das Hauptargument für die Wahl der Stiftung sind die Unternehmenskontinuität, also vor allem der Erhalt des Unternehmens, wenn der Erbfall ansteht, und die Weiterführung des Unternehmens nach ganz bestimmten, vom Inhaber/Gründer festgelegten Grundsätzen, die in der Stiftungssatzung bindende Wirkung entfalten. In der Regel soll dieses Vorgehen den Einfluss der Unternehmerfamilie auf die weitere Entwicklung des Unternehmens sichern, eine durch Erbansprüche drohende Aufteilung des Unternehmens vermeiden und einen Verkauf des Unternehmens verhindern. So verlockend es zunächst erscheinen mag, mithilfe einer Stiftung und deren rigider Satzung den Willen des Unternehmers auf Ewigkeit fortzuschreiben, so liegt hierin aber auch die Gefahr einer Inflexibilität, die mit der wirtschaftlichen Entwicklung insgesamt einmal kollidieren kann. Auch muss dem Unternehmer klar sein, dass mit dem Übergang auf eine Stiftung das Unternehmen für alle Zeit nicht mehr ihm oder einem persönlichen Erben, sondern der Stiftung gehört.

Ein solcher Schritt muss also sehr gut überlegt und langfristig geplant werden. Hierzu gehört von Anfang an eine eingehende Beratung durch Steuerberater und Fachanwälte. In diesem Kapitel möchte ich daher nur die Möglichkeiten aufzeigen, die Stiftungen hier bieten. Ich empfehle dringend, sich frühzeitig mit diesen Gestaltungsformen zu beschäftigen. Sie sollten nicht erst im Todesfall realisiert werden, da gerade die gemeinnützige Stiftung zu Lebzeiten so viel Befriedigung und Vergnügen bereiten kann. Zugleich zeigt ein Überblick über die denkbaren Gestaltungsformen die Vielfalt des Stiftungswesens und die breite Verwendung dieser alten Rechtsform Stiftung. Denn wenn es darum geht, die Unternehmensnachfolge mithilfe einer Stiftung zu regeln, kommt gerade auch die Familienstiftung ins Gespräch, also eine *nicht gemeinnützige* Stiftungsform, die wir bei allen vorangegangenen Kapiteln unberücksichtigt ließen, da wir uns bisher ausschließlich mit der Regelform der gemeinnützigen Stiftung des bürgerlichen Rechts beschäftigt haben. Doch hier sei noch einmal daran erinnert: Grundsätzlich ist die Rechtsform Stiftung mit der Hingabe von Vermögen, das unwiderruflich zweckgebunden ist, keinesfalls an die Gemeinnützigkeit gebunden. Sie kann auch zu rein privatnützigen Zwecken genutzt werden, muss dann natürlich auf die Steuervorteile, die eine als gemeinnützig anerkannte Stiftung genießt, verzichten.

## 4.1 Die Unternehmensträger-/ Beteiligungsträgerstiftung

Mit dem Begriff Unternehmensträgerstiftung wird in der Fachliteratur die Stiftung bezeichnet, die selbst ein eigenes Unternehmen trägt. Das kann ein sogenannter Zweckbetrieb sein, beispielsweise ein Krankenhaus, ein Waisenhaus oder ein Museum. Dann ist diese Unternehmensträgerstiftung durchaus gemeinnützig, denn sie dient allein einem als gemeinnützig anerkannten Zweck und dieser wird mit dem Betrieb, den die Stiftung unterhält, erfüllt (siehe Kapitel 3.3).

Ist dieser Betrieb jedoch ein kommerzielles Unternehmen, so gehört die Unternehmensträgerstiftung zu den privatnützigen Einrichtungen. Die Stiftung verwendet den Gewinn aus dem Unternehmen nach den in der Satzung festgelegten Bestimmungen. Steuervorteile gibt es keine. Vonseiten der Haftung gibt es gravierende Nachteile, da die Stiftung, die unmittelbar ein Unternehmen führt, mit dem gesamten Stiftungskapital

# Henri und Eske Nannen Stiftung

Foto: Kunsthalle Emden

Die Henri und Eske Nannen Stiftung unterhält die Kunsthalle Emden. Seit ihrer Gründung durch den legendären Stern-Chefredakeur Henri Nannen, der wie seine Frau Eske aus Emden (Ostfriesland) stammt, hat sich das Museum einen überragenden Ruf erworben. Dies liegt einmal an der eigenen, von Henri Nannen zusammengetragenen Sammlung mit bedeutenden Werken des Expressionismus, ergänzt im Jahr 2000 durch die Kunstsammlung des Münchner Galeristen Otto van de Loo. Das liegt darüber hinaus an den umfangreichen Sonderausstellungen und an der erstklassigen pädagogischen Arbeit des Hauses. Die Henri und Eske Nannen Stiftung hat mit der Malschule an der Kunsthalle Emden eine vorbildliche Einrichtung geschaffen, die schon kleine Kinder auch über das Malen hinaus zu Theaterspiel, Musizieren und Tanz zusammenführt.

Weitere Informationen: www.kunsthalle-emden.de

## Alfried Krupp von Bohlen und Halbach-Stiftung

Foto: Alfried Krupp von Bohlen und Halbach-Stiftung

Die Alfried Krupp von Bohlen und Halbach-Stiftung in Essen wurde 1967 gegründet. Sie ist seitdem im Ruhrgebiet der bedeutendste private Förderer von Wissenschaft, Bildung, Medizin (Alfried Krupp Krankenhaus), Kunst und Kultur (Villa Hügel). Die Stiftung hat darüber hinaus einen wichtigen Förderschwerpunkt im strukturschwachen Vorpommern. In Greifswald hat sie das Alfried Krupp Wissenschaftskolleg errichtet, das der traditionsreichen Universität Greifswald dient und Wissenschaftler und jüngere Stipendiaten aus dem In- und Ausland zu gemeinsamen Forschungsarbeiten anzieht. Mit seinem reichen wissenschaftlichen Veranstaltungsprogramm ist das im historischen Zentrum der Stadt gelegene Alfried Krupp Wissenschaftskolleg nunmehr ein Zentrum des öffentlichen geistigen Lebens mit weiter Ausstrahlungskraft. Es leistet den so wichtigen Transfer von Wissenschaft und Öffentlichkeit.

Weitere Informationen: www.krupp-stiftung.de

haftet. Diese Gestaltungsmöglichkeit hat insgesamt nur wenige Vorteile und wird daher kaum gewählt.

Häufiger jedoch findet sich die Konstruktion, bei der eine Stiftung an einem selbstständig agierenden Unternehmen beteiligt ist beziehungsweise Anteile an diesem Unternehmen hält. Diese Gestaltungsform trägt den Fachnamen *Beteiligungsträgerstiftung*. Da hier die Trägerstiftung durchaus gemeinnützig sein kann, also steuerliche Vorteile genutzt werden können, ist die Beteiligungsträgerstiftung im Zuge der Unternehmensnachfolge der weitaus häufiger anzutreffende Typ. Ein Schaubild verdeutlicht die Unterschiede:

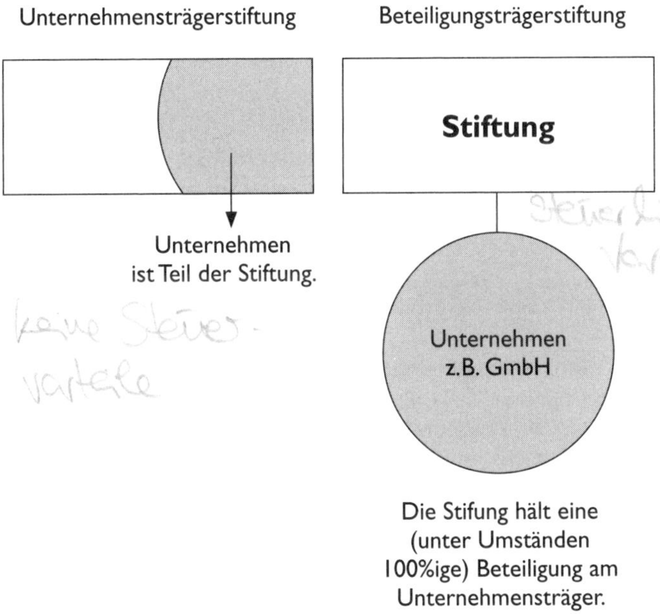


Gehen wir einmal davon aus, das Unternehmen existiert in der Rechtsform der GmbH. Die GmbH hat ihren eigenen Geschäftsführer. Das Halten der Anteile an der GmbH gilt aufseiten der Stiftung als steuerfreie Vermögensverwaltung, führt also bei der Trägerstiftung nicht zu einem wirtschaftlichen Geschäftsbetrieb (siehe Kapitel 3.3). So wie eine andere Stiftung ihre Zwecke aus den Erträgen eines eingebrachten Kapitals erfüllt, finanziert die Beteiligungsträgerstiftung die Verfolgung ihrer Zwecke aus dem Gewinn des Unternehmens. Selbstverständlich ist eine solche Trägerstiftung gemeinnützig, wenn in ihrer Satzung entsprechende Zwecke verankert sind. Das bedeutet, dass das Einbringen der Unternehmensanteile in die gemeinnützige Beteiligungsträgerstiftung keine Schenkung- oder Erbschaftsteuer auslöst. Dies allein ist für die Sicherung der Unternehmenskontinuität oft der wichtigste Aspekt und begründet die Attraktivität dieses Modells. Dabei ist zu beachten, dass tatsächlich kein unternehmerischer Einfluss von der Stiftung auf die Tagesgeschäfte der GmbH ausgeübt wird. Es sollten daher in aller Regel auch personell Geschäftsführung der GmbH und Stiftungsvorstand nicht identisch sein. Die Trägerstiftung nimmt die Rolle des Eigentümers ein. Mit ihrem Vorstand müssen selbstverständlich die große Linie des Unternehmens, die wichtigen Entscheidungen und die Investitionen besprochen werden, das Tagesgeschäft jedoch liegt ganz in der Hand der GmbH. Nur so kann die Trägerstiftung als gemeinnützige Stiftung anerkannt und tätig werden.

Die Satzung muss bei der Formulierung des Satzungszweckes die gemeinnützigen Ziele benennen. Gern heißt es in diesem Fall: Zweck der Stiftung ist, mit den Erträgen aus dem Unternehmen Wissenschaft und Forschung, Bildung und Erziehung (oder andere gemeinnützige Zwecke) zu fördern.

Die Satzung wird darüber hinaus selbstverständlich eine Reihe von Punkten aufführen, die unmittelbar die Unternehmenskontinuität für die Zukunft regeln. Bei der Konzeption dieser Passagen muss darauf geachtet werden, dass sie die Stiftung nicht eines Tages unbeweglich machen, wenn wirtschaftliche Notwendigkeiten gerade hohe Flexibilität erfordern. In der Literatur wird immer wieder auf die Problematik hingewiesen, wenn allzu strikte Satzungsvorgaben beispielsweise die Aufnahme neuer Gesellschafter verbieten oder die Änderung der Rechtsform des Unternehmens untersagen. Wie immer im Stiftungswesen müssen die Vorteile einer gewissen satzungsmäßigen Starrheit, die den Willen des Unternehmers/Stifters fortschreibt, gegen die Nachteile gewogen werden, die der Hamburger Notar Professor Rawert einmal so treffend als „Herrschaft der toten Hand“ bezeichnet hat. Ich empfehle hier, dass der Stifter dem zukünftigen Stiftungsvorstand durchaus Handlungsalternativen innerhalb der Stiftungskonstitution offenhält. Ist dieser Gestaltungsspielraum in der Satzung verankert, so kann auch später von der Stiftungsaufsicht nicht gegen etwaige Änderungen eingeschritten werden.

Auch die gemeinnützige Beteiligungsträgerstiftung darf – wie alle als gemeinnützig anerkannten Stiftungen – bis zu einem Drittel der nach Abzug der Kosten für die Vermögensverwaltung anfallenden Erträge nach §58 Nr.7a AO für die Stärkung des Stiftungskapitals thesaurieren. Die Mittel, die auf diese Weise im Lauf der Jahre zusammenkommen, sind für die Beteiligungsträgerstiftung insofern interessant, als mit diesen Mitteln durchaus weitere Anteile an dem getragenen Unternehmen erworben werden können.

Für das hier vorgestellte Modell ist auch §58 Nr.5 AO wichtig. Er bestimmt, dass es für die Gemeinnützigkeit unschädlich ist, wenn bis zu einem Drittel der Erträge abzüglich der Vermögensverwaltungskosten zur Unterstützung der Stifterfamilie verwendet werden (siehe auch Kapitel 3.3). Ist dies beabsichtigt, so sollte in der Stiftungssatzung noch einmal ausdrücklich darauf hingewiesen werden. Aber Vorsicht: §58 Nr.5 AO ist *kein* Freibrief für hohe Dotationen an den Stifter und seine unmittelbaren Verwandten (Ehegatte, Kinder, Enkelkinder, Eltern). Sind die Familienmitglieder gar nicht auf derartige Zuwendungen angewiesen, weil sie noch über weitere Einkünfte verfügen, entfällt diese Möglichkeit. Bedürfen sie aber der Zuwendungen nach §58 Nr.5 AO, so sind diese darauf beschränkt, das Auskommen der einzelnen Familienmitglieder zu sichern, und das schließt eine großzügigere Versorgung aus. Hat der Unternehmer, der als Stifter sein Unternehmen in eine Beteiligungsträgerstiftung einbringen will, jedoch dieses im Sinn, greift er besser zu einem anderen Modell, der „Doppelstiftung“, die eine gemeinnützige Beteiligungsträgerstiftung mit einer privatnützigen Familienstiftung kombiniert. Dazu sei zunächst die Familienstiftung genauer erklärt.

## 4.2 Die Familienstiftung

Wie mehrfach erwähnt, handelt es sich hierbei um eine Stiftungsform, die nur einem kleinen, abgegrenzten Personenkreis, in der Regel einer Familie, zugutekommt. Sie entspricht daher gemäß § 52 Abs. 1 AO nicht den Bedingungen der Gemeinnützigkeit. Daraus resultiert, dass das in eine Familienstiftung eingebrachte Vermögen und alle weiteren Zuwendungen sehr wohl der Schenkung- beziehungsweise Erbschaftsteuer unterliegen. Zudem ist die privatnützige Familienstiftung körperschaft- und gewerbesteuerpflichtig. Sie versteuert also die laufenden Gewinne der Stiftung, die zur Erfüllung des Satzungszweckes, also zum Unterhalt der Familienmitglieder ausgeschüttet werden. Die Ausschüttungen müssen von den Destinatären dann lediglich nach dem Halbeinkünfteverfahren (EStG § 3 Nr. 40) versteuert werden.

Zusätzlich entsteht bei der Familienstiftung mit der Erbersatzsteuer eine weitere Steuerpflicht. Alle 30 Jahre nach Gründung der Familienstiftung wird ein Erbgang simuliert, der das gesamte Vermögen der Familienstiftung umfasst. Somit soll sichergestellt werden, dass ein Vermögen, das in eine Familienstiftung eingebracht wurde und dort auch bereits versteuert wurde, nicht dauerhaft der Erbschaftsteuer entzogen wird. Stichtag für die Fälligkeit der Erbersatzsteuer ist stets 30 Jahre nach Errichtung der Stiftung. Es lohnt sich, vor diesem Stichtag zu überlegen, ob man nicht durch Vermögensumschichtung oder durch Gründen einer gemeinnützigen Stiftung das der Erbersatzsteuer unterliegende Vermögen der Familienstiftung steuergünstiger gestaltet. Wird die Familienstiftung insgesamt vor dem Stichtag in eine gemeinnützige Stiftung überführt, so entfällt die Erbersatzsteuer ganz. Allerdings können dann die Familienangehörigen auch nur noch gemäß § 58 Nr. 5 AO unterstützt werden (siehe Kapitel 3.3).

Oft findet sich die Familienstiftung bei einer Stiftung & Co. KG. Sie handelt dann als alleiniger persönlich haftender Gesellschafter des Unternehmens. Einzelne Familienmitglieder bilden die Gruppe der Kommanditisten.

Trotz all der steuerlichen Belastung bleibt die Familienstiftung eine interessante Rechtsform, um langfristig das Familienvermögen vor Erbteilungen zu bewahren, die Beteiligung der Familie an einem Unternehmen zu sichern, die Rechte im Sinne des Stifters auszuüben und die Familienmitglieder und deren Nachkommen zu versorgen. Im Rahmen der Unternehmensnachfolge verdient jedoch die Kombination von privatnütziger Familienstiftung und gemeinnütziger Beteiligungsträgerstiftung, die sogenannte „Doppelstiftung", besondere Beachtung, da sie steuerliche Vergünstigungen bietet und familiäre Versorgungspflichten und Einflussmöglichkeiten berücksichtigt.

## 4.3 Das Modell der Doppelstiftung

Nach den oben dargelegten Ausführungen zur Beteiligungsträgerstiftung und der Familienstiftung ist die Doppelstiftung schnell erklärt: Ein Unternehmer entscheidet im Rahmen der Unternehmensnachfolge, wie viele Gesellschaftsanteile ausreichen, um der Familie langfristig einen ansprechenden Unterhalt zu sichern. Diese Anteile überträgt er auf eine Familienstiftung, die satzungsgemäß zugleich mehrheitlich oder allein die Stimmrechte hält und damit die Verantwortung für das Unternehmen trägt. Den überwiegenden Anteil an den Gesellschaftsrechten überträgt der nunmehr als Stifter tätige Unternehmer einer gleichzeitig von ihm errichteten gemeinnützigen Beteiligungsträgerstiftung. Diese hat in der Regel kein Stimmrecht, da ja die Stimmrechte in der privatnützigen Familienstiftung gebündelt sind. Sie ist als gemeinnützige Beteiligungsträgerstiftung steuerbegünstigt, kann also die Gesellschaftsanteile aufnehmen, ohne Schenkung- oder Erbschaftsteuer zu zahlen. Sie führt die Gewinne aus ihrer Beteiligung an dem Unternehmen den in der Satzung festgelegten gemeinnützigen Zwecken zu.

Der Vorstand der Familienstiftung kann identisch sein mit dem Vorstand der gemeinnützigen Stiftung. Ist dies beabsichtigt, so sollten Sie vorsichtshalber rechtzeitig mit der Stiftungsaufsicht sprechen. Oft empfiehlt es sich aber, in der gemeinnützigen Stiftung gerade auch diejenigen Familienmitglieder an der Vorstandsarbeit zu beteiligen, die man von der Familienstiftung, die das unternehmerische Risiko trägt, fernhalten möchte.

Das Schaubild verdeutlicht diese Konstruktion:

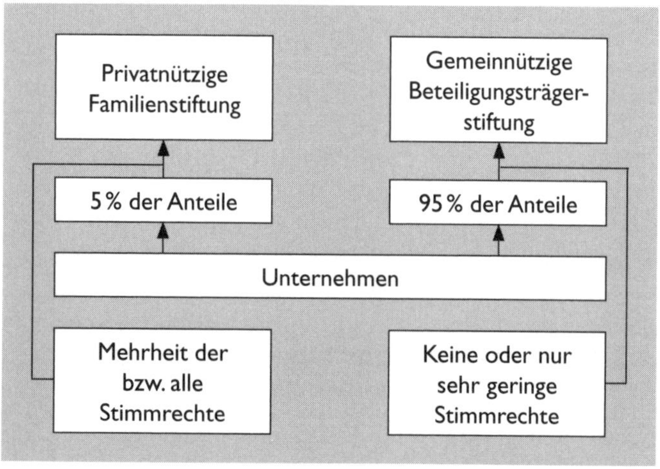


Das Wirken der gemeinnützigen Stiftung führt sehr oft zu einem nicht zu unterschätzenden Imagegewinn für das Unternehmen.

Aber auch hier sei abschließend noch einmal darauf hingewiesen, dass die jeweiligen Satzungen sehr gründlich überlegt und vor allem mit der Finanzbehörde abgestimmt sein müssen. So wichtig es für einen Unternehmer ist, die von ihm geschaffene Firma oder Gesellschaft möglichst gesichert in die Zukunft zu führen, so muss er sich dennoch davor hüten, über eine allzu enge Stiftungssatzung den später für die Stiftung Tätigen zu viele Einschränkungen aufzuerlegen, wenn die wirtschaftlichen Verhältnisse beispielsweise einen Verkauf von Unternehmensanteilen oder eine Änderung der Gesellschaftsform ratsam erscheinen lassen. Intensive Beratung im Vorfeld ist hier angesagt!

Stiftungen werden stets über ihre Satzung gestaltet. Die Satzung legt den Willen des Stifters eindeutig fest und bindet den Stiftungsvorstand. Die Satzung kann von vornherein Gestaltungsspielraum zulassen, damit die Stiftung für zukünftige Entwicklungen offenbleibt und nicht nur reagieren, sondern auch agieren kann.

# 5 Die Stiftung als gesellschaftlicher Akteur

## 5.1 Wie kommt man zu den besten Projekten?

Wenn die Stiftungsaufsicht Ihre Stiftung anerkannt hat, geht oft eine Meldung an den Bürgermeister Ihrer Stadt. Er wird Sie beglückwünschen, denn jede Stadt freut sich heute über eine neue Stiftung in ihren Mauern. Und wenn Sie nicht widersprechen, wird auch die Presse über Ihre Stiftung berichten. Schon kommen die ersten Anträge auf Förderung. Wie finden Sie nun diejenigen, die tatsächlich eine Förderung verdienen?

**Die fördernde Stiftung**

Gehen wir einmal davon aus, Ihre Stiftung arbeitet nicht operativ, sondern fördernd oder überwiegend fördernd (siehe dazu Kapitel 3.2). Dann sollten Sie einige „Filter" einbauen, die Ihnen das Finden der wirklich besten Projekte erleichtert. Der erste Filter ist die mittelfristige *Fokussierung* auf einige Schwerpunkte innerhalb der Satzungszwecke Ihrer Stiftung. Verfolgt die Stiftung beispielsweise das Ziel, das Erziehungs- und Bildungswesen zu fördern, so könnten Sie festlegen, dass in den ersten drei Jahren vor allem Vorhaben unterstützt werden, die sich der Integration ausländischer Kinder und Jugendlicher in den Schulen Ihrer Stadt und der Region widmen. Sie hätten somit einen inhaltlichen Fokus, die *Integration,* und einen lokalen Schwerpunkt, die *Stadt,* in der die Stiftung ihren Sitz hat, einschließlich der *Region.*

Schreiben Sie eine Pressemeldung, mit der diese Fokussierung bekannt gegeben wird, und machen Sie diesen Schwerpunkt der Stiftungsarbeit auf der Homepage deutlich. Die allermeisten Antragsteller informieren sich zunächst anhand der Homepage im Internet, ob die Stiftung für ihr Anliegen überhaupt infrage kommt. Sie können ohne Weiteres auf der Homepage auch Ausschlusskriterien nennen. So sagen einige Stiftungen deutlich, dass sie nur institutionell fördern und private Antragsteller für eigene Anliegen leider nicht berücksichtigt werden können. Damit ersparen Sie sich zahlreiche Anfragen von Müttern und Vätern, die für ihre Kinder um Unterstützung bitten. Auch beim Stichwort „Integration ausländischer Kinder" sind private Antragsteller oft sehr einfallsreich und bitten beispielsweise um Finanzierung eines mehrjährigen Internatsaufenthalts für den zwölfjährigen Sprössling in einem englischen Spitzeninternat. Denn dort sei der Junge ja dann dem Problem der Integration eines ausländischen Kindes ausgesetzt und könne modellhaft einen positiven Beitrag zur Überwindung eines solchen Problems leisten. Grenzen Sie die Antragsteller jedoch auf Institutionen ein, so bewerben sich Kindergärten, Schulen, Berufsschulen, Internate, Ausbildungszentren, Erziehungseinrichtungen, eventuell die Jugendjustizvollzugsanstalt um Förderung von Vorhaben, die diese Einrichtungen zur Verbesserung der schulischen Integration ausländischer Jugendlicher entwickelt haben. Ihre Stiftung hat die Gewähr, dass mit den Leitern dieser Einrichtungen Fachleute um eine Förderung nachfragen, die konkrete und in der Regel ganz pragmatische Vorstellungen von dem haben, was ihr Projekt tatsächlich erreichen kann. Treffen Sie eine Vorauswahl, sprechen Sie mit den Antragstellern der interessantesten Vorhaben, laden Sie die zwei oder drei Fachleute als Gutachter ein, die Ihnen beispielsweise vom Schulrat, vom Leiter der Arbeitsagentur, von Einrichtungen der Sozialarbeit und ähnlichen Stellen genannt werden und die Ihnen bei der endgültigen Auswahl zur Seite stehen.

Erkennen Sie in dem Feld der Integrationsförderung jedoch ein Gebiet, dem sich Ihre Stiftung für längere Zeit intensiver widmen sollte, so sollten Sie überlegen, einen Referenten einzustellen, der für diese Fragen eigene Expertise mitbringt. Das kann eine Halbtagsstelle sein, das kann auch ein jung gebliebener soeben pensionierter Lehrer sein, der stundenweise die Stiftung für diesen Schwerpunkt berät.

Falls es Ihre Zeit erlaubt, sollten Sie Veranstaltungen besuchen, die sich mit Integrationsthemen beschäftigen. So bietet der Bundesverband Deutscher Stiftungen jährlich Arbeitskreise zu Themen der bildungsfördernden Stiftungen an, bei denen man sich hervorragend austauschen kann und viele Anregungen erhält.

Nehmen Sie erst einmal zwei oder drei Projekte in die Förderung auf und verfolgen Sie diese mit echter Anteilnahme. Besuchen Sie die Projektleiter und die beteiligten Jugendlichen. Ihre eigenen Erfahrungen mit den ersten Integrationsprojekten Ihrer Stiftung werden Ihnen helfen, aus der nächsten Bewerberrunde wiederum die besten Anträge herauszufiltern. Sie als Stifter oder als zuständiger Mitarbeiter werden über die eigene Erfahrung mit den Projekten und die Diskussion bei der Auswahl in kürzester Zeit selbst gute eigene *Kenntnisse* über Integrationsmodelle entwickeln und bald ein gefragter Fachmann für Integrationsförderung werden. Die Auswahl der richtigen Vorhaben aus den eingegangenen Anträgen ist wichtig, sie ist zeitintensiv und sollte vorab gut überlegt und geplant werden. Wenn das Projekt dann mehrere Jahre läuft, gibt es auch über die ersten Evaluationen eine hilfreiche Rückkoppelung für die Auswahl der nächsten Vorhaben. Möglicherweise überlegen Sie, nach einigen Jahren den Schwerpunkt Integration über Ihre Stadt und die Region hinaus auszudehnen und landes- oder gar bundesweit zu fördern. Jedes Förderjahr gibt Ihrer Stiftung größere Sicherheit beim Finden der besten Bewilligungsempfänger, die mit den Fördermitteln der Stiftung tatsächlich nachhaltige Ergebnisse erzielen.

Ist Ihre Stiftung weder zeitlich noch finanziell in der Lage oder bereit, den oben beschriebenen, ein wenig aufwändigen Weg zu gehen, so empfehle ich auf jeden Fall, dass sie eine Bewilligung für ein Projekt immer erst dann ausspricht, wenn sie mehrere ähnliche Vorhaben vergleichen kann. Ein Vergleich führt immer dazu, Maßstäbe zu bilden, zu erkennen, was besser und was weniger gut ist. Eine schnelle Zusage ist angenehm für den Antragsteller, aber so mancher Stifter hat schon bereut, wenn er nach einem großartigen Abendessen schnell Ja gesagt hat und erst später erkennt, dass die Qualität dieses Vorhabens wohl weit hinter dem anderer Antragsteller zurückbleibt, die jetzt leer ausgehen müssen. Zeigen Sie, dass Ihre Stiftung Qualitätskriterien hat! Stiften Sie Werte, auch wenn man dann einmal guten Freunden eine Absage zumuten muss.

**Die operative Stiftung**

Die operative Stiftung entwickelt ihre Vorhaben selbst. Hier sind es die eigenen Mitarbeiter, die im Wettstreit mit den Kollegen den Vorstand überzeugen müssen, dass gerade das von ihnen entwickelte Vorhaben das beste ist, um die vom Vorstand vorgegebenen Ziele zu erreichen. Projektplanung beginnt hier am günstigsten in einer Klausurtagung, in der der Stiftungsvorstand die Ziele der nächsten Zeit vorgibt und einzelne Projektteams dazu Vorhaben entwickeln. Die Stiftung sollte bereit sein, jedem Projektteam schon für die Planung einen kleinen Etat eigenverantwortlich zu überlassen. Die Teams müssen die Möglichkeit haben, auf ihr Thema bezogene Konferenzen zu besuchen, Fachbücher zu lesen, sich mit Experten zu treffen und mit anderen Stiftungen und Facheinrichtungen auszutauschen. Zweiwöchentliche oder monatliche Rückkoppelungen über den Fortgang der Projektentwicklung mit dem Vorstand und auch im Kollegenkreis sind unerlässlich, um Leerläufe zu vermeiden. Werden die Projekte auf diese Weise vorbereitet und in der letzten Planungsphase mit einem sauberen Finanz-, Personal- und Zeitplan hinterlegt, wird es dem Vorstand nicht schwerfallen, unter den Vorhaben diejenigen herauszufinden, die die Bewilligung verdienen.

## 5.2 Wie erreicht die Stiftung eine nachhaltige Wirkung?

Nachhaltigkeit hat im Stiftungsbereich zumindest zwei Aspekte: Zum einen sollen einzelne Fördervorhaben möglichst wirkungsvolle Ergebnisse zeigen, also keine hübschen Eintagsfliegen bleiben, die gleich wieder vergessen sind. Diese Nachhaltigkeit kann bei aller Anstrengung immer nur von einigen Förderprojekten erreicht werden, sie ist kaum für jedes Vorhaben des gesamten Stiftungsprogramms durchsetzbar. Das ist auch gar nicht nötig, denn es gibt immer wieder Projekte, die in sich sinnvoll sind, ohne dass gleich eine lang anhaltende Wirkung beabsichtigt ist. Der zweite Aspekt der Nachhaltigkeit berührt den Stiftungssektor insgesamt. Einzelne Fördervorhaben müssen immer wieder so wirken, dass sie Noch-nicht-Stifter dazu anregen, über die Gründung einer Stiftung oder die Vergabe einer Zustiftung nachzudenken. Vorbilder sind immer wieder das beste Mittel, um andere von der Bedeutung der gemeinnützigen Tätigkeit zu überzeugen. Wenn vernünftige wirkungsmächtige Stiftungsprojekte heute dazu führen, dass morgen mehr Stifter unterwegs sind, dann haben die Stiftungen tatsächlich nachhaltig gearbeitet.

Für den ersten Aspekt ist zunächst die Auswahl der richtigen Projekte entscheidend (siehe dazu auch Kapitel 5.1). Die Qualitätskriterien, die eine Stiftung an ihre Vorhaben anlegt, müssen hoch sein, Projekte sollten im Wettbewerbsverfahren gefunden und erst nach sorgfältiger Begutachtung gebilligt werden. Fragen Sie bei der Entscheidungsfindung sich selbst und die begutachtenden Fachleute immer wieder, ob dieses Vorhaben über das Abschlussdatum hinaus Wirkung haben wird, ob mit dem Vorhaben etwas Neues im Bereich der Wissenschaft, des Sozialwesens, der Bildung, in Kunst und Kultur, im Umweltschutz bewegt wird, ob das Vorhaben zu Verbesserungen führen wird, ob es Chancen und Entfaltungsmöglichkeiten für die Destinatäre bietet, die ihnen ansonsten verschlossen blieben. Machen Sie sich schon im Planungsstadium Gedanken zu Ihren Kriterien von Nachhaltigkeit. Seien und bleiben sie kritisch der eigenen Arbeit gegenüber! Optimieren Sie im Verlauf eines Projektes dessen Bedingungen, wenn Sie feststellen, dass die beabsichtigte Nachhaltigkeit Schaden nimmt. Denken Sie auch daran, wie ein Projekt nach seinem eigentlichen Abschluss weiterleben kann. Hier haben insbesondere die Stiftungen, die große Stipendienprogramme ins Leben gerufen haben (Studienstiftung des deutschen Volkes, Alexander von Humboldt-Stiftung, Robert Bosch Stiftung, VolkswagenStiftung, ZEIT-Stiftung etc.) ein ausgefeiltes *Alumni-Wesen* (Ehemaligenarbeit) entwickelt. Ehemalige Stipendiaten, die als Studenten, Doktoranden, Postdocs, Auszubildende von der Stiftung gefördert wurden, werden als Alumni regelmäßig informiert, eingeladen und bleiben Teil der „Stiftungsfamilie“. Auf diese Weise kann die Stiftung die Lebenswege ihrer Stipendiaten weiterverfolgen. Das Netzwerk, das unter den Alumni aufgebaut wird, kann oft für den Einzelnen eine erhebliche Bedeutung erlangen und ihn beruflich oder wissenschaftlich weit voranbringen. Niemand wird bestreiten, dass dieses Netzwerk eine besonders wirkungsvolle Form von nachhaltiger Förderung bilden kann, die zudem mit vergleichsweise kleinem Mitteleinsatz vonseiten der Stiftung erreicht wird.

Fragen Sie erst nach öffentlichkeitswirksamer Vermarktung eines Projekts, wenn dieses die Qualitätsmaßstäbe der Stiftung auch tatsächlich erfüllt. Gute Öffentlichkeitsarbeit kann dann in der Tat die Nachhaltigkeit der Projektarbeit unterstützen. Wenn die ZEIT-Stiftung seit 1999 die Gerd Bucerius-Förderpreise für die Freie Presse Osteuropas vergibt, so gehört die Öffentlichkeitsarbeit zur nachhaltigen Wirkung dieses Förderprogramms unabtrennbar dazu. Denn der Förderpreis soll ja nicht nur den ausgezeichneten osteuropäischen Pressehäusern und Redakteuren durch finanzielle Zuwendungen helfen, sondern er soll auch vom großen Mut dieser Journalisten und Verlage künden, auf die Bedeutung einer freien Presse für die Entwicklung eines demokratischen Staatswesens hinweisen und die oftmals gefährdeten Journalisten in Ländern wie Weißrussland, Russland und anderen schützen. Diese nachhaltige Wirkung wird nur erreicht, wenn die Öffentlichkeitsarbeit der Stiftung es vermag, die Botschaft des Preises bis an den Ural und in den Kaukasus zu tragen. Die Öffentlichkeitswirkung ist hier oft sogar von nachhaltigerem Wert als das Preisgeld von 20 000 bis 40 000 Euro für den ausgezeichneten Zeitungsverlag, das schnell investiert ist.

Doch die Nachhaltigkeit objektiv zu messen ist kaum möglich. Sogar dann, wenn auf einmal kein Journalist in Russland oder Weißrussland mehr Repressionen befürchten müsste, sobald er die Freiheit des Wortes ausreizt, wäre es wohl vermessen, anzunehmen, dass gerade der Bucerius-Förderpreis zu diesem wünschenswerten Ergebnis geführt hat. Aber dass er zu mehr journalistischer Freiheit beigetragen hat, darf man wohl vermuten.

Am Beispiel des Gerd Bucerius-Förderpreises für die Freie Presse Osteuropas lässt sich auch der zweite Aspekt von Nachhaltigkeit im Stiftungswesen aufzeigen. Der Förderpreis hat zwar meiner Kenntnis nach (noch) nicht unmittelbar zur Gründung neuer Stiftungen geführt, er hat aber eine norwegische Stiftung, die Institusjonen Fritt Ord dazu verführt, sich mit der ZEIT-Stiftung für diesen Preis zusammenzuschließen. Dadurch können seit 2003 jährlich sehr viel mehr Journalisten, Zeitungs-

und Online-Verlage in Osteuropa für ihr mutiges Eintreten für die Meinungsfreiheit ausgezeichnet werden.

## 5.3 Wie gewinne ich ein tatkräftiges Mitarbeiterteam?

Stiftungsreferent oder -assistent ist kein Ausbildungsberuf. Niemand kann in Stiftungswesen einen Hochschulabschluss erwerben, obgleich einige (Aufbau-)Studiengänge in Kulturwissenschaft oder Kulturmanagement immer stärker das Management von gemeinnützigen Stiftungen im Curriculum berücksichtigen. Wenn auch keine etablierten Ausbildungsgänge bestehen, so werden Sie bei der Ausschreibung einer Stelle für eine wissenschaftliche Kraft für Ihre Stiftung erleben, dass sich Hunderte gut qualifizierter Damen und Herren bewerben. Worauf sollten Sie bei der Auswahl achten?

**Der Geschäftsführer**

Wenn Sie als Stifter zuvor an verantwortlicher leitender Stelle tätig waren oder sogar ein Unternehmen geführt haben, möchten Sie als Vorstand möglicherweise selbst geschäftsführend die Stiftung leiten. Die vorangegangenen Kapitel bieten ein Rüstzeug, um Ihre bereits bestehenden unternehmerischen Erfahrungen um die stiftungsspezifischen Besonderheiten zu ergänzen. Die Vermögensverwaltung lässt sich gut in Kooperation mit Kapitalanlagegesellschaften gestalten, die eine regelmäßige Berichtspflicht haben und mit denen man einen Zuflussplan der Vermögenserträge vereinbaren kann, sodass die Stiftung immer ausreichend Liquidität vorhält, um die bewilligten Fördermittel auszuschütten. Je größer die Stiftung wird, desto schneller wächst auch die Buchhaltung, die nicht nur aufgrund der Vorgaben der Rechnungslegung stets äußerst penibel und präzise arbeiten muss.

Wächst dann auch die Zahl der Förderungen, hat die Stiftung bereits ein mehrjähriges Förderprogramm vor Augen, so ergibt sich schnell die Notwendigkeit, eine eigene Geschäftsführung einzurichten, die unmittelbar dem Vorstand berichtet und ihn erheblich entlasten kann. Die Verantwortung für die

Vermögensanlage wie für den erfolgreichen Abschluss aller Fördermaßnahmen bleibt ohnehin beim Vorstand. Es ist heute nicht schwer, einen Geschäftsführer für eine Stiftung zu finden. In den größeren deutschen Stiftungen arbeiten eine Reihe herausragender Nachwuchsgeschäftsführer auf Projekt-, Bereichs- oder Abteilungsleiterfunktionen. Sprechen Sie mit denjenigen, die in einer renommierten Stiftung seit einigen Jahren ein eigenes Team führen, Personalverantwortung tragen, über ein eigenes Budget verfügen, in großer Selbstständigkeit inhaltlich die Förderarbeit mitbestimmen und deren Auftritte als Redner, Diskussionsleiter, Akademiekoordinator, Workshop-Leiter überzeugend sind und ein Echo finden. Nehmen Sie sich Zeit für die Auswahl der geeigneten Persönlichkeit. Der Vorstand der Stiftung und ihr Geschäftsführer müssen miteinander harmonieren. Denken Sie aber daran, dass der Geschäftsführer auch die Sprache der wichtigsten Destinatäre Ihrer Stiftung (Lehrer, Professoren, Studenten, Sozialarbeiter, Kindergärtner, Musiker, Naturschützer etc.) sprechen muss, damit diese ihn anerkennen. Ein allzu schneidiges Auftreten à la Unternehmensberater ist dabei oft weniger günstig. Unter den 40- bis 50-jährigen Kolleginnen und Kollegen in deutschen Stiftungen sind eine Reihe von erfahrenen Persönlichkeiten, die Ihren Ansprüchen sicherlich gerecht werden. Der finanzielle Anspruch dürfte bei dieser Personalgruppe bei 80 000 Euro Jahresgehalt liegen, bei kleineren und mittleren Stiftungen sind es mindestens 60 000 Euro.

### Wissenschaftliche Mitarbeiter

Wenn Ihre Stiftung noch klein ist, nur ein oder zwei wissenschaftliche Mitarbeiter beschäftigen kann, Sie selbst als Vorstand die Geschäfte führen und die Stiftung vergleichsweise breit angelegt ist und mehrere Stiftungszwecke verfolgt, so muss auch der wissenschaftliche Mitarbeiter (Referent), den Sie suchen, vielseitig interessiert sein. Ich habe hierbei sehr gute Erfahrungen mit Absolventen geisteswissenschaftlicher Fächer gemacht. Historiker und Literaturwissenschaftler finden sich in großer Zahl bei den Stiftungen in Deutschland, was sicherlich damit zusammenhängt, dass sie in ihrem Studium gelernt haben, eine Fülle von Fakten aufzunehmen, Gelesenes schnell zu analysieren, Quellen zu interpretieren, eigene Schlüsse aus

# Ingenium Stiftung

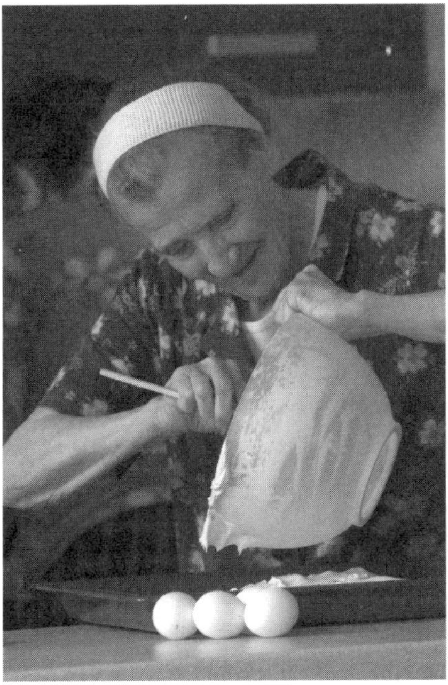

Foto: Winfried Teschauer

Die Ingenium Stiftung wurde im Jahr 2004 von der Unternehmerfamilie Greil aus Ingolstadt gegründet. Ziel der Stiftung ist es, möglichst viele Angebote für Menschen mit Demenzerkrankung und ihre Angehörigen an einem Ort vernetzt anzubieten. So entstand der Gedanke, das erste „Zentrum für Menschen mit Demenzerkrankung" in Bayern zu gründen.

Eine besonders intensive Vernetzung gibt es zwischen der Alzheimer Gesellschaft Ingolstadt und der Ingenium Stiftung. Die kostenfreien Angebote der Alzheimer Gesellschaft für Betroffene und Angehörige werden in Kooperation mit der Stiftung erarbeitet, durchgeführt und evaluiert. Dies sind unter anderem Betreuungsgruppen für Betroffene, Selbsthilfegruppen für Angehörige, das Tanzcafé und Vortragsreihen bis hin zum gemeinsam organisierten jährlichen wissenschaftlichen Symposium und gemeinsamen Projekten mit Universitäten.

Das Foto stammt aus der Wanderausstellung „Inseln der Erinnerung", die die Ingenium Stiftung gerne verleiht.

Weitere Informationen: www.ingenium-stiftung.de

# Deutsche Stiftung Weltbevölkerung

Foto: Deutsche Stiftung Weltbevölkerung

Die Deutsche Stiftung Weltbevölkerung ist eine international tätige Entwicklungshilfeorganisation. Gegründet wurde sie 1991 als private gemeinnützige Stiftung von Dirk Roßmann und dem Hannoveraner Unternehmer Erhard Schreiber. Die Stiftung unterstützt Aufklärungsinitiativen und Familienplanungsprojekte in Afrika und Asien. Die Stiftung hat seit 1995 ein Netzwerk von über 1000 Jugendklubs in Äthiopien, Burkina Faso, Kenia, Tansania und Uganda aufgebaut. In den Klubs werden junge Menschen von Gleichaltrigen über Sexualität, Verhütung und sexuell übertragbare Krankheiten, einschließlich HIV/Aids, aufgeklärt.

Ein besonderes Projekt der Stiftung ist der Youth Truck in Uganda: Um Jugendliche auch in entlegenen Gebieten zu erreichen, sind die Mitarbeiter mit einem Jugendmobil unterwegs. Der Youth Truck ist mit einem Videorekorder, einem Beamer und einer Leinwand ausgestattet. Innerhalb weniger Minuten kann damit ein mobiles Kino für rund 2000 Zuschauer aufgebaut werden, um Aufklärungsfilme zu zeigen.

Weitere Informationen: www.weltbevoelkerung.de

dem Vorgefundenen zu ziehen und sich schriftlich wie mündlich klar, verständlich und stilsicher auszudrücken. Hinzu kommt auch, dass selbst sehr gute junge Absolventen der Geschichtswissenschaft, der Germanistik, Anglistik, Romanistik anders als viele junge Juristen oder Betriebswirte keine hohen Gehaltsvorstellungen haben und für den ungefähren Gegenwert eines Studienratsgehaltes mit Freude und Opferbereitschaft ihre Arbeit in einer Stiftung beginnen.

Sie werden bei der Durchsicht der Bewerbungen und bei den Auswahlgesprächen erleben, dass die Arbeit in einer Stiftung für Hochschulabsolventen ausgesprochen attraktiv ist, sie eine derartige Tätigkeit sehr oft dem Lehrerberuf oder einer ähnlichen Beamtenstelle vorziehen. Dabei erwarten sie mehr Gestaltungsspielraum, die Möglichkeit, eigene Überlegungen in die Projekt- und Programmarbeit einzubringen, mehr Abwechslung und größere Herausforderungen an ihre Selbstständigkeit und an ihre kommunikativen Fähigkeiten. Wenn ich im Folgenden weiterhin die männliche Form des Bewerbers benutze und von „dem Mitarbeiter" statt „der Mitarbeiterin" spreche, so ist das allein der sprachlichen Flüssigkeit geschuldet. Gerade im Stiftungswesen finden wir hervorragende Referentinnen, die mit großem Sachverstand und Geschick die Arbeit gestalten und immer häufiger in die Leitungsfunktion aufrücken. Lesen Sie daher hier immer auch „die Referentin", wenn im Folgenden von „der Referent" gesprochen wird.

Achten Sie bei den Bewerbungen auf diejenigen, die ihr Studium etwas breiter angelegt haben, die während des Studiums ein oder zwei Praktika absolvierten, die eventuell den Hochschulort zwischen Bachelor und Master gewechselt haben, die sich für ein oder zwei Semester an eine ausländische Universität begeben haben, die mündlich und schriftlich im Englischen ganz sicher sind, die in einer Dissertation beweisen konnten, dass Sie über gut zwei Jahre die Konzentration und das Durchhaltevermögen für ein größeres Werk aufgebracht haben. Ein Stiftungsreferent muss über ein sicheres, gutes Auftreten verfügen. Er wird die Stiftung immer wieder in Gesprächen mit Wissenschaftlern, Studenten, Verwaltungsangestellten, Politikern, Lehrern, Künstlern vertreten und muss von diesen Gesprächspartnern ernst genommen werden. Stellen Sie im Vorstellungsgespräch Fragen nach den eigenen Initiativen, die der

Bewerber in den letzten Jahren umgesetzt hat. Fragen Sie ihn, ob er sich schon einmal gemeinnützig engagiert hat, in welchem Ausmaße er Verantwortung übernommen hat, ob er schon einmal Kontakt zu Stiftungen hatte. Machen Sie dem Bewerber klar, dass nur derjenige ein guter Stiftungsreferent sein kann, der Freude daran hat, andere zu fördern, sich selbst dabei hintanzustellen. Es ist nicht verwunderlich, dass bei diesen Gesprächen oft diejenigen einen Vorteil haben, die mit pädagogischem Talent gesegnet sind.

Wenn Ihre Stiftung erst jetzt die Tätigkeit aufnimmt und Sie erstmalig einen Referenten suchen, so werden Sie auch mit einer Reihe von Bewerbungen von Personen rechnen können, die bereits zwei oder drei Jahre Berufserfahrung mitbringen. Gerade in größeren Stiftungen finden sich oft Begabungen, die dort nicht so zügig vorankommen und die im Mitaufbau einer kleineren Stiftung eine großartige Aufgabe für sich sehen. Es wird Ihre Stiftung ein wenig mehr kosten, aber es kann sich lohnen, vor allem, wenn der Aufgabenbereich des Referenten auch stärkere Führungs- und Vertretungsfunktion in sich birgt. Sie müssen also für sich klären, wie viel Leitungsfunktion Sie für sich beanspruchen, wie viel Sie delegieren wollen, welche Ansprüche Sie an die Mitarbeit des Referenten stellen.

Ich werde oft gefragt, ob die Promotion für einen wissenschaftlichen Mitarbeiter in der Stiftung notwendig sei. Notwendig ist sie nicht, für den Mitarbeiter selbst aber hilfreich. Eine Stiftung, die vor allem im sozialen Bereich tätig ist, hat in der Regel weniger promovierte Mitarbeiter als die Stiftung, die vor allem Forschung und Wissenschaft fördert. In der ZEIT-Stiftung sind gegenwärtig mehr als die Hälfte der wissenschaftlichen Mitarbeiter (Projektleiter, Programmleiter, Bereichsleiter) promoviert. Für den Aufstieg in eine Geschäftsführerposition wird die Promotion nahezu vorausgesetzt. Sie hilft den Mitarbeitern in Stiftungen, die im großen Umfang Wissenschaft und Forschung fördern, dass sie von den Projektpartnern als gleichberechtigt anerkannt werden. Sie hilft auch bei Bewerbungen auf Bereichsleiter-/Abteilungsleiterstellen. Sind unter den Bewerbern Absolventen von kulturwissenschaftlichen Studiengängen oder von Aufbaustudiengängen wie dem Master-Studiengang Kultur- und Medienmanagement an der Hamburger Hochschule für Musik und Theater, so haben Sie bei diesen

Bewerbern den Vorteil, dass sie betriebswirtschaftliche und rechtliche Kenntnisse mitbringen, dass sie die steuerrelevante Abgabenordnung für gemeinnützige Körperschaften ebenso kennen wie die Voraussetzungen für ein effizientes zielgerechtes Projektmanagement.

Wenn Ihre Stiftung wächst und Sie schon mehr als einen wissenschaftlichen Mitarbeiter eingestellt haben, wird die nun mögliche Arbeitsteilung den Generalisten ein wenig entlasten. Es hat sich aber bewährt, auch bei größeren Stiftungen nicht allzu eng qualifizierte Spezialisten einzustellen, es sei denn, Ihre Stiftung fördert die Medizin und darin beispielsweise insbesondere die Krebsforschung. Selbstverständlich werden Sie dann einen Mediziner benötigen. Im Übrigen aber hat sich der Geisteswissenschaftler bewährt, der bei Projekt- oder Programmwechsel nicht verzagt, sondern gern bereit ist, beispielsweise von der Förderung integrativer Schulmaßnahmen auf ein Stipendienprogramm für Nanotechnologen „umzuspringen".

Bieten Sie jedem Mitarbeiter genügend Raum für Fortbildungen! Gerade in der Anfangszeit lohnt es sich, einen neuen Mitarbeiter zu den Kursen der Deutschen Stiftungsakademie zu senden (www.stiftungsakademie.de), die vom Bundesverband Deutscher Stiftungen und vom Stifterverband für die Deutsche Wissenschaft eingerichtet wurde. Die Teilnahme lohnt sich für die Stiftung. Ein Mitarbeiter, der sich besonders gut entwickelt, aber über keine betriebswirtschaftlichen Kenntnisse verfügt, sollte die Gelegenheit erhalten, das nötige Wissen zu erwerben. Dazu gibt es mittlerweile eine Reihe von Kurzzeitseminaren, die von Hochschulen angeboten werden. Wenn Mitarbeiter Geschäftsführerqualitäten haben, sollten Sie diese fördern, auch auf die Gefahr hin, den Mitarbeiter zu verlieren. Fördern ist eine Stiftungsaufgabe, die Sie auch im Innern Ihrer Stiftung verwirklichen sollten.

Eine leistungsgerechte Bezahlung kann im Stiftungsbereich nach oben hin nur in Grenzen erfolgen. Doch sollten Sie die Möglichkeit eines Jahresbonus und der Gehaltsanpassung nutzen. Vor ein paar Jahren noch war es durchaus üblich, dass ein Stiftungsreferent in einer größeren Stiftung mit einem Studienratsgehalt (BAT II a) begann. Heute liegen die Einstiegsgehälter oft ein wenig darunter, bei einer kleineren Stiftung beginnt der Referent zumeist mit deutlich weniger Gehalt. Er sollte jedoch spüren, dass sein Arbeitseinsatz gewürdigt wird und finanzielle Aufstiegsmöglichkeiten bestehen. Da die Hierarchieebenen in kleineren und mittleren Stiftungen fehlen, gibt es dort keine Möglichkeit, den Mitarbeiter über eine höhere Stellung zu motivieren. Die Hauptmotivation bleibt die abwechslungsreiche gemeinnützige Tätigkeit, die von den Mitarbeitern zuallermeist als besonders lohnend beschrieben wird.

Ich tue mich schwer, eine Empfehlung für oder gegen eine zeitliche Beschränkung des Erstvertrages auf zwei Jahre auszusprechen. Selbstverständlich vereinbaren wir mit jedem neuen Mitarbeiter eine sechsmonatige Probezeit. Bei einer Zweijahresbegrenzung habe ich die Erfahrung gemacht, dass die Mitarbeiter doch so gut ausgewählt waren, dass ich ihnen schon nach einem Jahr eine Entfristung angeboten habe, damit sie erst gar nicht auf die Suche nach einem neuen Arbeitgeber gehen und kostbare Arbeitszeit auf diese Suche verwenden. Wenn Sie vor allem in der Startphase der Stiftung besonders vorsichtig sein wollen, können Sie ohne Weiteres in der Ausschreibung zunächst Zweijahresverträge anbieten. Die Qualität der Bewerbungen der ganz jungen Hochschulabsolventen ändert sich dadurch nicht. Sie werden jedoch kaum vernünftige Bewerbungen von Personen erhalten, die bereits ein paar Jahre Berufserfahrungen vorweisen können, denn für diese Personengruppe sind zeitliche Verträge uninteressant.

### Die administrativen Mitarbeiter

Wie für die wissenschaftlichen Mitarbeiter gilt auch hier, dass eine Stiftung ein attraktiver Arbeitgeber ist. Sie bietet allen Mitarbeitern den Vorteil eines sicheren Arbeitsplatzes. Die Tätigkeit im Support-Bereich ist abwechslungsreich und erfordert vielseitiges organisatorisches Geschick. Wenn Stiftungen zu Vorträgen, Symposien und ähnlichen Veranstaltungen einladen, so entfällt die Organisation dieser „Events“ auf die Kollegen im Support. Die Koordination von Terminen und Reisen, die bei überregional tätigen Stiftungen häufig anfallen, macht oft ebenso viel Arbeit wie das Erledigen von Korrespondenz. Die Entgegennahme von Telefonaten oder der Empfang von Gästen muss stets professionell und mit großer Freundlichkeit erfolgen. Hier legen Stiftungen zu Recht hohe Maßstäbe an.

Für ein gutes Arbeitsklima ist es unerlässlich, dass es immer wieder Besprechungen gibt, an denen alle Mitarbeiter teilnehmen. Besprechungen innerhalb eines Teams oder einer Abteilung gehören ohnehin zur Regel. Wir haben in der ZEIT-Stiftung sehr gute Erfahrung mit der zweiwöchentlichen Hausbesprechung gemacht, in der alle 35 Kolleginnen und Kollegen einschließlich der Praktikanten und Volontäre zusammenkommen und jeder aufgerufen wird, zu berichten, was in den vergangenen beiden Wochen gut gelaufen ist, was verbesserungswürdig ist, was Sorgen macht, was verändert werden muss, welche Besonderheiten in den kommenden zwei Wochen anstehen. Auch wenn drei Viertel der Anwesenden das Wort weitergeben, erfährt doch jeder, woran wir gerade mit Hochdruck arbeiten und was unmittelbar bevorsteht. Wir benötigen für die zweiwöchentliche Hausbesprechung selten mehr als 90 Minuten, aber diese Zeit ist sinnvoll eingesetzt.

## 5.4 Wie sichert ein Stifter seine Ziele?

Der Kern der Stiftung ist die Satzung. Sie hält den Willen des Stifters fest, definiert die Zwecke der Stiftung (siehe Kapitel 2.2) und beschreibt ihren organisatorischen Aufbau (siehe Kapitel 2.9). Der Stifter kann sich darauf verlassen, dass die Stiftungsaufsicht über seinen Tod hinaus über die Einhaltung der Satzung und die dort festgeschriebene Zweckverfolgung wacht. Scheuen Sie also nicht davor zurück, der Satzung eine Präambel voranzuschicken, in der Sie Grundsätzliches zu Ihrer Lebensanschauung sagen, die Sie auch in Ihrer Stiftung weiterverfolgt wissen wollen. Wenn Ihre Familie möglichst lange Einfluss auf die Stiftungstätigkeit nehmen soll, so legen Sie fest, dass stets ein Nachkomme Ihrer Familie im Vorstand vertreten sein muss, bis zu dem Zeitpunkt, an dem aus gesundheitlichen Gründen oder durch Aussterben der Familie dies nicht mehr möglich ist. Falls Sie Ihrem Heimatort besonders verbunden sind, so hindert Sie niemand daran, in die Satzung aufzunehmen, dass für die kommenden drei Generationen mindestens ein Fünftel oder ein Viertel der jährlichen Erträge Ihrer Stiftung für Vorhaben zur Förderung Ihrer Heimatregion verwendet werden sollen. Solche Festlegungen sind bindend. Sie mögen zukünftigen Geschäftsführern nicht gefallen, aber Sie sind der Stifter. Treffen Sie dabei nicht zu kleinliche Anordnungen, die vielleicht schon in zehn oder 15 Jahren gar nicht mehr umgesetzt werden können.

Die Satzung ist ein festes Gerüst, doch der „Geist" einer Stiftung, die von ihr vertretenen Wertvorstellungen sind oft nicht in Satzungsformulierungen zu bannen. Hier ist es vorteilhaft, wenn der Stifter möglichst nicht erst im hohen Alter die Stiftung gründet, sondern sie zu Lebzeiten durch seine Persönlichkeit prägt. Wenn Sie als Stifter den Vorstandsvorsitz oder Kuratoriumsvorsitz übernehmen, haben Sie alle Möglichkeiten, der Stiftung über die allgemeine Förderarbeit Ihren ganz persönlichen Stempel aufzudrücken. Nutzen Sie diese Zeit. Wie sehr Sie sich den Destinatären Ihrer Stiftung widmen, wie gründlich Sie Anträge prüfen, wie sorgfältig und fürsorglich Sie die Förderungen begleiten, wirkt stets vorbildlich und wirkt lange nach.

Nutzen Sie ebenso die von Ihnen vorzunehmende Besetzung der Gremien. Wenn Sie den Vorstand leiten, so bitten Sie gute kluge Freunde und das vertrauteste Familienmitglied ins Kuratorium, ergänzen Sie diesen Kreis um eine jüngere Person Ihres Vertrauens, vielleicht einen jüngeren Anwalt oder Notar, der Sie auch sonst in rechtlichen Fragen berät und der die Kontinuität der Ausrichtung Ihrer Stiftung in die nächste Generation trägt. Sprechen Sie mit dem Kuratorium über die Dinge, die Ihnen bei der Förderarbeit wichtig sind und um deren Beachtung Sie auch für die Zeit nach Ihrem Tod bitten. Über die Persönlichkeiten in den Gremien, vor allem im Kuratorium, können Sie über die Zeit Ihrer aktiven Tätigkeit hinaus den Charakter Ihrer Stiftung wahren. Über Reden, in denen Sie zu Ihren Überlegungen und Zielen als Stifter öffentlich Stellung nehmen, hinterlassen Sie den zukünftigen Vorständen wesentliche Grundlagen für deren Entscheidungen und sichern so über Ihren Tod hinaus das Einzigartige Ihrer Stiftung.

## 5.5 Welche Gefahren können einer Stiftung drohen? – Good Governance für Stiftungen

Grundsätzlich sind Stiftungen sichere Institutionen. Wenn Sie das eingebrachte Stiftungskapital verantwortungsbewusst anlegen, wird Ihre Stiftung beständig Erträge erwirtschaften. Eine Insolvenz kommt im Stiftungsbereich äußerst selten vor. Sie kann beispielsweise dann geschehen, wenn das Stiftungsvermögen allein aus Anteilen eines Unternehmens besteht, das in Konkurs geht, oder aus Grund- und Immobilienbesitz, der wertlos wurde. Dass Sie das Stiftungskapitel nicht in höchst spekulativen Anleihen oder sonstigen „Junk Bonds" anlegen, ergibt sich schon aus dem landesgesetzlich vorgegebenen Gebot des Kapitalerhalts. Falls Sie es dennoch tun, ist Ihre Stiftung in doppelter Gefahr: Dem Vorstand droht die behördlich angeordnete Abberufung und der Stiftung droht der wirtschaftliche Ruin.

Eine durchaus häufigere Gefahr für die Stiftung besteht jedoch, wenn die Kapitalbasis sehr klein ist und die erhofften Spenden und Zustiftungen ausbleiben. Mit der als Mindestausstattung angesehenen Summe von 50 000 Euro lassen sich nun einmal derzeit nicht viel mehr als 2000 bis 2500 Euro erwirtschaften. Wenn dann der Stiftungszweck darin besteht, die Krebsforschung zu fördern, Krebskranken mit neuen Therapieformen zu helfen und die Krebsprävention landesweit zu unterstützen, so klafft eine große Lücke zwischen Anspruch und tatsächlicher Möglichkeit. Daran geht die Stiftung nicht zugrunde, doch muss sie sich eventuell einmal kritischen Fragen aus der Öffentlichkeit, vielleicht sogar der Stiftungsaufsicht stellen. Schließlich müssen die Stiftungszwecke aus den Erträgen erfüllt werden können. Bei sehr anspruchsvollen in der Satzung festgelegten Förderzielen ist es oft günstiger, einer größeren Stiftung, die genau dieselben Zwecke verfolgt, eine Zustiftung zukommen zu lassen. Im Beispielsfalle wäre das möglicherweise die Dr. Mildred Scheel Stiftung für Krebsforschung (Deutsche Krebshilfe).

Dieser Hinweis soll Sie nicht entmutigen, er möge Sie nur davor warnen, allzu hochgesteckte Ziele zu formulieren, wenn die Kapitalausstattung gering ist. Gefahren können auch drohen, wenn Stiftungen Bewilligungen aussprechen, die im Folgejahr oder auch in mehreren Folgejahren fällig werden und im Vertrauen darauf ausgestellt wurden, dass in den nächsten Jahren viele Spenden eingenommen oder am Finanzmarkt satte 8 % verdient werden können. Tritt dies nicht ein, so muss die Stiftung Bewilligungen kürzen oder zurücknehmen, was mehr als peinlich ist. Betrachten Sie jede Bewilligung als Verpflichtung und seien Sie äußerst zurückhaltend, Förderzusagen zulasten von Erträgen der kommenden Jahre auszusprechen. Viel klüger und beruhigender ist es, wenn Sie Bewilligungen, deren Abruf sich über mehrere Jahre erstreckt, stets zulasten der vorhandenen Mittel des Wirtschaftsjahres buchen und für die kommenden Abrufe eine Rückstellung bilden. So bleiben große Teile der bereits bewilligten Fördermittel auf dem Konto der Stiftung, tragen Zinsen, und die Förderung ist eine sichere Bank für Sie und den Bewilligungsempfänger (siehe dazu auch Kapitel 3.6).

Sollte ein Förderprojekt Ihrer Stiftung einmal keinen Erfolg haben, so ist die Stiftung selbst dadurch nicht bedroht. Die Bevölkerung ist gegenüber Stiftungen sehr viel aufmerksamer als zuvor, und da kann es geschehen, dass ein „Flop" Ihrer Stiftung den Weg in die Zeitung findet. Nehmen wir an, Sie fördern ein Jahr lang ein Projekt, um arbeitslosen Jugendlichen den Einstieg in die Berufswelt zu ermöglichen, und am Ende hat keiner der Geförderten einen Arbeitsplatz. Wenn Sie dieses Projekt mit großem Aufwand und Pressebegleitung gestartet haben, kann es sein, dass am Ende des Jahres der Fehlschlag mit bissigen Kommentaren versehen wird. Das ist ärgerlich, aber keineswegs bedrohlich. Gehen Sie in die Offensive, sagen Sie, dass die Ursachen für das schlechte Ergebnis analysiert werden, dass Ihnen vor allem die immer noch arbeitslosen Jugendlichen leidtun, aber dass eine Stiftung nun auch einmal Risiken eingehen und neue Wege beschreiten muss. Schließlich sind Stiftungen lernende Organisationen.

Bei derartigen Mängeln bleibt das Gewissen rein, bedrückender aber sind Fehler, denen falsches Verhalten von Organmitgliedern, unstrukturierte Entscheidungsabläufe, Missmanagement und unkontrolliertes Arbeiten zugrunde liegen. Hier werden Fragen der *Corporate Governance* berührt, die seit einigen Jahren auch unter Stiftungen diskutiert werden. Sie brauchen für Ihre Stiftung keinen eigenen Corporate-Governance-Kodex, schließlich ist eine Stiftung keine Aktiengesellschaft. Dennoch empfiehlt es sich, schon in der Satzung ein Aufsichtsgremium (Kuratorium, Beirat) zu verankern und in einer Geschäftsordnung für den Vorstand, für das Kuratorium, für die Geschäftsführung und für die Mitarbeiter einige Regeln unterzubringen. Diese Regeln sollen denkbare Interessenkollisionen verhindern oder Wege aufzeichnen, wie die Beteiligten verfahren, wenn Interessenkonflikte entstehen. So gehört es sich, dass die Mitglieder des Vorstands und des Kuratoriums alle ihre übrigen Ämter und Mandate offenlegen, dass sich derjenige der Stimme enthält, wenn über den Antrag einer Einrichtung entschieden wird, in der er ebenfalls ein Amt innehat. Falls der tüchtige Sohn Ihrer Schwester gern mit einem Stipendium in Harvard studieren möchte, sollte nicht Ihre Stiftung ihm dieses Stipendium zahlen.

Eigentlich sind es Selbstverständlichkeiten, über die man im Zuge von Corporate Governance diskutiert, aber es ist dennoch ratsam, wenn die Stiftung im Sinne der Selbstvergewisserung sich einmal ausdrücklich zu diesen Selbstverständlichkeiten äußert. Der Bundesverband Deutscher Stiftungen hat 2006 die „Grundsätze guter Stiftungspraxis“ verabschiedet, zu der sich die weit mehr als 3000 im Bundesverband vertretenen Stiftungen bekennen. Sie finden sie im Anhang abgedruckt. Sie können Ihnen helfen, wenn Sie für Ihre Stiftung Leitsätze für das Handeln und für die handelnden Personen festlegen. Sie zeigen dadurch ein Bewusstsein für die großartigen Chancen, die gemeinnütziges Handeln bietet, aber auch für die Gefahren, die der Gemeinnützigkeit drohen, wenn eigennützige Interessen ins Spiel kommen.

Wenn solch ein Verdacht auf Eigennützigkeit erst einmal entsteht, hat die Stiftung einen schweren Stand. Der Verlust an Glaubwürdigkeit ist eine echte Gefahr nicht nur für die einzelne Stiftung, sondern für das gesamte Stiftungswesen. Und je größer die Zahl der Stiftungen und je bedeutender ihr gesellschaftlicher Stellenwert, desto genauer schaut die Öffentlichkeit hin. Interessierte Journalisten, die immer wieder Positives aus der Stiftungswelt vermelden, sind nicht abgeneigt, auch einmal kritische Worte zu finden. Beugen Sie dem vor, indem Sie – auch bei einer kleinen Stiftung – Transparenz der Stiftungstätigkeit einen hohen Stellenwert einräumen, offenlegen, wer die Entscheidung trifft, wer den Vorstand kontrolliert und wer gefördert wird. Es muss die Fördersumme nicht dabeistehen, auch wenn unsere amerikanischen Kollegen mit der gläsernen Stiftung gute Erfahrungen machen und sogar die Gehälter der leitenden Mitarbeiter veröffentlichen.

Auch Angemessenheit im öffentlichen Auftritt trägt zur Glaubwürdigkeit und Vertrauensbildung bei. Die kleine Stiftung wird kaum in der Gefahr sein, zu üppigen Buffets einzuladen. Die größere Stiftung tut gut daran, auch bei solchen Gelegenheiten einen mittleren Weg zu gehen. Niemand erwartet Kaviar von einer gemeinnützigen Stiftung. Mit gesundem Menschenverstand, Takt und Augenmaß werden Sie als Stifter oder Stiftungsmitarbeiter hier den rechten Weg finden.

## 5.6 Die Stiftung in wirtschaftlich schwierigen Zeiten

Nach dem 15. September 2008, dem Zusammenbruch der Lehman-Bank in den Vereinigten Staaten, hatte sich auch für eine ganze Reihe europäischer Stiftungen die Finanzgrundlage verschlechtert. Stiftungen mit einem höheren Anteil an Aktien, Unternehmensanleihen oder Zertifikaten in ihrem Portefeuille mussten bei der Bewertung ihrer Papiere größere Abschläge hinnehmen. Am Jahresende 2008 war der Wert des Stiftungskapitals bei vielen Stiftungen gegenüber dem Vorjahresabschluss 2007 um zehn, 15 oder vereinzelt gar mehr Prozent gesunken. Da viele dieser Stiftungen in den Jahren zuvor bei Vermögensumschichtungen jedoch kräftig Gewinne realisiert hatten, war die Entwicklung in der Finanzkrise 2008/2009 insgesamt nicht bedrohlich. Auch für die erst 2006 oder 2007 gegründeten Stiftungen, deren Kapitalausstattung Ende 2008 niedriger bewertet wurde als zum Stichtag der Stiftungsgründung, führte dieser Verlust kaum zu unangenehmen Nachfragen seitens der Stiftungsaufsicht. Derjenige Stiftungsvorstand, der mit dem ihm anvertrauten Kapital sorgsam umgeht, der nicht aggressiv am Geldmarkt „zockt“, sondern die Anlageempfehlungen seiner

Bank gründlich prüft, der das Anlageportefeuille diversifiziert und nicht alles auf eine Karte setzt, der die Anlageentscheidungen dokumentiert, die Gründe schriftlich festhält, ist für die Auswirkungen weltweiter Finanzkrisen nicht haftbar. Alle Anstrengungen, das Stiftungskapital sicher anzulegen und zugleich den durch die Inflation gegebenen Wertverlust auszugleichen, werden bei derart heftigen Krisen wie 2008/2009 stark beeinträchtigt oder sogar vereitelt. Kapitalerhalt muss man aber stets auf einen langen Zeitraum beziehen. Einzelne Stichtage können dann auch schon einmal unbefriedigende Ergebnisse bieten, sofern sie über einen längeren Zeitraum ausgeglichen werden können.

Die abgesunkene Bewertung eines Stiftungskapitals ist dennoch bei einer weltweiten Finanzkrise nicht unbedingt Grund für größere Besorgnis um die Stiftung selbst. Für deren tägliche Arbeit ist die negative Entwicklung der **Erträge** zumeist viel entscheidender. Wenn – wie 2009 geschehen – kurzfristige Geldanlagen und sichere Bundesanleihen nur mehr auf niedrigstem Niveau verzinst werden, sind dem Stiftungsvorstand die Hände gebunden. Da kann er nur hoffen, dass die Immobilienerträge konstant bleiben, noch ein paar sichere Langläufer im Portefeuille enthalten sind, die wenigstens 4 % Zinsen erbringen, eventuelle Beteiligungen an Unternehmen gute Ergebnisse erbringen und nicht alle Dividenden radikal zusammengestrichen werden. Dennoch steht dann eine Stiftung oft vor der Situation, dass statt vorjährig 15 Millionen Euro an Erträgen nur noch elf Millionen Euro im laufenden Jahr fließen werden. Was tun?

Wieder einmal ist es jetzt günstig, wenn die Stiftung mehrjährig laufende Projekte fördert, deren Mittelbedarf bereits im Jahr der Bewilligung vollständig zurückgestellt wurde. Diese Rückstellungen, die aus Sicherheitsgründen nur aus festverzinslichen Papieren gebildet werden, sind in mageren Jahren eine sichere Bank für die Kontinuität der Arbeit: Die Stiftung ist sichtbar aktiv und finanziert dies aus längst zurückgestellten Mitteln. Auf gar keinen Fall sollte die Stiftung in einem ertragsschwachen Jahr ein Vorhaben bewilligen, das sich über mehrere Jahre erstreckt und dessen Mittelbedarf in den Folgejahren aus noch zu erwartenden Erträgen der kommenden Jahre bestritten werden soll. Da ist es allemal besser, keinerlei neue, langjährige

Verpflichtungen einzugehen und Anträge auf Großprojekte abzulehnen oder deren Entscheidung um ein oder zwei Jahre hinauszuschieben. Falls Ihre Stiftung auch von Spenden und sonstigen Fundraising-Aktivitäten finanziert wird, müssen Sie in wirtschaftlich angespannten Krisenzeiten Ihre Erwartungen radikal bremsen. In einem revidierten Wirtschaftsplan für das laufende Jahr sollten dann nur gesicherte Einnahmen aufgenommen werden, sodass böse Überraschungen am Jahresende ausgeschlossen sind.

Geringer ausfallende Erträge sollten auch Anlass dazu bieten, mit ein paar befreundeten Stiftungen über Kooperationen zu sprechen. Oft fördern Stiftungen in einer Großstadt ähnliche Projekte oder mehrere Vorhaben mit den gleichen Partnern (Kulturfestival, Oper, Stadttheater, Bücherei etc.). Dann kann eine Abstimmung mit den anderen Stiftungen darüber hilfreich sein, wer was macht, was man gemeinsam weiterfördert und welche Unterstützung aufgeschoben wird oder unterbleibt.

Fürchten Sie nicht, wenn es dann bei der geförderten Institution zum Aufschrei kommt. Kürzungen sind immer schmerzhaft, Aufschreie gehören dazu. Doch die Stiftung ist ein Unternehmen, transparent und aufrecht dazu: Es kann nur versprechen, was es auch aus eigener Kraft halten kann. Jeder wird daher verstehen, wenn die Stiftung deutlich erklärt, dass sie nun einmal nur die Mittel bewilligen und ausgeben kann, die sie zuvor eingenommen hat.

Nutzen Sie die offensichtlich schwierige Finanzsituation des ganzen Landes durchaus dazu, noch einmal jedes Förderprojekt auf seine gemeinnützige Wirkung hin zu bewerten. In Zeiten mit geringem Mittelaufkommen muss jeder verstehen, dass die Stiftung noch genauer „siebt“ und noch mehr Absagen schreibt als in normalen Zeiten. Kündigen Sie bei Bewilligungsempfängern, die sie seit Jahren fördern, rechtzeitig an, wenn ihre Förderung im laufenden Jahr ausbleiben oder um die Hälfte reduziert werden muss. Halten Sie aber bei aller Sparsamkeit stets Mittel bereit, um einem besonders guten neuen Projekt eine Realisierungschance zu geben. Auch in mageren Jahren sollte die Stiftung immer wieder Zeichen dafür setzen, dass sie der Ort für intelligente Innovationen ist.

Die Stiftung als Unternehmen muss auch bereit sein, Korrekturen im Verwaltungsbereich vorzunehmen, wenn langfristig niedrigere Erträge zu erwarten sind. Ein Einstellungsstopp gehört dann ebenso dazu wie das Zusammenlegen einzelner Teams oder Referate. Das ist alles nicht angenehm, aber nicht zu umgehen.

Auf finanziell schwächere Jahre folgen auch wieder stabilere Zeiten. Wenn Sie dann in den mageren Jahren keine Vorgriffe auf folgende vorgenommen haben und trotz alledem die Kapitalerhaltungsrücklage bedient haben, die jetzt ihrerseits die Ertragslage weiter verbessert, können Sie sich unbekümmert über jedes Prozent Ertragssteigerung freuen. Es ergeben sich neue Spielräume für neue Ideen, unbelastet von früheren finanziellen Verpflichtungen.

## 5.7 Die Bürgerstiftung

Stiftungen sind keineswegs das Privileg wohlhabender Mitbürger und kapitalstarker Unternehmen. Mehr als 200 Bürgerstiftungen in Deutschland zeigen, was in einer Stadt und einer Region erreicht werden kann, wenn sich eine Gruppe von Bürgern zusammentut, um mit guten Ideen, zusammengetragenem Geld und hohem Zeiteinsatz in der Heimat zu wirken. „Charity begins at home“ (Wohltätigkeit beginnt vor der Haustür) heißt ein alter amerikanischer Leitsatz, der als Motto über alle seit 1914 in den USA errichteten „community foundations“ steht, die Pate und Leitbild für die 1996 auch in Deutschland einsetzende Bewegung der Bürgerstiftung sind. Die ersten entstanden in Gütersloh und in Hannover. Heute engagieren sich mehr als 13 000 Stifterinnen und Stifter bereits in über 200 Bürgerstiftungen. Monatlich kommen weitere hinzu. Das Kapital aller Bürgerstiftungen in Deutschland wird zwar „nur“ auf 100 Millionen Euro geschätzt. Aufgrund der hohen Fähigkeiten, Spenden bei den Mitbürgern einzuwerben, konnten die Bürgerstiftungen 2008 jedoch schon rund 7,5 Millionen Euro an Fördermitteln bereitstellen. Die eingesetzte Freizeit der Bürgerstifterinnen und Bürgerstifter ist im Gegensatz zum begrenzten Mitteleinsatz gar nicht mehr zu messen.

Während sich in den 1970er-Jahren in vielen Stadtteilen die oft spontan gebildeten Bürgerinitiativen einzelner lokaler Probleme annahmen und oft schnell wieder verschwanden, sehen die heutigen Bürgerstiftungen ihre Aufgaben sehr viel breiter und wollen einen nachhaltigen Beitrag zur bürgernahen Stadtentwicklung leisten. Dabei sind sie – wie dereinst die Bürgerinitiativen – weitestgehend eine „hands-on"-Einrichtung, die unmittelbares Engagement ihrer Mitglieder erwartet, für das sie eine vernünftige, demokratische Organisationsform vorhält. Da sich alle Aktivitäten auf den eigenen Wohnort oder die Region richten, ist die Identifikation mit den Förderprojekten in der Regel groß und das Ergebnis des gemeinnützigen Einsatzes für alle einsichtig. Entscheidungen werden von einem Gremium getroffen, das alle Stifterinnen und Stifter der Bürgerstiftung vertritt. Es ist also nicht ein kleines auserwähltes Kuratorium, das die Förderschwerpunkte festlegt, sondern es sind viele Mitstifter an der Entscheidungsfindung beteiligt, die allen Mitwirkenden transparent gemacht wird. Dieses demokratische Vorgehen hat der Bürgerstiftung auch in Deutschland schnell viele Sympathien entgegengebracht, gerade auch bei denjenigen, die in Stiftungen eher etwas „Elitäres" oder eine „gemeinnützige Spielwiese für Wohlhabende" sehen wollten.

So nimmt es nicht wunder, dass die Idee der Bürgerstiftung seit 1996 schnell wuchs. Mal taten sich drei, mal zehn, mal über 100 Bürger zusammen, um das Stiftungskapital aufzubringen. Konstitutiv für die Bürgerstiftung ist, dass sie stets über Spenden, Zustiftungen oder die treuhänderische Verwaltung von unselbständigen Stiftungen auf Zuwachs angelegt ist. Daher öffnet sie sich bei regionaler Begrenzung stets einer Vielzahl von Förderzwecken, um Stiftungswillige für alle möglichen Ziele an sich zu binden.

Gerade den Bürgerstiftungen gelingt es, ehrenamtliche gemeinnützige Arbeit zu organisieren. Durch die große Zahl von Zeit-Stiftern, die sich Woche für Woche für Projekte der Bürgerstiftung zur Verfügung stellen, erreichen die Bürgerstiftungen eine hohe Präsenz und große Wirkung in einer Stadt oder Region. Dabei bleibt der Kapitaleinsatz bei einzelnen Fördervorhaben häufig sehr gering.

Da versammelt die Bürgerstiftung Berlin aus ihren Reihen 300 Vorleser, die jede Woche in Grundschulen in schwierigen Berliner Stadtteilen vorlesen; Mentoren nehmen sich der älteren Schulkinder an und beraten und begleiten sie auf ihrem

Weg zur ersten Anstellung. In Wismar baute die Bürgerstiftung die „Poeler Kogge" wieder auf, sammelte Spenden und organisierte Segelwochen für benachteiligte Jugendliche, deren Entwicklung solidarischen gemeinschaftlichen Verhaltens dringender Förderung bedarf. Dresden verdankt sein Kästner-Museum der Initiative der dortigen Bürgerstiftung, die Münsteraner Bürgerstiftung vermittelte Hunderte von Baumpaten, die Bürgerstiftung in Hamburg wurde mit ihrem „Hot Schrott"-Musikprojekt bekannt, das benachteiligten Jugendlichen einen ungewöhnlichen Zugang zu musikalischen Ausdrucksformen anbietet. Die Bürgerstiftung für den Landkreis Fürstenfeldbruck, bei der sich 1998 145 Gründungsstifter mit dem Mindestbetrag von DM 1000 aus der ganzen Region zusammentaten, begründete die „Brucker Tafel", der schnell drei weitere im Landkreis folgten.

Über die Hälfte der rund 7,5 Millionen Euro, die jährlich von allen deutschen Bürgerstiftungen für Förderzwecke bereitgestellt werden, entfallen auf Jugend- und Bildungsprojekte, ein Fünftel kommt sozialen und karitativen Vorhaben zugute, kulturelle Zwecke, Heimat-, Natur- und Denkmalpflege, aber auch die Förderung der Verbundenheit der Generationen finden sich in größerer Zahl unter den weiteren Zielen der Bürgerstiftungen.

In der Bürgerstiftung zeigt sich die Bürger- und Zivilgesellschaft von einer zukunftsweisenden, attraktiven Seite: Partizipation ist hier kein Begriff aus politikwissenschaftlichen Hauptseminaren, sondern Scharnier einer verantwortungsbewussten Gemeinschaft, die Gemeinsinn nicht auf „die Politiker" delegiert.

Die Bürgerstiftungen sind eine große Chance für breites kommunales Engagement. Sie sind darüber hinaus Teil eines neuen, parteiübergreifenden Politikverständnisses.

Wenn Sie sich für eine Mitwirkung in einer Bürgerstiftung interessieren, so schauen Sie doch einmal, ob nicht auch in Ihrer Stadt längst eine Bürgerstiftung besteht (www.stiftungen.org). Falls nicht, überlegen Sie doch einmal selbst, eine Bürgerstiftung ins Leben zu rufen. Auch dafür gibt es Hilfe: www.die-deutschen-buergerstiftungen.de. Ausführliche Informationen finden Sie auch in Nikolaus Turner (Hrsg.): *Gemeinsam Gutes anstiften,* Berlin 2009.

# 6 Die kleine Stiftung

Es gibt viele Gründe für die kleine Stiftung, die mit einer Finanzausstattung von 50 000 Euro und entsprechenden Jahreserträgen von rund 2000 Euro zwar keine großen Sprünge machen, aber dennoch einiges ermöglichen kann. Stehen Sie noch vor der Entscheidung, ob Sie mit dem heute als Mindestausstattung angesehenen Betrag von 50 000 Euro eine eigene Stiftung gründen wollen, empfehle ich Ihnen, Kapitel 2.4 und 2.5 zu lesen. Die unselbstständige Stiftung, die Beteiligung an einer Bürgerstiftung und auch die Zustiftung sind ernst zu nehmende und steuerlich gleichermaßen begünstigte Alternativen. Haben Sie jedoch Ihre Stiftung bereits errichtet oder sehen Sie für sich nur die selbstständige Stiftung als einzige Verwirklichung Ihrer gemeinnützigen Absichten, so sollten Sie nicht zögern. Die meisten Stiftungen in Deutschland sind kleine Stiftungen, ohne Personal und ohne eigene Verwaltungskosten, weil Stifter und Stifterin die kleine Stiftung selbst verwalten und die Kosten für den Internetzugang, für Telefon und Porto aus der Haushaltskasse bestreiten oder – besser noch – als Spende der eigenen Stiftung wieder zuführen. So kommen die Erträge des Kapitals allein dem Stiftungszweck zugute.

Welche Besonderheiten sollten Sie beachten, wenn Sie eine kleine Stiftung errichtet haben und mit ihr möglichst viel Gutes bewirken wollen? Ich kann Ihnen zehn Hinweise anbieten:

1. Auch für die kleine Stiftung gilt der Grundsatz der Konzentration der Mittel. Wenn Ihre Stiftung nicht mehr als 2000 oder 3000 Euro im Jahr abwirft, sollten Sie sich bei der Mittelvergabe nicht verzetteln. Im Bildungs- und Sozialbereich können 2000 Euro schon viel bewirken, wenn Sie beispielsweise mit einer Patenschule in einem schwierigen Stadtteil zusammenarbeiten oder bei der Caritas, der Diakonie, einem Berufsausbildungsträger oder in einem städtischen Jugendzentrum einmal gezielt nach Notfällen fragen. Doch machen Sie dabei immer klar, dass kein Cent Ihrer Förde-

rung für Verwaltungskosten verwendet werden darf. Wenn Sie selbst bei Ihrer kleinen Stiftung die Briefmarken auf das Absageschreiben kleben, ohne dafür Ihrer Stiftung Personal- und Sachkosten in Rechnung zu stellen, so sollte dies auch für den Bewilligungsempfänger gelten, über den Sie gegebenenfalls Ihre Förderung laufen lassen. Der Rektor einer Haupt- oder Realschule, einer Berufsvorbereitungseinrichtung oder der Leiter eines Jugendzentrums werden das verstehen; wenn nicht, gehen Sie woanders hin.

2. Nutzen Sie eine besonders interessante Fördermaßnahme Ihrer Stiftung dazu, Mitstreiter zu finden. Ihre Stiftung kann ja Zuwendungsbestätigungen ausstellen, die jedem, der Ihrer Stiftung etwas spendet, einen erheblichen Steuervorteil gewähren. Nehmen wir an, Ihre Stiftung hilft tüchtigen, begabten Schülern mit Migrationshintergrund beim Übergang auf weiterführende Schulen oder beim Sprung in die gymnasiale Oberstufe. Sie werden an der Reaktion Ihrer Freunde und Bekannten sehen, dass Sie hier ein Thema berühren, das vielen nahesteht, die etwas für die Integration der nachwachsenden Generation tun wollen. Nutzen Sie das. Sprechen Sie offen über diese Anliegen Ihrer Stiftung, bitten Sie um eine Spende anstelle des üblichen Geburtstagsgeschenkes oder des Mitbringsels zur nächsten Abendeinladung. Denken Sie auch daran, bei einem wichtigen, viele Menschen ansprechenden Projekt der lokalen Presse eine Pressemitteilung zukommen zu lassen. Die Medien sind heute durchaus bereit, eine kleine Stiftung mit einem aktuellen Vorhaben in der Berichterstattung zu berücksichtigen. Vielleicht finden Sie auch auf diesem Weg Mitbürger, die Ihrer Stiftung für das Vorhaben eine Spende geben.

3. Wenn Ihre Stiftung nur kleine Beträge ausschütten kann, so sollten Sie auf jeden Fall in einem Bereich fördern, der Ihnen selbst auch Freude macht. Die Stiftung ist Ihr verlängerter Arm, sie ist so individuell und einzigartig wie Sie selbst. Sie ist nicht Pflicht, sondern Kür! Wenn Sie schon immer großes Vergnügen an Musik gehabt haben, so fragen Sie doch einmal bei der Leitung der örtlichen Jugendmusikschule nach, ob da nicht der ein oder andere Jugendliche durch ein Stipendium für den Besuch eines Sommerkurses, eines Spe-

zialseminars, einer Meisterklasse gefördert werden sollte, dessen Eltern dazu nicht in der Lage sind. Und wenn Ihre Stiftung dann ein oder zwei „Patenkinder" an der Musikschule oder am Konservatorium hat, dann sollten Sie nicht nur den Spezialkurs fördern, sondern den Jugendlichen. Zeigen Sie Ihrem „Patenkind", dass Sie ein persönliches Interesse an seinem Fortschritt haben. Gehen Sie zu seinem öffentlichen Vorspiel, nehmen Sie Ihr „Patenkind" (nach Rücksprache mit den Eltern) einmal mit zu einem besonders guten Konzert. Sie werden sehen: Eine kleine Stiftung macht immer dann einen großen Unterschied, wenn Stifter und Stifterin sich persönlich einbringen.

4. Suchen Sie den Kontakt zu anderen ähnlich kleinen oder auch größeren Stiftungen, die Ihnen in Ihrer Stadt aufgefallen sind. Zögern Sie nicht, sich einmal mit einer anderen Stiftung zusammenzuschließen, die ein besonders gutes Projekt verfolgt. Man muss nicht jedes Stiftungsvorhaben selbst erfinden. Kooperationen werden immer auf Zeit geschlossen, und Sie sollten die Zusammenarbeit nur verlängern, wenn Sie von der Qualität der Fördermaßnahme weiterhin überzeugt und Sie in der Zwischenzeit nicht auf ein noch besseres Vorhaben gestoßen sind.

5. Lassen Sie sich nicht von öffentlichen Stellen überreden, dort einzuspringen, wo die Stadt, der Landkreis, das Land die Unterstützung zurückzieht. Erklären Sie offen, dass Ihre Stiftung sich zu schade ist, Lückenbüßer für ausfallende öffentliche Zuwendungen zu sein. Auch wenn Ihre Stiftung klein ist, sollten Sie das Ziel verfolgen, Neues zu ermöglichen, eine neue Qualität hervorzubringen, anzuregen, zu zeigen, was private Initiative bewirken kann.

6. Beteiligen Sie Ihre Familie an der Stiftungsarbeit, an den Freuden stifterischer Tätigkeit, und sprechen Sie mit ihr rechtzeitig über den Erbfall. Wer führt Ihre Arbeit für die Stiftung als dessen Vorstand fort und wer ist bereit, einen Teil seines persönlichen Erbes zugunsten der Stiftung aufzugeben? Wenn alle Familienmitglieder sich mit der Stiftung identifizieren, wird es ihnen leichtfallen, Ihrem Wunsch zuzustimmen und die Stiftung im Testament zu berücksichti-

gen. Die Vereinbarung mit der Familie sollte notariell beurkundet werden, dann ist die Stiftung auf der sicheren Seite. Gehen Sie mit gutem Beispiel voran und geben Sie, wann immer Sie selbst erben, einen Teil dieses Erbes an Ihre Stiftung weiter. Das hat zudem den Vorteil, dass Sie für den Ihrer Stiftung zugeführten Anteil des Erbes keine Erbschaftsteuer zahlen.

7. Es lohnt sich, als Stifter einmal kritisch die eigenen größeren und kleineren Spenden durchzusehen, die Sie seit Jahren mehr oder weniger üppig an zahlreiche Organisationen vergeben. Nun da Sie Ihre eigene Stiftung haben und erste überzeugende Projekte mit ihr verfolgen, ist es doch viel sinnvoller, wenn Sie der eigenen Stiftung diese Spenden zukommen lassen. Ihre Spenden an die eigene Stiftung genießen die gleichen steuerlichen Vorteile wie Spenden, die Sie an andere gemeinnützige Organisationen geben. Zudem hat die Spende an die eigene Stiftung einen ganz besonderen Vorzug: Sie wissen bei ihr genau, welcher Anteil für die Verwaltungskosten von der Spende abgezweigt wird.

8. Fragen Sie auch Ihre Kinder und übrigen Verwandten, ob sie nicht die üblichen Dezemberspenden dieses Mal Ihrer Stiftung zuleiten wollen. Das erhöht die Identität, die Ihre Kinder mit Ihrer Stiftung entwickeln. Sie machen sich deren Arbeit dann umso leichter zu eigen. Voraussetzung ist dabei, dass die Stiftungsprojekte auch den Spendern in Ihrer Familie zusagen. Denkbar ist, dass Ihre Kinder und die weiteren Verwandten auch einmal eigene Vorschläge für satzungsgemäße Stiftungsprojekte unterbreiten, vielleicht Hilfe für HIV-infizierte Kleinkinder, für Angehörige von Demenzkranken, für Fortbildungsprogramme der lokalen Anonymen Alkoholiker, für die Hausaufgabenbetreuung von Kindern aus bildungsfernen Familien, für ein Sportfestival für behinderte Jugendliche und vieles mehr. Freuen Sie sich, wenn die Menschen, die Ihnen nahestehen, Vorschläge für die Stiftungsarbeit machen, denn damit beginnen sie, eigenes Interesse an Ihrer Stiftung zu entwickeln. Dass am Ende nur die Vorschläge wirklich gut sind, die Ihre Stiftung ohne großen Aufwand umsetzen kann, versteht sich von allein.

9. Auch wenn die Stiftung klein ist, lohnt sich der Austausch mit anderen. Dies geschieht vor allem bei den Veranstaltungen des Bundesverbandes Deutscher Stiftungen: Da lernt der Stifter aus dem bayerischen Traunstein ein Vorhaben kennen, das im westfälischen Lippstadt mit großem Erfolg umgesetzt wurde, da erfährt die Stifterin aus dem thüringischen Eisenach Fundraising-Tipps, die sich bei einem ganz ähnlichen Vorhaben im niedersächsischen Aurich bestens bewährt haben. Stiftungen sind lernende Einrichtungen. Damit sie lernen können, brauchen Stiftungen ein Forum des Austausches und der Anregungen, auf dem Sie als Stifter Neues erfahren und Ihre eigenen Erfahrungen weitergeben können. Solch ein Forum bilden die Tagungen und Arbeitskreise des Bundesverbandes, der auch immer stärker regional tätig wird, wie die Veranstaltungsreihe „Stifterland Bayern" 2008/09 nachdrücklich gezeigt hat. Versuchen Sie es doch einmal für zwei Jahre, ob sich die kostengünstige Mitgliedschaft im Verband nicht auch für Ihre Stiftung auszahlt. Wenn Sie nach zwei Jahren nicht zufrieden sind, treten Sie einfach aus dem Verband wieder aus.

10. Wenn Sie vor einigen Jahren Ihre Stiftung gegründet haben, aber heute nicht so recht mit ihr zufrieden sind, so überlegen Sie, was Sie ändern können. Ist Ihnen vielleicht der Stiftungszweck, den Sie Ihrer Stiftung vor Jahren gaben, heute nicht mehr so wichtig? Als Stifter räumen Ihnen die meisten Stiftungsbehörden heute durchaus Satzungsänderungen und Satzungsergänzungen ein, sodass es in der Regel unproblematisch ist, wenn Sie Ihrer Stiftung einen weiteren Zweck hinzufügen, der Ihnen heute auf der Seele liegt. Es sollte allerdings ein Zweck sein, von dem Sie sicher sind, dass er auf Dauer, zumindest über Jahre trägt. Falls Sie überlegen, die Dauer Ihrer Stiftung doch eher zu begrenzen, können Sie mit der Stiftungsbehörde auch über die sogenannte Verbrauchsstiftung sprechen. Dann wird beispielsweise festgelegt, dass die Stiftung nach dem Ableben des Stifters nur noch 25 Jahre lang existiert und in dieser Zeit auch das Stiftungskapital langsam mit verbraucht wird.

Vor allen Dingen ist wichtig, dass Sie nie das Vergnügen an Ihrer Stiftung verlieren. Wenn Sie also gegenwärtig Unbehagen bei Ihrer Stiftung verspüren, so nehmen Sie Kontakt auf zu einer Beratung des Bundesverbandes oder auch direkt zu der für Sie zuständigen Stiftungsbehörde. Ich bin mir sicher, Sie finden einen Weg, auf dem Sie mit Ihrer kleinen Stiftung fruchtbar und zutiefst befriedigend wirksam werden können. Wie beglückend Stiftungsarbeit ist, hat vor wenigen Jahren erst eine Studie bewiesen, die herausfand, dass Stifter und Stifterinnen länger leben.

# 7 Ein vorläufiges Schlusswort

Vor *einer* Gefahr sind deutsche Stiftungen gefeit: der Gefahr, zu mächtig und zu groß zu sein. Die Diskussion über die Frage, wann eine Stiftung zu bedeutend wird, kommt aus den USA: Kein Wunder, wenn dort Bill und Melinda Gates ihre Stiftung mit 30 Milliarden US-Dollar ausstatten und ihr Freund Warren Buffett dann diese Stiftung mit einer Zustiftung von 32 Milliarden US-Dollar versieht, sodass die Bill and Melinda Gates Foundation nun ein Vermögen von 62 Milliarden Dollar hält. Nach amerikanischem Recht muss sie 5% des Vermögens im Jahr ausschütten, das sind 3,1 Milliarden jährlich oder zehn Millionen täglich außer an Sonntagen. Mit ihren Mitteln fördert sie große Medizinprogramme in Afrika und anderen Schwellenländern zur Bekämpfung von Malaria, Tuberkulose, HIV. Sie arbeitet somit oft in Ländern, deren Bruttosozialprodukt kleiner ist als die Jahreserträge der Stiftung. Das kann der Bekämpfung von Seuchen und Epidemien egal sein, wirft aber dennoch zu Recht Fragen der Einflussmöglichkeiten auf und erfordert ein großes Geschick und Feingefühl aufseiten der Stiftung.

In Deutschland ist die Situation eine andere: Der mit Jahreseinnahmen von rund 130 Millionen Euro (2007) ertragreichsten Kapitalstiftung, der VolkswagenStiftung, stehen die vielen Tausend kleinen Stiftungen gegenüber, die ein buntes Bild zeigen, über geringe Jahresmittel verfügen und die kulturelle Vielfalt und Breite der Interessen ihrer Stifter widerspiegeln. Jede dieser kleinen wie der mittleren und großen Stiftungen zeugt davon, dass der Gedanke einer aktiven, engagierten Zivilgesellschaft nicht nur ein Konstrukt von Soziologen ist. Jede neue Stiftung macht Mut, zeigt sie doch das genaue Gegenteil von Passivität, Verdrossenheit und Lethargie. Und wenn auch die Bürgerinitiativen in den 1970er-Jahren so erfrischend konfus und spontan waren, dass wir uns heute gern an Sie erinnern, so sind die jetzigen Bürgerstiftungen mit ihren Satzungen und klar definierten Projekten zugegebenermaßen weniger prozessorientiert und weniger konfus, dafür viel effizienter und deutlich pragmatischer.

Stiftungen sind eine der elegantesten Formen, der Gesellschaft etwas zu geben. Die große Zahl der jährlich hinzukommenden neuen Stiftungen in Deutschland ist Ausdruck unserer freiheitlichen, friedlichen und in weiten Teilen wohlhabenden Gesellschaft. Stiftungen stärken mit ihrer Autonomie die Freiheit des Einzelnen, der als Stifter einen gewaltigen gemeinnützigen Gestaltungsspielraum nutzen kann. Im Jahr 2008 sind wieder rund 1000 neue Akteure hinzugekommen, im Jahr 2009 werden es krisenbedingt etwas weniger sein. Die Stiftungswelt wird noch bunter werden.

# Bibliografie

Die hier aufgeführten Bücher empfehlen sich für eine vertiefende Beschäftigung mit dem Stiftungsthema:

Anheier, Helmut K./Badelt, Christoph (Hg.): *Handbuch der Nonprofit Organisation, Strukturen und Management.* 3. Auflage, Stuttgart 2002.
(Standardwerk, wird in den nächsten Jahren nochmals überarbeitet)

Bennigsen, Robert von (Hg.): *Neue Wege in der Führung von Stiftungen.* München 2000.

Bertelsmann Stiftung (Hg.): *Handbuch Bürgerstiftungen. Ziele, Gründung, Aufbau, Projekte.* Gütersloh 2004.
(Standardwerk für das seit einigen Jahren populäre Phänomen der Bürgerstiftungen mit guten Beispielen)

Bertelsmann Stiftung (Hg.): *Handbuch Stiftung. Ziele – Projekte – Management – Rechtliche Gestaltung.* 2. Auflage, Wiesbaden 2003.
(Standardwerk mit sehr guter historisch-grundsätzlicher Einführung sowie Darstellung rechtlicher und organisatorischer Fragen)

Bertelsmann Stiftung (Hg.): *Ratgeber Stiften.* Band 1: Planen – Gründen – Recht und Steuern, Band 2: Strategieentwicklung – Förderprojekte – Öffentlichkeitsarbeit, Band 3: Stiftungsorgane – Gremienentwicklung – Mitarbeiter, Band 4: Strategische Planung – Vermögensaufbau – Organisationsentwicklung für Bürgerstiftungen. Gütersloh 2008.
(Sehr praxistaugliches mehrteiliges, gut lesbares Handbuch)

Brömmling, Ulrich: *Die Kunst des Stiftens. 20 Perspektiven auf Stiftungen in Deutschland.* Berlin 2005.
(Essayistische Reflexion über Stiften und Stiftungen, gute atmosphärische Einführung)

Bundesverband Deutscher Stiftungen (Hg.): *Verzeichnis Deutscher Stiftungen.* Berlin 2008.
(Gute Quelle für Grunddaten deutscher Stiftungen, sollte in Verbindung mit aktuellen Angaben zu den wichtigsten deutschen Stiftungen im Internet unter www.stiftungen.org genutzt werden)

Bundesverband Deutscher Stiftungen (Hg.): *Die Gründung einer Stiftung,* Berlin 2008 (Stiftungsratgeber Band 1).
(Ein Klassiker; leicht verständlich geschrieben)

Campenhausen, Axel Freiherr von: *Stiftungen in Deutschland und Europa.* Düsseldorf 1998.

Fest, Joachim C.: *Die großen Stifter. Lebensbilder – Zeitbilder.* Berlin 2005.
(Sammlung kurzer, gut lesbarer Porträts europäischer und amerikanischer Stifter)

Göring, Michael: *In Hamburg stiften gehen. Spaziergänge durch Deutschlands Stiftungshauptstadt.* Unter Mitarbeit von Sascha Suhrke. Hamburg 2007.
(Stadtrundgang mit einer breiten Auswahl von Kurzporträts Hamburger Stiftungen und ihrer Geschichte)

Haibach, Marita: *Handbuch Fundraising. Spenden, Sponsoring, Stiftungen in der Praxis.* 2. Auflage, Frankfurt am Main 2002.

Hof, Hagen: *Stiftungen. Errichtung – Gestaltung – Geschäftsbericht.* München 2004 (Beck-Rechtsberater im dtv).

Hopt, Klaus J.: *The European Foundation. A New Legal Approach.* Gütersloh 2006.

Meyn, Christian/Richter, Andreas: *Die Stiftung. Umfassende Erläuterungen, Beispiele und Musterformulare für die Rechtspraxis*, Freiburg/Berlin 2004.
(Sehr hilfreich; vor allem die Mustersammlung)

Rawert, Peter/Schlosshan, Sabine: *Stiftungsrecht im 20. Jahrhundert. Auswahlbibliographie.* Köln 2004 (Schriftenreihe des Instituts für Stiftungsrecht und das Recht der Non-Profit-Organisationen an der Bucerius Law School, Band 4).
(Zentrales Nachschlagewerk für die Recherche vertiefender Lektüre zu allen rechtlichen Fragen rund um das Stiftungswesen)

Rawert, Peter: „Stiftung und Unternehmen“, in: Walz, W. Rainer et al. (Hg.): *Non Profit Law Yearbook 2003*, Köln 2004, S. 1–16.

Ritter, Gabriele/Klaßmann, Ralf: *Gemeinnützige Stiftungen. Rechtliche und steuerliche Hinweise für optimale Gestaltungen.* Herausgegeben von BDO Deutsche Warentreuhand Aktiengesellschaft, Wirtschaftsprüfungsgesellschaft. Hamburg 2008.
(Kurz und bündig, auf aktuellem Stand).

Schauhoff, Stephan: *Handbuch der Gemeinnützigkeit. Verein – Stiftung – GmbH, Recht – Steuern – Personal*, 2. Auflage, München 2005.
(Spezifische Fachliteratur, kommentiert Rechtsfragen zu allen Formen gemeinnütziger Aktivitäten [Vereine, Stiftungen etc.])

Schick, Stefan/Schmidt, Oliver/Ries, Gerhard/Walbröl, Hans-Robert: *Praxis-Handbuch Stiftungen. Chancen, Risiken, Verpflichtungen aus rechtlicher, steuerlicher und bilanzieller Sicht.* Regensburg / Berlin 2001.

Schlüter, Andreas: *Stiftungsrecht zwischen Privatautonomie und Gemeinwohlbindung. Ein Rechtsvergleich Deutschland, Frankreich, Italien, England, USA.* München 2004 (Schriften des Rechtszentrums für Europäische und Internationale Zusammenarbeit [RIZ], Band 21).

Schlüter, Andreas/Stolte, Stefan: *Stiftungsrecht. Formen und Errichtung, Stiftungsaufsicht, Verwaltung, Besteuerung, Internationales Stiftungsrecht. Mit Mustern.* München 2007.
(Sehr praxistauglicher Ratgeber, vor allem durch die Muster)

*Stiftung & Sponsoring – Magazin für Non-Profit-Management und -Marketing.* Essen 1998 ff.
(Zweimonatlich erscheinende Zeitschrift mit aktuellen Berichten und Grundsatzartikeln zu allen Fragen rund um das Stiftungswesen und einer „Rote Seiten" genannten Beilage pro Heft zu einzelnen Themen. Eine lohnende Lektüre für alle haupt- und ehrenamtlich im Stiftungswesen Tätigen).

Strachwitz, Rupert Graf/Mercker, Florian (Hg.): *Stiftungen in Theorie, Recht und Praxis – Handbuch für ein modernes Stiftungswesen.* Berlin 2005.
(Sehr gut lesbares Handbuch als *tour d'horizon* durch alle zentralen Aspekte der Stiftungsarbeit)

Timmer, Karsten: *Stiften in Deutschland. Die Ergebnisse der StifterStudie.* Gütersloh 2005.
(Gute Einführung, besonders zur Struktur und Motivation deutscher Stifter)

Turner, Nikolaus (Hg.): *Gemeinsam Gutes anstiften – Die Anfänge der Bürgerstiftungsbewegung in Deutschland.* Berlin 2009.
(Sehr gründlicher, informationsreicher Band zur Entstehung und zu den einzelnen Formen von Bürgerstiftungen in Deutschland)

Walz, W. Rainer/Hüttemann, Rainer/Rawert, Peter/Schmidt, Karsten (Hg.): Non Profit Law Yearbook. Köln 2001 ff.
(Die jährlich erscheinende Reihe gehört zu den wesentlichen Publikationen für alle rechtlichen Fragen rund um das Stiftungswesen und seine Fortentwicklung)

Wigand, Klaus/Haase-Theobald, Cordula/Heuel, Markus/Stolte, Stefan: *Stiftungen in der Praxis – Recht, Steuern, Beratung.* Wiesbaden 2007.
(Sehr gründliches, informatives Handbuch)

# Dank

Seit 1988 bin ich für Stiftungen tätig. In der Studienstiftung des deutschen Volkes, in der Alfried Krupp von Bohlen und Halbach-Stiftung und seit 1997 in der ZEIT-Stiftung sind die Lernkurven steil. Ich danke allen Vorgesetzten, Kolleginnen und Kollegen, Mitarbeiterinnen und Mitarbeitern, die mich in diesen mehr als 20 Jahren lernen ließen. Seit 1998 unterrichte ich nebenbei das Fach Stiftungswesen am Institut für Kultur- und Medienmanagement an der Hochschule für Musik und Theater in Hamburg. Ich habe in meinen Vorlesungen und Seminaren sehr viele hochinteressierte und motivierte Studierende getroffen, deren Fragen und Diskussionsfreudigkeit ich viel zu verdanken habe.

Dank gilt ebenso den Kolleginnen und Kollegen aus anderen Stiftungen, die wir uns im Bundesverband Deutscher Stiftungen, im EFC (European Foundation Centre) und im Hague Club regelmäßig fruchtbar herausfordern und gegenseitig anregen.

Insbesondere danke ich Frau Angela Herbst, Dr. Hugbert Flitner und Professor Dr. Peter Rawert für das kritische Gegenlesen von Teilen dieses Buches. Der Alfred Toepfer Stiftung verdanke ich im Sommer 2008 eine unbeschwerte und sehr ergiebige Arbeitswoche in ihrer Tagungsstätte Gut Siggen.

Besonderer Dank gilt Heidi Bühler-Becker, Herdis Horn und Katja Heidemann, die sich in der ZEIT-Stiftung meines Manuskriptes angenommen haben, sowie meinem Mitarbeiter Sascha Suhrke, der die Publikation mit seinem kritischen Verstand von Beginn an begleitet hat und auf dessen Recherchen ich mich stets verlassen konnte. Herrn Martin Janik und dem Carl Hanser Verlag danke ich für die erstklassige verlegerische Betreuung.

# Anhang A
# BGB §§ 80 bis 88

## Untertitel 2
## Stiftungen

### § 80 Entstehung einer rechtsfähigen Stiftung

(1) Zur Entstehung einer rechtsfähigen Stiftung sind das Stiftungsgeschäft und die Anerkennung durch die zuständige Behörde des Landes erforderlich, in dem die Stiftung ihren Sitz haben soll.

(2) Die Stiftung ist als rechtsfähig anzuerkennen, wenn das Stiftungsgeschäft den Anforderungen des § 81 Abs. 1 genügt, die dauernde und nachhaltige Erfüllung des Stiftungszwecks gesichert erscheint und der Stiftungszweck das Gemeinwohl nicht gefährdet.

(3) Vorschriften der Landesgesetze über kirchliche Stiftungen bleiben unberührt. Das gilt entsprechend für Stiftungen, die nach den Landesgesetzen kirchlichen Stiftungen gleichgestellt sind.

### § 81 Stiftungsgeschäft

(1) Das Stiftungsgeschäft unter Lebenden bedarf der schriftlichen Form. Es muss die verbindliche Erklärung des Stifters enthalten, ein Vermögen zur Erfüllung eines von ihm vorgegebenen Zweckes zu widmen. Durch das Stiftungsgeschäft muss die Stiftung eine Satzung erhalten mit Regelungen über

1. den Namen der Stiftung,
2. den Sitz der Stiftung,
3. den Zweck der Stiftung,
4. das Vermögen der Stiftung,
5. die Bildung des Vorstands der Stiftung.

Genügt das Stiftungsgeschäft den Erfordernissen des Satzes 3 nicht und ist der Stifter verstorben, findet § 83 Satz 2 bis 4 entsprechende Anwendung.

(2) Bis zur Anerkennung der Stiftung als rechtsfähig ist der Stifter zum Widerruf des Stiftungsgeschäfts berechtigt. Ist die Anerkennung bei der zuständigen Behörde beantragt, so kann der Widerruf nur dieser gegenüber erklärt werden. Der Erbe des Stifters ist zum Widerruf nicht berechtigt, wenn der Stifter den Antrag bei der zuständigen Behörde gestellt oder im Falle der notariellen Beurkundung des Stiftungsgeschäfts den Notar bei oder nach der Beurkundung mit der Antragstellung betraut hat.

### §82 Übertragungspflicht des Stifters

Wird die Stiftung als rechtsfähig anerkannt, so ist der Stifter verpflichtet, das in dem Stiftungsgeschäft zugesicherte Vermögen auf die Stiftung zu übertragen. Rechte, zu deren Übertragung der Abtretungsvertrag genügt, gehen mit der Anerkennung auf die Stiftung über, sofern nicht aus dem Stiftungsgeschäft sich ein anderer Wille des Stifters ergibt.

### §83 Stiftung von Todes wegen

Besteht das Stiftungsgeschäft in einer Verfügung von Todes wegen, so hat das Nachlassgericht dies der zuständigen Behörde zur Anerkennung mitzuteilen, sofern sie nicht von dem Erben oder dem Testamentsvollstrecker beantragt wird. Genügt das Stiftungsgeschäft nicht den Erfordernissen des §81 Abs.1 Satz 3, wird der Stiftung durch die zuständige Behörde vor der Anerkennung eine Satzung gegeben oder eine unvollständige Satzung ergänzt; dabei soll der Wille des Stifters berücksichtigt werden. Als Sitz der Stiftung gilt, wenn nicht ein anderes bestimmt ist, der Ort, an welchem die Verwaltung geführt wird. Im Zweifel gilt der letzte Wohnsitz des Stifters im Inland als Sitz.

### §84 Anerkennung nach Tod des Stifters

Wird die Stiftung erst nach dem Tode des Stifters als rechtsfähig anerkannt, so gilt sie für die Zuwendungen des Stifters als schon vor dessen Tod entstanden.

### §85 Stiftungsverfassung

Die Verfassung einer Stiftung wird, soweit sie nicht auf Bundes-oder Landesgesetz beruht, durch das Stiftungsgeschäft bestimmt.

### §86 Anwendung des Vereinsrechts

Die Vorschriften der §§23 und 26, des §27 Abs.3 und der §§28 bis 31, 42 finden auf Stiftungen entsprechende Anwendung, die Vorschriften des § 27 Abs. 3 und des § 28 Abs. 1 jedoch nur insoweit, als sich nicht aus der Verfassung, insbesondere daraus, dass die Verwaltung der Stiftung von einer öffentlichen Behörde geführt wird, ein anderes ergibt. Die Vorschriften des § 28 Abs. 2 und des § 29 finden auf Stiftungen, deren Verwaltung von einer öffentlichen Behörde geführt wird, keine Anwendung.

**§ 87 Zweckänderung; Aufhebung**

(1) Ist die Erfüllung des Stiftungszwecks unmöglich geworden oder gefährdet sie das Gemeinwohl, so kann die zuständige Behörde der Stiftung eine andere Zweckbestimmung geben oder sie aufheben.
(2) Bei der Umwandlung des Zweckes soll der Wille des Stifters berücksichtigt werden, insbesondere soll dafür gesorgt werden, dass die Erträge des Stiftungsvermögens dem Personenkreis, dem sie zustatten kommen sollten, im Sinne des Stifters erhalten bleiben. Die Behörde kann die Verfassung der Stiftung ändern, soweit die Umwandlung des Zweckes es erfordert.
(3) Vor der Umwandlung des Zweckes und der Änderung der Verfassung soll der Vorstand der Stiftung gehört werden.

**§ 88 Vermögensanfall**

Mit dem Erlöschen der Stiftung fällt das Vermögen an die in der Verfassung bestimmten Personen. Fehlt es an einer Bestimmung der Anfallberechtigten, so fällt das Vermögen an den Fiskus des Landes, in dem die Stiftung ihren Sitz hatte, oder an einen anderen nach dem Recht dieses Landes bestimmten Anfallberechtigten. Die Vorschriften der §§ 46 bis 53 finden entsprechende Anwendung.

# Anhang B
# Abgabenordnung §§51 bis 68

## Dritter Abschnitt Steuerbegünstigte Zwecke

### §51 Allgemeines

Gewährt das Gesetz eine Steuervergünstigung, weil eine Körperschaft ausschließlich und unmittelbar gemeinnützige, mildtätige oder kirchliche Zwecke (steuerbegünstigte Zwecke) verfolgt, so gelten die folgenden Vorschriften. Unter Körperschaften sind die Körperschaften, Personenvereinigungen und Vermögensmassen im Sinne des Körperschaftsteuergesetzes zu verstehen. Funktionale Untergliederungen (Abteilungen) von Körperschaften gelten nicht als selbstständige Steuersubjekte.

**Fußnote**

§51: Erstmals anzuwenden ab 1.1.1990 gem. Art.97 §1d AOEG 1977

### §52 Gemeinnützige Zwecke

(1) Eine Körperschaft verfolgt gemeinnützige Zwecke, wenn ihre Tätigkeit darauf gerichtet ist, die Allgemeinheit auf materiellem, geistigem oder sittlichem Gebiet selbstlos zu fördern. Eine Förderung der Allgemeinheit ist nicht gegeben, wenn der Kreis der Personen, dem die Förderung zugute kommt, fest abgeschlossen ist, zum Beispiel Zugehörigkeit zu einer Familie oder zur Belegschaft eines Unternehmens, oder infolge seiner Abgrenzung, insbesondere nach räumlichen oder beruflichen Merkmalen, dauernd nur klein sein kann. Eine Förderung der Allgemeinheit liegt nicht allein deswegen vor, weil eine Körperschaft ihre Mittel einer Körperschaft des öffentlichen Rechts zuführt.

(2) Unter den Voraussetzungen des Absatzes 1 sind als Förderung der Allgemeinheit anzuerkennen:

1. die Förderung von Wissenschaft und Forschung;
2. die Förderung der Religion;
3. die Förderung des öffentlichen Gesundheitswesens und der öffentlichen Gesundheitspflege, insbesondere die Verhütung und Bekämp-

fung von übertragbaren Krankheiten, auch durch Krankenhäuser im Sinne des § 67, und von Tierseuchen;

4. die Förderung der Jugend-und Altenhilfe;
5. die Förderung von Kunst und Kultur;
6. die Förderung des Denkmalschutzes und der Denkmalpflege;
7. die Förderung der Erziehung, Volks-und Berufsbildung einschließlich der Studentenhilfe;
8. die Förderung des Naturschutzes und der Landschaftspflege im Sinne des Bundesnaturschutzgesetzes und der Naturschutzgesetze der Länder, des Umweltschutzes, des Küstenschutzes und des Hochwasserschutzes;
9. die Förderung des Wohlfahrtswesens, insbesondere der Zwecke der amtlich anerkannten Verbände der freien Wohlfahrtspflege (§ 23 der Umsatzsteuer-Durchführungsverordnung), ihrer Unterverbände und ihrer angeschlossenen Einrichtungen und Anstalten;
10. die Förderung der Hilfe für politisch, rassisch oder religiös Verfolgte, für Flüchtlinge, Vertriebene, Aussiedler, Spätaussiedler, Kriegsopfer, Kriegshinterbliebene, Kriegsbeschädigte und Kriegsgefangene, Zivilbeschädigte und Behinderte sowie Hilfe für Opfer von Straftaten; Förderung des Andenkens an Verfolgte, Kriegs- und Katastrophenopfer; Förderung des Suchdienstes für Vermisste;
11. die Förderung der Rettung aus Lebensgefahr;
12. die Förderung des Feuer-, Arbeits-, Katastrophen-und Zivilschutzes sowie der Unfallverhütung;
13. die Förderung internationaler Gesinnung, der Toleranz auf allen Gebieten der Kultur und des Völkerverständigungsgedankens;
14. die Förderung des Tierschutzes;
15. die Förderung der Entwicklungszusammenarbeit;
16. die Förderung von Verbraucherberatung und Verbraucherschutz;
17. die Förderung der Fürsorge für Strafgefangene und ehemalige Strafgefangene;
18. die Förderung der Gleichberechtigung von Frauen und Männern;
19. die Förderung des Schutzes von Ehe und Familie;
20. die Förderung der Kriminalprävention;
21. die Förderung des Sports (Schach gilt als Sport);
22. die Förderung der Heimatpflege und Heimatkunde;
23. die Förderung der Tierzucht, der Pflanzenzucht, der Kleingärtnerei, des traditionellen Brauchtums einschließlich des Karnevals, der Fastnacht und des Faschings, der Soldaten-und Reservistenbetreuung, des Amateurfunkens, des Modellflugs und des Hundesports;

24. die allgemeine Förderung des demokratischen Staatswesens im Geltungsbereich dieses Gesetzes; hierzu gehören nicht Bestrebungen, die nur bestimmte Einzelinteressen staatsbürgerlicher Art verfolgen oder die auf den kommunalpolitischen Bereich beschränkt sind;
25. die Förderung des bürgerschaftlichen Engagements zugunsten gemeinnütziger, mildtätiger und kirchlicher Zwecke.

Sofern der von der Körperschaft verfolgte Zweck nicht unter Satz 1 fällt, aber die Allgemeinheit auf materiellem, geistigem oder sittlichem Gebiet entsprechend selbstlos gefördert wird, kann dieser Zweck für gemeinnützig erklärt werden. Die obersten Finanzbehörden der Länder haben jeweils eine Finanzbehörde im Sinne des Finanzverwaltungsgesetzes zu bestimmen, die für Entscheidungen nach Satz 2 zuständig ist.

**Fußnote**
§52: Zur erstmaligen Anwendung ab 1.1.2007 vgl. Art.97 §1d AOEG 1977

### §53 Mildtätige Zwecke

Eine Körperschaft verfolgt mildtätige Zwecke, wenn ihre Tätigkeit darauf gerichtet ist, Personen selbstlos zu unterstützen,

1. die infolge ihres körperlichen, geistigen oder seelischen Zustandes auf die Hilfe anderer angewiesen sind oder
2. deren Bezüge nicht höher sind als das Vierfache des Regelsatzes der Sozialhilfe im Sinne des §28 des Zwölften Buches Sozialgesetzbuch; beim Alleinstehenden oder Haushaltsvorstand tritt an die Stelle des Vierfachen das Fünffache des Regelsatzes. Dies gilt nicht für Personen, deren Vermögen zur nachhaltigen Verbesserung ihres Unterhalts ausreicht und denen zugemutet werden kann, es dafür zu verwenden. Bei Personen, deren wirtschaftliche Lage aus besonderen Gründen zu einer Notlage geworden ist, dürfen die Bezüge oder das Vermögen die genannten Grenzen übersteigen. Bezüge im Sinne dieser Vorschrift sind
   a) Einkünfte im Sinne des §2 Abs. 1 des Einkommensteuergesetzes und
   b) andere zur Bestreitung des Unterhalts bestimmte oder geeignete Bezüge, die der Alleinstehende oder der Haushaltsvorstand und die sonstigen Haushaltsangehörigen haben. Zu den

Bezügen zählen nicht Leistungen der Sozialhilfe, Leistungen zur Sicherung des Lebensmittelunterhalts nach dem Zweiten Buch Sozialgesetzbuch und bis zur Höhe der Leistungen der Sozialhilfe Unterhaltsleistungen an Personen, die ohne die Unterhaltsleistungen sozialhilfeberechtigt wären, oder Anspruch auf Leistungen zur Sicherung des Lebensunterhalts nach dem Zweiten Buch Sozialgesetzbuch hätten. Unterhaltsansprüche sind zu berücksichtigen.

### §54 Kirchliche Zwecke

(1) Eine Körperschaft verfolgt kirchliche Zwecke, wenn ihre Tätigkeit darauf gerichtet ist, eine Religionsgemeinschaft, die Körperschaft des öffentlichen Rechts ist, selbstlos zu fördern.

(2) Zu diesen Zwecken gehören insbesondere die Errichtung, Ausschmückung und Unterhaltung von Gotteshäusern und kirchlichen Gemeindehäusern, die Abhaltung von Gottesdiensten, die Ausbildung von Geistlichen, die Erteilung von Religionsunterricht, die Beerdigung und die Pflege des Andenkens der Toten, ferner die Verwaltung des Kirchenvermögens, die Besoldung der Geistlichen, Kirchenbeamten und Kirchendiener, die Alters-und Behindertenversorgung für diese Personen und die Versorgung ihrer Witwen und Waisen.

### §55 Selbstlosigkeit

(1) Eine Förderung oder Unterstützung geschieht selbstlos, wenn dadurch nicht in erster Linie eigenwirtschaftliche Zwecke – zum Beispiel gewerbliche Zwecke oder sonstige Erwerbszwecke – verfolgt werden und wenn die folgenden Voraussetzungen gegeben sind:

1. Mittel der Körperschaft dürfen nur für die satzungsmäßigen Zwecke verwendet werden. Die Mitglieder oder Gesellschafter (Mitglieder im Sinne dieser Vorschriften) dürfen keine Gewinnanteile und in ihrer Eigenschaft als Mitglieder auch keine sonstigen Zuwendungen aus Mitteln der Körperschaft erhalten. Die Körperschaft darf ihre Mittel weder für die unmittelbare noch für die mittelbare Unterstützung oder Förderung politischer Parteien verwenden.
2. Die Mitglieder dürfen bei ihrem Ausscheiden oder bei Auflösung oder Aufhebung der Körperschaft nicht mehr als ihre eingezahlten Kapitalanteile und den gemeinen Wert ihrer geleisteten Sacheinlagen zurückerhalten.

3. Die Körperschaft darf keine Person durch Ausgaben, die dem Zweck der Körperschaft fremd sind, oder durch unverhältnismäßig hohe Vergütungen begünstigen.
4. Bei Auflösung oder Aufhebung der Körperschaft oder bei Wegfall ihres bisherigen Zwecks darf das Vermögen der Körperschaft, soweit es die eingezahlten Kapitalanteile der Mitglieder und den gemeinen Wert der von den Mitgliedern geleisteten Sacheinlagen übersteigt, nur für steuerbegünstigte Zwecke verwendet werden (Grundsatz der Vermögensbindung). Diese Voraussetzung ist auch erfüllt, wenn das Vermögen einer anderen steuerbegünstigten Körperschaft oder einer Körperschaft des öffentlichen Rechts für steuerbegünstigte Zwecke übertragen werden soll.
5. Die Körperschaft muss ihre Mittel grundsätzlich zeitnah für ihre steuerbegünstigten satzungsmäßigen Zwecke verwenden. Verwendung in diesem Sinne ist auch die Verwendung der Mittel für die Anschaffung oder Herstellung von Vermögensgegenständen, die satzungsmäßigen Zwecken dienen. Eine zeitnahe Mittelverwendung ist gegeben, wenn die Mittel spätestens in dem auf den Zufluss folgenden Kalender-oder Wirtschaftsjahr für die steuerbegünstigten satzungsmäßigen Zwecke verwendet werden.

(2) Bei der Ermittlung des gemeinen Werts (Absatz 1 Nr. 2 und 4) kommt es auf die Verhältnisse zu dem Zeitpunkt an, in dem die Sacheinlagen geleistet worden sind.

(3) Die Vorschriften, die die Mitglieder der Körperschaft betreffen (Absatz 1 Nr. 1, 2 und 4), gelten bei Stiftungen für die Stifter und ihre Erben, bei Betrieben gewerblicher Art von Körperschaften des öffentlichen Rechts für die Körperschaft sinngemäß, jedoch mit der Maßgabe, dass bei Wirtschaftsgütern, die nach § 6 Abs. 1 Nr. 4 Satz 5 und 6 des Einkommensteuergesetzes aus einem Betriebsvermögen zum Buchwert entnommen worden sind, an die Stelle des gemeinen Werts der Buchwert der Entnahme tritt.

**Fußnote**

§ 55 Abs. 1 Nr. 5: Anzuwenden ab 1. 1. 2000 gem. Art. 97 § 1a Abs. 3 AOEG 1977

**§ 56 Ausschließlichkeit**

Ausschließlichkeit liegt vor, wenn eine Körperschaft nur ihre steuerbegünstigten satzungsmäßigen Zwecke verfolgt.

### §57 Unmittelbarkeit

(1) Eine Körperschaft verfolgt unmittelbar ihre steuerbegünstigten satzungsmäßigen Zwecke, wenn sie selbst diese Zwecke verwirklicht. Das kann auch durch Hilfspersonen geschehen, wenn nach den Umständen des Falls, insbesondere nach den rechtlichen und tatsächlichen Beziehungen, die zwischen der Körperschaft und der Hilfsperson bestehen, das Wirken der Hilfsperson wie eigenes Wirken der Körperschaft anzusehen ist.

(2) Eine Körperschaft, in der steuerbegünstigte Körperschaften zusammengefasst sind, wird einer Körperschaft, die unmittelbar steuerbegünstigte Zwecke verfolgt, gleichgestellt.

### §58 Steuerlich unschädliche Betätigungen

Die Steuervergünstigung wird nicht dadurch ausgeschlossen, dass

1. eine Körperschaft Mittel für die Verwirklichung der steuerbegünstigten Zwecke einer anderen Körperschaft oder für die Verwirklichung steuerbegünstigter Zwecke durch eine Körperschaft des öffentlichen Rechts beschafft; die Beschaffung von Mitteln für eine unbeschränkt steuerpflichtige Körperschaft des privaten Rechts setzt voraus, dass diese selbst steuerbegünstigt ist,
2. eine Körperschaft ihre Mittel teilweise einer anderen, ebenfalls steuerbegünstigten Körperschaft oder einer Körperschaft des öffentlichen Rechts zur Verwendung zu steuerbegünstigten Zwecken zuwendet,
3. eine Körperschaft ihre Arbeitskräfte anderen Personen, Unternehmen, Einrichtungen oder einer Körperschaft des öffentlichen Rechts für steuerbegünstigte Zwecke zur Verfügung stellt,
4. eine Körperschaft ihr gehörende Räume einer anderen, ebenfalls steuerbegünstigten Körperschaft oder einer Körperschaft des öffentlichen Rechts zur Nutzung zu steuerbegünstigten Zwecken überlässt,
5. eine Stiftung einen Teil, jedoch höchstens ein Drittel ihres Einkommens dazu verwendet, um in angemessener Weise den Stifter und seine nächsten Angehörigen zu unterhalten, ihre Gräber zu pflegen und ihr Andenken zu ehren,
6. eine Körperschaft ihre Mittel ganz oder teilweise einer Rücklage zuführt, soweit dies erforderlich ist, um ihre steuerbegünstigten satzungsmäßigen Zwecke nachhaltig erfüllen zu können,
7. a) eine Körperschaft höchstens ein Drittel des Überschusses der

Einnahmen über die Unkosten aus Vermögensverwaltung und darüber hinaus höchstens 10 Prozent ihrer sonstigen nach §55 Abs. 1 Nr. 5 zeitnah zu verwendenden Mittel einer freien Rücklage zuführt,

b) eine Körperschaft Mittel zum Erwerb von Gesellschaftsrechten zur Erhaltung der prozentualen Beteiligung an Kapitalgesellschaften ansammelt oder im Jahr des Zuflusses verwendet; diese Beträge sind auf die nach Buchstabe a in demselben Jahr oder künftig zulässigen Rücklagen anzurechnen,

8. eine Körperschaft gesellige Zusammenkünfte veranstaltet, die im Vergleich zu ihrer steuerbegünstigten Tätigkeit von untergeordneter Bedeutung sind,
9. ein Sportverein neben dem unbezahlten auch den bezahlten Sport fördert,
10. eine von einer Gebietskörperschaft errichtete Stiftung zur Erfüllung ihrer steuerbegünstigten Zwecke Zuschüsse an Wirtschaftsunternehmen vergibt,
11. eine Körperschaft folgende Mittel ihrem Vermögen zuführt:
    a) Zuwendungen von Todes wegen, wenn der Erblasser keine Verwendung für den laufenden Aufwand der Körperschaft vorgeschrieben hat,
    b) Zuwendungen, bei denen der Zuwendende ausdrücklich erklärt, dass sie zur Ausstattung der Körperschaft mit Vermögen oder zur Erhöhung des Vermögens bestimmt sind,
    c) Zuwendungen auf Grund eines Spendenaufrufs der Körperschaft, wenn aus dem Spendenaufruf ersichtlich ist, dass Beträge zur Aufstockung des Vermögens erbeten werden,
    d) Sachzuwendungen, die ihrer Natur nach zum Vermögen gehören,
12. eine Stiftung im Jahr ihrer Errichtung und in den zwei folgenden Kalenderjahren Überschüsse aus der Vermögensverwaltung und die Gewinne aus wirtschaftlichen Geschäftsbetrieben (§ 14) ganz oder teilweise ihrem Vermögen zuführt.

**Fußnote**

§58: Zur erstmaligen Anwendung ab 1. 1. 2007 vgl. Art. 97 § 1d AOEG 1977

§58 Nr. 1: Anzuwenden ab 1. 1. 2001 gem. Art. 97 § 1a Abs. 1 AOEG 1977

§58 Nr. 7 Buchst. a: Anzuwenden ab 1. 1. 2000 gem. Art. 97 § 1a Abs. 3 AOEG 1977

§58 Nr.10 F. 21.12.1993: Erstmals anzuwenden ab 1.1.1993 gem. Art.97 § 1a Abs.2 AOEG 1977
§58 Nr.11 u. 12: Anzuwenden ab 1.1.2000 gem. Art.97 § 1a Abs.3 AOEG 1977

**§59 Voraussetzung der Steuervergünstigung**
Die Steuervergünstigung wird gewährt, wenn sich aus der Satzung, dem Stiftungsgeschäft oder der sonstigen Verfassung (Satzung im Sinne dieser Vorschriften) ergibt, welchen Zweck die Körperschaft verfolgt, dass dieser Zweck den Anforderungen der §§52 bis 55 entspricht und dass er ausschließlich und unmittelbar verfolgt wird; die tatsächliche Geschäftsführung muss diesen Satzungsbestimmungen entsprechen.

**§60 Anforderungen an die Satzung**
(1) Die Satzungszwecke und die Art ihrer Verwirklichung müssen so genau bestimmt sein, dass auf Grund der Satzung geprüft werden kann, ob die satzungsmäßigen Voraussetzungen für Steuervergünstigungen gegeben sind.

(2) Die Satzung muss den vorgeschriebenen Erfordernissen bei der Körperschaftsteuer und bei der Gewerbesteuer während des ganzen Veranlagungs-oder Bemessungszeitraums, bei den anderen Steuern im Zeitpunkt der Entstehung der Steuer entsprechen.

**§61 Satzungsmäßige Vermögensbindung**
(1) Eine steuerlich ausreichende Vermögensbindung (§55 Abs.1 Nr.4) liegt vor, wenn der Zweck, für den das Vermögen bei Auflösung oder Aufhebung der Körperschaft oder bei Wegfall ihres bisherigen Zwecks verwendet werden soll, in der Satzung so genau bestimmt ist, dass auf Grund der Satzung geprüft werden kann, ob der Verwendungszweck steuerbegünstigt ist.

(2) (weggefallen)

(3) Wird die Bestimmung über die Vermögensbindung nachträglich so geändert, dass sie den Anforderungen des §55 Abs.1 Nr.4 nicht mehr entspricht, so gilt sie von Anfang an als steuerlich nicht ausreichend. §175 Abs.1 Satz 1 Nr.2 ist mit der Maßgabe anzuwenden, dass Steuerbescheide erlassen, aufgehoben oder geändert werden können, soweit sie Steuern betreffen, die innerhalb der letzten zehn Kalenderjahre vor

der Änderung der Bestimmung über die Vermögensbindung entstanden sind.

**Fußnote**

§61: Zur erstmaligen Anwendung ab 1.1.2007 vgl. Art. 97 §1d AOEG 1977

## §62 Ausnahmen von der satzungsmäßigen Vermögensbindung

Bei Betrieben gewerblicher Art von Körperschaften des öffentlichen Rechts, bei den von einer Körperschaft des öffentlichen Rechts verwalteten unselbstständigen Stiftungen und bei geistlichen Genossenschaften (Orden, Kongregationen) braucht die Vermögensbindung in der Satzung nicht festgelegt zu werden.

**Fußnote**

§62: Zur Anwendung vgl. Art. 97 §1f AOEG 1977

## §63 Anforderungen an die tatsächliche Geschäftsführung

(1) Die tatsächliche Geschäftsführung der Körperschaft muss auf die ausschließliche und unmittelbare Erfüllung der steuerbegünstigten Zwecke gerichtet sein und den Bestimmungen entsprechen, die die Satzung über die Voraussetzungen für Steuervergünstigungen enthält.

(2) Für die tatsächliche Geschäftsführung gilt sinngemäß §60 Abs. 2, für eine Verletzung der Vorschrift über die Vermögensbindung §61 Abs. 3.

(3) Die Körperschaft hat den Nachweis, dass ihre tatsächliche Geschäftsführung den Erfordernissen des Absatzes 1 entspricht, durch ordnungsmäßige Aufzeichnungen über ihre Einnahmen und Ausgaben zu führen.

(4) Hat die Körperschaft Mittel angesammelt, ohne dass die Voraussetzungen des §58 Nr. 6 und 7 vorliegen, kann das Finanzamt ihr eine Frist für die Verwendung der Mittel setzen. Die tatsächliche Geschäftsführung gilt als ordnungsgemäß im Sinne des Absatzes 1, wenn die Körperschaft die Mittel innerhalb der Frist für steuerbegünstigte Zwecke verwendet.

## §64 Steuerpflichtige wirtschaftliche Geschäftsbetriebe

(1) Schließt das Gesetz die Steuervergünstigung insoweit aus, als ein wirtschaftlicher Geschäftsbetrieb (§14) unterhalten wird, so verliert

die Körperschaft die Steuervergünstigung für die dem Geschäftsbetrieb zuzuordnenden Besteuerungsgrundlagen (Einkünfte, Umsätze, Vermögen), soweit der wirtschaftliche Geschäftsbetrieb kein Zweckbetrieb (§§ 65 bis 68) ist.

(2) Unterhält die Körperschaft mehrere wirtschaftliche Geschäftsbetriebe, die keine Zweckbetriebe (§§ 65 bis 68) sind, werden diese als ein wirtschaftlicher Geschäftsbetrieb behandelt.

(3) Übersteigen die Einnahmen einschließlich Umsatzsteuer aus wirtschaftlichen Geschäftsbetrieben, die keine Zweckbetriebe sind, insgesamt nicht 35 000 Euro im Jahr, so unterliegen die diesen Geschäftsbetrieben zuzuordnenden Besteuerungsgrundlagen nicht der Körperschaftsteuer und der Gewerbesteuer.

(4) Die Aufteilung einer Körperschaft in mehrere selbstständige Körperschaften zum Zweck der mehrfachen Inanspruchnahme der Steuervergünstigung nach Absatz 3 gilt als Missbrauch von rechtlichen Gestaltungsmöglichkeiten im Sinne des § 42.

(5) Überschüsse aus der Verwertung unentgeltlich erworbenen Altmaterials außerhalb einer ständig dafür vorgehaltenen Verkaufsstelle, die der Körperschaftsteuer und der Gewerbesteuer unterliegen, können in Höhe des branchenüblichen Reingewinns geschätzt werden.

(6) Bei den folgenden steuerpflichtigen wirtschaftlichen Geschäftsbetrieben kann der Besteuerung ein Gewinn von 15 Prozent der Einnahmen zugrunde gelegt werden:
1. Werbung für Unternehmen, die im Zusammenhang mit der steuerbegünstigten Tätigkeit einschließlich Zweckbetrieben stattfindet,
2. Totalisatorbetriebe,
3. Zweite Fraktionierungsstufe der Blutspendedienste.

**Fußnote**

§ 64: Zur erstmaligen Anwendung ab 1. 1. 2007 vgl. Art. 97 § 1d AOEG 1977

§ 64 Abs. 6: Anzuwenden ab 1. 1. 2000 gem. Art. 97 § 1b AOEG 1977

## § 65 Zweckbetrieb

Ein Zweckbetrieb ist gegeben, wenn
1. der wirtschaftliche Geschäftsbetrieb in seiner Gesamtrichtung dazu dient, die steuerbegünstigten satzungsmäßigen Zwecke der Körperschaft zu verwirklichen,

2. die Zwecke nur durch einen solchen Geschäftsbetrieb erreicht werden können und
3. der wirtschaftliche Geschäftsbetrieb zu nicht begünstigten Betrieben derselben oder ähnlicher Art nicht in größerem Umfang in Wettbewerb tritt, als es bei Erfüllung der steuerbegünstigten Zwecke unvermeidbar ist.

**§66 Wohlfahrtspflege**

(1) Eine Einrichtung der Wohlfahrtspflege ist ein Zweckbetrieb, wenn sie in besonderem Maß den in §53 genannten Personen dient.

(2) Wohlfahrtspflege ist die planmäßige, zum Wohle der Allgemeinheit und nicht des Erwerbs wegen ausgeübte Sorge für notleidende oder gefährdete Mitmenschen. Die Sorge kann sich auf das gesundheitliche, sittliche, erzieherische oder wirtschaftliche Wohl erstrecken und Vorbeugung oder Abhilfe bezwecken.

(3) Eine Einrichtung der Wohlfahrtspflege dient in besonderem Maße den in §53 genannten Personen, wenn diesen mindestens zwei Drittel ihrer Leistungen zugute kommen. Für Krankenhäuser gilt §67.

**§67 Krankenhäuser**

(1) Ein Krankenhaus, das in den Anwendungsbereich des Krankenhausentgeltgesetzes oder der Bundespflegesatzverordnung fällt, ist ein Zweckbetrieb, wenn mindestens 40 Prozent der jährlichen Belegungstage oder Berechnungstage auf Patienten entfallen, bei denen nur Entgelte für allgemeine Krankenhausleistungen (§7 des Krankenhausentgeltgesetzes, §10 der Bundespflegesatzverordnung) berechnet werden.

(2) Ein Krankenhaus, das nicht in den Anwendungsbereich des Krankenhausentgeltgesetzes oder der Bundespflegesatzverordnung fällt, ist ein Zweckbetrieb, wenn mindestens 40 Prozent der jährlichen Belegungstage oder Berechnungstage auf Patienten entfallen, bei denen für die Krankenhausleistungen kein höheres Entgelt als nach Absatz 1 berechnet wird.

**Fußnote**

§67 Abs.1: Anzuwenden ab 1.1.1996 bzw. 1.1.1995 gem. Art.97 §1c Abs.2 AOEG 1977

### §67a Sportliche Veranstaltungen

(1) Sportliche Veranstaltungen eines Sportvereins sind ein Zweckbetrieb, wenn die Einnahmen einschließlich Umsatzsteuer insgesamt 35000 Euro im Jahr nicht übersteigen. Der Verkauf von Speisen und Getränken sowie die Werbung gehören nicht zu den sportlichen Veranstaltungen.

(2) Der Sportverein kann dem Finanzamt bis zur Unanfechtbarkeit des Körperschaftsteuerbescheids erklären, dass er auf die Anwendung des Absatzes 1 Satz 1 verzichtet. Die Erklärung bindet den Sportverein für mindestens fünf Veranlagungszeiträume.

(3) Wird auf die Anwendung des Absatzes 1 Satz 1 verzichtet, sind sportliche Veranstaltungen eines Sportvereins ein Zweckbetrieb, wenn

1. kein Sportler des Vereins teilnimmt, der für seine sportliche Betätigung oder für die Benutzung seiner Person, seines Namens, seines Bildes oder seiner sportlichen Betätigung zu Werbezwecken von dem Verein oder einem Dritten über eine Aufwandsentschädigung hinaus Vergütungen oder andere Vorteile erhält und
2. kein anderer Sportler teilnimmt, der für die Teilnahme an der Veranstaltung von dem Verein oder einem Dritten im Zusammenwirken mit dem Verein über eine Aufwandsentschädigung hinaus Vergütungen oder andere Vorteile erhält.

Andere sportliche Veranstaltungen sind ein steuerpflichtiger wirtschaftlicher Geschäftsbetrieb. Dieser schließt die Steuervergünstigung nicht aus, wenn die Vergütungen oder andere Vorteile ausschließlich aus wirtschaftlichen Geschäftsbetrieben, die nicht Zweckbetriebe sind, oder von Dritten geleistet werden.

**Fußnote**

§67a: Zur erstmaligen Anwendung ab 1.1.2007 vgl. Art. 97 §1d AOEG 1977

### §68 Einzelne Zweckbetriebe

Zweckbetriebe sind auch:

1. a) Alten-, Altenwohn-und Pflegeheime, Erholungsheime, Mahlzeitendienste, wenn sie in besonderem Maß den in §53 genannten Personen dienen (§66 Abs.3),
   b) Kindergärten, Kinder-, Jugend-und Studentenheime, Schullandheime und Jugendherbergen,
2. a) landwirtschaftliche Betriebe und Gärtnereien, die der Selbst-

versorgung von Körperschaften dienen und dadurch die sachgemäße Ernährung und ausreichende Versorgung von Anstaltsangehörigen sichern,

b) andere Einrichtungen, die für die Selbstversorgung von Körperschaften erforderlich sind, wie Tischlereien, Schlossereien, wenn die Lieferungen und sonstigen Leistungen dieser Einrichtungen an Außenstehende dem Wert nach 20 Prozent der gesamten Lieferungen und sonstigen Leistungen des Betriebs – einschließlich der an die Körperschaften selbst bewirkten – nicht übersteigen,

3. a) Werkstätten für behinderte Menschen, die nach den Vorschriften des Dritten Buches Sozialgesetzbuch förderungsfähig sind und Personen Arbeitsplätze bieten, die wegen ihrer Behinderung nicht auf dem allgemeinen Arbeitsmarkt tätig sein können,

   b) Einrichtungen für Beschäftigungs-und Arbeitstherapie, in denen behinderte Menschen aufgrund ärztlicher Indikationen außerhalb eines Beschäftigungsverhältnisses zum Träger der Therapieeinrichtung mit dem Ziel behandelt werden, körperliche oder psychische Grundfunktionen zum Zwecke der Wiedereingliederung in das Alltagsleben wiederherzustellen oder die besonderen Fähigkeiten und Fertigkeiten auszubilden, zu fördern und zu trainieren, die für eine Teilnahme am Arbeitsleben erforderlich sind, und

   c) Integrationsprojekte im Sinne des § 132 Abs. 1 des Neunten Buches Sozialgesetzbuch, wenn mindestens 40 Prozent der Beschäftigten besonders betroffene schwerbehinderte Menschen im Sinne des § 132 Abs. 1 des Neunten Buches Sozialgesetzbuch sind,

4. Einrichtungen, die zur Durchführung der Blindenfürsorge und zur Durchführung der Fürsorge für Körperbehinderte unterhalten werden,
5. Einrichtungen der Fürsorgeerziehung und der freiwilligen Erziehungshilfe,
6. von den zuständigen Behörden genehmigte Lotterien und Ausspielungen, wenn der Reinertrag unmittelbar und ausschließlich zur Förderung mildtätiger, kirchlicher oder gemeinnütziger Zwecke verwendet wird,
7. kulturelle Einrichtungen, wie Museen, Theater, und kulturelle Veranstaltungen, wie Konzerte, Kunstausstellungen; dazu gehört nicht der Verkauf von Speisen und Getränken,

8. Volkshochschulen und andere Einrichtungen, soweit sie selbst Vorträge, Kurse und andere Veranstaltungen wissenschaftlicher oder belehrender Art durchführen; dies gilt auch, soweit die Einrichtungen den Teilnehmern dieser Veranstaltungen selbst Beherbergung und Beköstigung gewähren,
9. Wissenschafts-und Forschungseinrichtungen, deren Träger sich überwiegend aus Zuwendungen der öffentlichen Hand oder Dritter oder aus der Vermögensverwaltung finanziert. Der Wissenschaft und Forschung dient auch die Auftragsforschung. Nicht zum Zweckbetrieb gehören Tätigkeiten, die sich auf die Anwendung gesicherter wissenschaftlicher Erkenntnisse beschränken, die Übernahme von Projektträgerschaften sowie wirtschaftliche Tätigkeiten ohne Forschungsbezug.

**Fußnote**

§68 F. 18.12.1989: Erstmals anzuwenden ab 1.1.1990 gem. Art. 97 § 1d AOEG 1977

§68 Nr. 3F. 2004-04-23: Anzuwenden ab 1.1.2003; vgl. Art. 97 § 1e Abs. 3 Satz 1 AOEG 1977 F. 2004-04-23

§68 Nr.3 Buchst. c: Zur Anwendung vgl. Art. 97 § 1e Abs. 3 Satz 2 AOEG 1977 F. 2004-04-23

Bundesverband
Deutscher Stiftungen

# Anhang C
# Muster Stiftungsgeschäft zu Lebzeiten

**Stiftungsgeschäft**

**Stiftungsgeschäft über die Errichtung der ..........................................**
**............................................... Stiftung in ..........................................................**

**I.**

Hiermit errichte(n) ich (wir) ...................................................................
(Vorname, Name, Anschrift) als rechtsfähige Stiftung des bürgerlichen Rechts die ...................................................................................................
(Name der Stiftung).

**II.**

Die Stiftung soll ihren Sitz in ...........................................................haben und Rechtsfähigkeit erlangen.

**III.**

Zweck der Stiftung ist die Förderung von ..................................................
(z.B.: Wissenschaft und Forschung, Kunst und Kultur etc.) auf dem Gebiet ..........................................................................................................
zu fördern.

*(Es besteht weiterhin die Möglichkeit vorzusehen, dass auf schriftlichen Antrag des Stifters oder auf schriftlichen Antrag eines nächsten Angehörigen bis zu einem Drittel des Einkommens der Stiftung dazu verwandt werden kann, dem Antragsteller in angemessener Weise Unterhalt zu gewähren.)*

**IV.**

Die Stiftung wird mit folgendem Vermögen ausgestattet:

1. ......................................................................................................................
2. ......................................................................................................................
3. ......................................................................................................................

*(Hier ist eine genaue Auflistung von Barvermögen, Wertpapiervermögen, Immobilienvermögen und Sachvermögen einzufügen.)*

**V.**

Die Stiftung soll durch einen aus ..... Personen bestehenden Vorstand (und ein aus ..... Personen bestehendes Kuratorium) verwaltet werden.

*(Für den Stifter / die Stifterin besteht die Möglichkeit, selbst als Vorsitzende(r) des ersten Vorstandes zu wirken. So kann formuliert werden: „Vorsitzende/r des ersten Vorstandes werde ich selbst sein".)*

Als ersten Vorstand bestelle ich (bestellen wir):

1. ............................ (Vorname, Name, Anschrift)
2. ............................ (Vorname, Name, Anschrift)
3. ............................ (Vorname, Name, Anschrift)

Als erstes Kuratorium bestelle ich (bestellen wir):

1. ............................ (Vorname, Name, Anschrift)
2. ............................ (Vorname, Name, Anschrift)
3. ............................ (Vorname, Name, Anschrift)

**VI.**

Die weiteren Einzelheiten über die Organisation der Stiftung und die Verwirklichung des Zwecks sind in der Stiftungssatzung geregelt, die Bestandteil dieses Stiftungsgeschäfts ist.

*(Unzutreffendes bitte streichen und Ergänzungen entsprechend der Satzung vornehmen.)*

| | |
|---|---|
| ............................................ | ....................................................................... |
| (Ort und Datum) | (Unterschrift des Stifters/der Stifterin) |

# Anhang D
# Muster Stiftungsgeschäft von Todes wegen

Eine Stiftung kann durch Testament oder Erbvertrag errichtet und dabei zum Erben oder Vermächtnisnehmer werden. Bei privatschriftlicher Errichtung ist eine handschriftliche Abfassung mit Angabe von Datum und Ort sowie Unterschrift (Vor- und Zuname sowie bei Ehefrauen auch der Geburtsname) erforderlich. Die Fassung des Testamentes könnte dann folgende Form haben:

**Testament**

**I.**

Zu meiner Alleinerbin bestimme ich, ..........................................................
(Vorname, Name, Anschrift)

die hiermit errichtete ..........................................................................................
(Name der Stiftung)

**II.**

Die Stiftung soll als rechtsfähige Stiftung des bürgerlichen Rechts auf der Grundlage des Stiftungsgesetzes des Landes ............ vom ............ (GVBl. S. ......) genehmigt werden, damit Rechtsfähigkeit erlangen und ihren Sitz in .......................... haben.

**III.**

Zweck der Stiftung ist die Förderung von ........................... (zum Beispiel: Wissenschaft und Forschung, Kunst und Kultur etc.) .............................. auf dem Gebiet .................

(Weiterhin kann angefügt werden: „Aus dem Einkommen der Stiftung soll ein Teil im Rahmen des steuerrechtlich Zulässigen zur regelmäßigen Pflege des Familiengrabes des Stifters und seiner nächsten Angehörigen auf dem ................-Friedhof (Name, Ortsangabe) ................ verwendet werden".)

**IV.**

Die Stiftung soll durch einen aus ..... Personen bestehenden Vorstand und ein aus ..... Personen bestehendes Kuratorium verwaltet werden. Zu Mitgliedern des ersten Vorstandes bestelle ich:

1. ............................ (Vorname, Name, Anschrift)
2. ............................ (Vorname, Name, Anschrift)
3. ............................ (Vorname, Name, Anschrift)

Steht eine dieser Personen nicht zur Verfügung, so sollen die verbleibenden Vorstandsmitglieder gemeinsam und im Benehmen mit dem Testamentsvollstrecker eine andere geeignete Persönlichkeit benennen.

**V.**

Die weiteren Einzelheiten über die Organisation der Stiftung und die Verwirklichung des Zwecks sind in der Stiftungssatzung geregelt, die Bestandteil dieses Stiftungsgeschäfts ist.

**VI.**

(Angefügt werden können Vermächtnisse, die nicht Bestandteil des Grundstockvermögens der Stiftung werden sollen. Folgende Formulierung bietet sich an: „Zu Lasten meines Erbes setze ich folgende Vermächtnisse aus: .......... „) .........................

**VII.**

Ich ordne Testamentsvollstreckung an. Zum Testamentsvollstrecker bestelle ich: ............. (Vorname, Name, Anschrift) ............. (Ersatzregelungen, Benennungsrecht des Nachlassgerichts) .......

**VIII.**

Der Testamentsvollstrecker soll im Benehmen mit den von mir bestellten Vorstandsmitgliedern das Verfahren zur Genehmigung der Stiftung betreiben und zur konstituierenden Sitzung des Stiftungsvorstands einladen. Er ist befugt, nach meinem Tode die beigefügte Satzung zu ändern, soweit dies erforderlich ist, um meinem Willen im Genehmigungsverfahren Geltung zu verschaffen.

| | |
|---|---|
| ....................................................... | ....................................................... |
| (Ort, Datum) | (Unterschrift) |

Bundesverband
**Deutscher Stiftungen**

# Anhang E Mustersatzung einer gemeinnützigen Stiftung

**Präambel**

*In einer kurzen Präambel können die Stifter/die Stifterin den Anlass und Motive für die Errichtung der Stiftung beschreiben. Diese Formulierungen können für die spätere Auslegung des Stifterwillens eine wertvolle Hilfe darstellen.*

**§1**
**Name, Rechtsform, Sitz und Geschäftsjahr**

(1) Die Stiftung führt den Namen ..........................................................................
(2) Sie ist eine rechtsfähige *(zusätzlich in Bayern und Rheinland-Pfalz: öffentliche)* Stiftung des bürgerlichen Rechts.
(3) Sie hat ihren Sitz in .................................................................. (Ortsangabe).
(4) Geschäftsjahr der Stiftung ist das Kalenderjahr.

**§2**
**Stiftungszweck**

(1) Zweck der Stiftung ist ..................................................................................
(z.B. die Förderung von Kunst und Kultur, Wissenschaft und Forschung, Bildung und Erziehung, des Umwelt-, Landschafts- und Denkmalschutzes, des Sports etc.)
(2) Der Stiftungszweck wird insbesondere verwirklicht durch ...............
.........................................................................................................................

*(Hier sollte eine Konkretisierung des Zwecks vorgenommen werden. Folgende Formulierungen kommen beispielsweise hierfür in Frage:*

– *Trägerschaft der ..... (Einrichtung) in .....*

- *Zuwendungen an die ..... (Einrichtung) in .....,*
- *Förderung von Vorhaben, die geeignet sind .....,*
- *Förderung von Maßnahmen, die ..... zum Ziel haben,*
- *Durchführung von wissenschaftlichen Veranstaltungen und Forschungsvorhaben,*
- *Vergabe von Forschungsaufträgen,*
- *Gewährung von Stipendien etc. Es sind die Vorschriften der Abgabenordnung zu beachten, falls eine Steuerbefreiung seitens des zuständigen Finanzamts angestrebt wird.)*

## §3
## Gemeinnützigkeit

(1) Die Stiftung verfolgt ausschließlich und unmittelbar gemeinnützige/mildtätige/kirchliche Zwecke *(Unzutreffendes bitte streichen)* im Sinne des Abschnitts „Steuerbegünstigte Zwecke" der Abgabenordnung.

(2) Die Stiftung ist selbstlos tätig. Sie verfolgt nicht in erster Linie eigenwirtschaftliche Zwecke. Die Mittel der Stiftung dürfen nur für die satzungsgemäßen Zwecke verwendet werden.

(3) Keine Person darf durch Ausgaben, die dem Zweck der Stiftung fremd sind, oder durch unverhältnismäßig hohe Vergütungen begünstigt werden.

(4) Die Stiftung erfüllt ihre Aufgaben selbst oder durch eine Hilfsperson im Sinne des §57 Abs. 1 S. 2 AO, sofern sie nicht im Wege der Mittelbeschaffung gemäß §58 Nr. 1 AO tätig wird. Die Stiftung kann zur Verwirklichung des Stiftungszwecks Zweckbetriebe unterhalten.

## §4
## Stiftungsvermögen

(1) Das Stiftungsvermögen ergibt sich aus dem Stiftungsgeschäft. (*und/oder*: Die Stiftung ist ferner Testamentserbe.)

(2) Das Stiftungsvermögen ist nach Abzug von Vermächtnissen und Erfüllung von Auflagen in seinem Bestand dauernd und ungeschmälert zu erhalten und möglichst ertragreich anzulegen. Es kann zur Werterhaltung bzw. zur Stärkung seiner Ertragskraft umgeschichtet werden.

(3) Dem Stiftungsvermögen wachsen die Zuwendungen zu, die dazu bestimmt sind (Zustiftungen). Die Stiftung darf derartige Zustiftungen annehmen. Sie darf auch Zuwendungen ohne Zweckbestimmung aufgrund einer Verfügung von Todes wegen und freie Rücklagen im Sinne von §58 Nr. 7a AO dem Stiftungsvermögen zuführen.

## §5
## Verwendung der Vermögenserträge und Zuwendungen

(1) Die Stiftung erfüllt ihre Aufgaben aus den Erträgen des Stiftungsvermögens und aus Zuwendungen, die nicht ausdrücklich zur Stärkung des Stiftungsvermögens bestimmt sind.

(2) (Die Stiftung kann ihre Mittel ganz oder teilweise einer Rücklage zuführen, soweit dies erforderlich ist, um ihre steuerbegünstigten Zwecke nachhaltig erfüllen zu können und soweit für die Verwendung der Rücklage konkrete Ziel-und Zeitvorstellungen bestehen.)

(3) Im Rahmen des steuerrechtlich Zulässigen können zur Werterhaltung Teile der jährlichen Erträge einer freien Rücklage zugeführt werden.

(4) Ein Rechtsanspruch Dritter auf Gewährung der jederzeit widerruflichen Förderleistungen aus der Stiftung besteht aufgrund dieser Satzung nicht.

(5) Mittel dürfen nur für die satzungsmäßigen Zwecke verwendet werden. Es darf keine Person durch Ausgaben, die dem Zweck der Stiftung fremd sind, oder durch unverhältnismäßig hohe Vergütungen begünstigt werden.

## §6
## Organe der Stiftung

(1) Organe der Stiftung sind der Vorstand und das Kuratorium. *(Der Stifter kann auch andere Bezeichnungen wählen oder weitere Organe einrichten.)*

(2) Die Mitglieder der Stiftungsorgane sind ehrenamtlich tätig. Sie haben jedoch Anspruch auf Ersatz ihrer notwendigen Auslagen. (*oder anstelle der Ehrenamtlichkeit:* Sie haben Anspruch auf Ersatz der ihnen entstandenen Auslagen und Aufwendungen. Für den Zeitaufwand und Arbeitseinsatz der Mitglieder des Vorstandes kann das Kuratorium eine in ihrer Höhe angemessene Pauschale beschließen.

(3) Ein Mitglied eines Organs kann nicht zugleich einem anderen Organ angehören.

*(Evtl. einfügen:* Es kann zusätzlich bestimmt werden, dass sich die Haftung der Organmitglieder gegenüber der Stiftung auf Vorsatz und grobe Fahrlässigkeit beschränken soll.)

## §7
## Vorstand

(1) Der Vorstand besteht aus (bis zu /mindestens) ....... Mitgliedern *(Hier kann auch eine Minimal- und Maximalanforderung formuliert werden.)*.

(2) Der erste Vorstand ist im Stiftungsgeschäft berufen. Er gehört dem Vorstand auf Lebenszeit an. Zu seinen Lebzeiten ist der Stifter Vorsitzender des Vorstandes und bestellt auch den stellvertretenden Vorsitzenden und die anderen Vorstandsmitglieder. Der Stifter ist berechtigt, das Amt jederzeit niederzulegen.

(3) Nach dem Tod des Stifters bestellt das Kuratorium auf Vorschlag der verbleibenden Vorstandsmitglieder ein neues Vorstandsmitglied. Wiederbestellungen sind zulässig. Die Amtszeit der Vorstandsmitglieder beträgt vier Jahre. Der Vorstand wählt nach Ausscheiden des Stifters und der Ergänzung des Vorstandes aus seiner Mitte einen Vorsitzenden und einen stellvertretenden Vorsitzenden.

(4) Dem Vorstand sollen Personen angehören, die besondere Fachkompetenz und Erfahrung in Hinblick auf die Aufgabenerfüllung der Stiftung aufweisen. Ein Mitglied soll in Finanz-und Wirtschaftsfragen sachverständig sein. Mitglieder des Kuratoriums dürfen nicht zugleich dem Vorstand angehören.

(5) Das Amt eines Vorstandsmitgliedes endet nach Ablauf der Amtszeit (*oder* bei Vollendung des ..... Lebensjahres). Das Vorstandsmitglied bleibt in diesen Fällen solange im Amt, bis ein Nachfolger bestellt ist. Das Amt endet weiter durch Tod und durch Niederlegung, die jederzeit zulässig ist. In diesen Fällen bilden die verbleibenden Vorstandsmitglieder den Vorstand. Bis zum Amtsantritt des Nachfolgers führen sie die unaufschiebbaren Aufgaben der laufenden Stiftungsverwaltung allein weiter. Ein ausgeschiedenes Vorstandmitglied ist unverzüglich vom Vorstand durch Zuwahl zu ersetzen. Vom Stifter bestellte Vorstandsmitglieder können von diesem, andere Vorstandsmitglieder können vom Kuratorium oder vom Vorstand jederzeit aus wichtigem Grunde abberufen werden. Ihnen ist zuvor Gelegenheit zur Stellungnahme zu geben.

## §8
## Aufgaben des Vorstandes

(1) Der Vorstand entscheidet in allen grundsätzlichen Angelegenheiten nach Maßgabe der Satzung in eigener Verantwortung und führt die laufenden Geschäfte der Stiftung. Er hat die Stellung eines gesetz-

lichen Vertreters und vertritt die Stiftung gerichtlich und außergerichtlich. Die Mitglieder des Stiftungsvorstandes sind einzelvertretungsberechtigt. Im Innenverhältnis vertritt der Vorsitzende des Stiftungsvorstandes die Stiftung allein, für den Fall der Verhinderung der stellvertretende Vorsitzende.

(2) Der Vorstand hat im Rahmen des Stiftungsgesetzes und dieser Stiftungssatzung den Willen des Stifters so wirksam wie möglich zu erfüllen. Seine Aufgaben sind insbesondere:
- die Verwaltung des Stiftungsvermögens,
- die Verwendung der Stiftungsmittel,
- die Aufstellung eines Haushaltsplanes, der Jahresrechnung und des Tätigkeitsberichtes.

(3) Zur Vorbereitung seiner Beschlüsse, der Erledigung seiner Aufgaben und insbesondere der Wahrnehmung der laufenden Geschäfte kann der Vorstand einen Geschäftsführer bestellen und Sachverständige hinzuziehen.

## §9
## Beschlussfassung des Vorstandes

(1) Beschlüsse des Vorstandes werden in der Regel auf Sitzungen gefasst. Der Vorstand wird vom Vorsitzenden oder seinem Stellvertreter nach Bedarf, mindestens aber einmal jährlich unter Angabe der Tagesordnung und Einhaltung einer Frist von zwei Wochen zu einer Sitzung einberufen. Sitzungen sind ferner einzuberufen, wenn ....... Mitglieder des Vorstandes dies verlangen. Wenn kein Mitglied des Vorstandes widerspricht, können Beschlüsse auch im schriftlichen Verfahren gefasst werden.

(2) Ein Vorstandsmitglied kann sich in der Sitzung durch ein anderes Vorstandsmitglied vertreten lassen. Kein Vorstandsmitglied kann mehr als ein anderes Vorstandsmitglied vertreten.

(3) Der Vorstand ist beschlussfähig, wenn nach ordnungsgemäßer Ladung mindestens die Hälfte/zwei Drittel seiner Mitglieder *(Unzutreffendes bitte streichen)*, unter ihnen der Vorsitzende oder sein Stellvertreter, anwesend oder vertreten sind. Ladungsfehler gelten als geheilt, wenn alle Mitglieder anwesend sind und niemand widerspricht. An einer schriftlichen Abstimmung muss/müssen sich mindestens die Hälfte/zwei Drittel *(Unzutreffendes bitte streichen)* der Vorstandsmitglieder beteiligen.

(4) Der Vorstand trifft seine Entscheidungen mit einfacher Mehrheit der anwesenden oder sich an der schriftlichen Abstimmung beteiligenden Mitglieder, sofern die Satzung nichts Abweichendes be-

stimmt. Bei Stimmengleichheit gibt die Stimme des Vorsitzenden, ersatzweise seines Stellvertreters den Ausschlag.

(5) Über die Sitzungen sind Niederschriften zu fertigen und vom Sitzungsleiter und dem Protokollanten zu unterzeichnen. Sie sind allen Mitgliedern des Vorstandes und dem Vorsitzenden des Kuratoriums zur Kenntnis zu bringen.

(6) Weitere Regelungen über den Geschäftsgang des Vorstandes und diejenigen Rechtsgeschäfte, zu deren Durchführung der Vorstand der Zustimmung des Kuratoriums bedarf, kann eine vom Kuratorium zu erlassende Geschäftsordnung enthalten.

## § 10
## Kuratorium

(1) Das Kuratorium besteht aus ...... Mitgliedern. Die Mitglieder des ersten Kuratoriums werden vom Stifter berufen. *(Auch hier ist eine Minimal-und Maximalanforderung denkbar).*

(2) Scheidet ein Kuratoriumsmitglied aus, so wählt das Kuratorium auf Vorschlag des Vorstandes einen Nachfolger. Wiederwahlen sind zulässig. Die Amtszeit der Kuratoriumsmitglieder beträgt vier Jahre. Das Kuratorium wählt aus seiner Mitte einen Vorsitzenden und einen stellvertretenden Vorsitzenden.

(3) Dem Kuratorium sollen Personen angehören, die besondere Fachkompetenz und Erfahrung in Hinblick auf die Aufgabenerfüllung der Stiftung aufweisen. Ein Mitglied soll in Finanz-und Wirtschaftsfragen sachverständig sein.

(4) Das Amt eines Kuratoriumsmitgliedes endet nach Ablauf der Amtszeit oder bei Vollendung des .... Lebensjahres. Das Kuratoriumsmitglied bleibt in diesen Fällen solange im Amt, bis ein Nachfolger bestellt ist. Das Amt endet weiter durch Tod und durch Niederlegung, die jederzeit zulässig ist. In diesen Fällen bilden die verbleibenden Kuratoriumsmitglieder das Kuratorium. Bis zum Amtsantritt des Nachfolgers führen sie die unaufschiebbaren Aufgaben allein weiter. Ein ausgeschiedenes Kuratoriumsmitglied ist unverzüglich vom Kuratorium durch Zuwahl zu ersetzen. Ein Kuratoriumsmitglied kann vom Kuratorium in einer gemeinsamen Sitzung mit dem Vorstand jederzeit aus wichtigem Grunde abberufen werden. Der Beschluss bedarf der Mehrheit der Mitglieder von Vorstand und Kuratorium. Das betroffene Mitglied ist bei dieser Abstimmung von der Stimmabgabe ausgeschlossen. Ihm ist zuvor Gelegenheit zur Stellungnahme zu geben.

## § 11
## Aufgaben und Beschlussfassung des Kuratoriums

(1) Das Kuratorium berät, unterstützt und überwacht den Vorstand im Rahmen des Stiftungsgesetzes und dieser Stiftungssatzung, um den Willen des Stifters so wirksam wie möglich zu erfüllen. Seine Aufgaben sind insbesondere:
- Empfehlungen für die Verwaltung des Stiftungsvermögens,
- Empfehlungen für die Verwendung der Stiftungsmittel,
- Genehmigung des Haushaltsplanes, der Jahresrechnung und des Tätigkeitsberichtes -Entlastung des Vorstandes,
- Bestellung von Mitgliedern des Vorstandes.

(2) Zur Vorbereitung seiner Beschlüsse kann das Kuratorium Sachverständige hinzuziehen.

(3) Das Kuratorium soll mindestens einmal im Jahr zu einer ordentlichen Sitzung zusammenkommen. Eine außerordentliche Sitzung ist einzuberufen, wenn mindestens ..... Mitglieder oder der Vorstand dies verlangen. Die Mitglieder des Vorstandes, der Geschäftsführer und Sachverständige können an den Sitzungen des Kuratoriums beratend teilnehmen.

(4) Für die Beschlussfassung des Kuratoriums gilt § 9 entsprechend. *(Für eine gemeinsame Beschlussfassung von Vorstand und Kuratorium sind entsprechende Regelungen, insbesondere zur Ladung bei gemeinsamer Sitzung / Mehrheiten zu ergänzen; ein pauschaler Verweis auf § 9 reicht nicht)* Das Kuratorium kann sich eine Geschäftsordnung geben

## § 12
## Satzungsänderung

(1) Die Organe der Stiftung können Änderungen der Satzung beschließen, wenn sie den Stiftungszweck nicht berühren und die ursprüngliche Gestaltung der Stiftung nicht wesentlich verändern oder die Erfüllung des Stiftungszwecks erleichtern.

(2) Beschlüsse über Änderungen der Satzung können nur auf gemeinsamen Sitzungen von Vorstand und Kuratorium gefasst werden. Der Änderungsbeschluss bedarf einer Mehrheit von zwei Dritteln der Mitglieder des Vorstandes und des Kuratoriums.

(3) Beschlüsse über Änderungen der Satzung bedürfen der Genehmigung der Stiftungsaufsichtsbehörde. Sie sind mit einer Stellungnahme der zuständigen Finanzbehörde anzuzeigen.

## § 13
## Zweckerweiterung, Zweckänderung, Zusammenlegung, Auflösung

(1) Die Organe der Stiftung können der Stiftung einen weiteren Zweck geben, der dem ursprünglichen Zweck verwandt ist und dessen dauernde und nachhaltige Verwirklichung ohne Gefährdung des ursprünglichen Zwecks gewährleistet erscheint, wenn das Vermögen oder der Ertrag der Stiftung nur teilweise für die Verwirklichung des Stiftungszwecks benötigt wird.

(2) Die Organe der Stiftung können die Änderung des Stiftungszwecks, die Zusammenlegung mit einer anderen Stiftung oder die Auflösung der Stiftung beschließen, wenn der Stiftungszweck unmöglich wird oder sich die Verhältnisse derart ändern, dass die dauernde und nachhaltige Erfüllung des Stiftungszwecks nicht mehr sinnvoll erscheint (möglich ist). Die Beschlüsse dürfen die Steuerbegünstigung der Stiftung nicht beeinträchtigen.

(3) Beschlüsse über Zweckerweiterung, Zweckänderung, Zusammenlegung oder Auflösung können nur auf gemeinsamen Sitzungen von Vorstand und Kuratorium gefasst werden. Der Änderungsbeschluss bedarf einer Mehrheit von drei Vierteln (der Einstimmigkeit) der Mitglieder des Vorstandes und des Kuratoriums.

(4) Beschlüsse über Zweckerweiterung, Zweckänderung, Zusammenlegung oder Auflösung werden erst nach Genehmigung der Stiftungsaufsichtsbehörde wirksam. Sie sind mit einer Stellungnahme der zuständigen Finanzbehörde anzuzeigen.

## § 14
## Vermögensanfall

Im Falle der Auflösung oder Aufhebung der Stiftung oder (*evtl.:* beim Wegfall der steuerbegünstigten Zwecke) fällt das Vermögen an ............

..................................................................................................................

(steuerbegünstigte Körperschaft *oder* Körperschaft des öffentlichen Rechts)

mit der Auflage, es unmittelbar und ausschließlich für selbstlos gemeinnützige und / oder mildtätige / kirchliche Zwecke zu verwenden, die dem Stiftungszweck möglichst nahe kommen. (*Oder alternativ:* Bei Aufhebung der Stiftung soll auch ein Beschluss über den Anfall des Stiftungsvermögens getroffen werden, der die Erfordernisse der Abgabenordnung zu beachten hat.)

## § 15
## Stiftungsaufsicht

(1) Die Stiftung unterliegt der staatlichen Aufsicht nach Maßgabe des jeweils im Lande .......................................... geltenden Stiftungsrechts.

(2) Stiftungsaufsichtsbehörde ist ...................................... in ......................

(3) Die Stiftungsaufsichtsbehörde ist auf Wunsch jederzeit über die Angelegenheiten der Stiftung zu unterrichten. Mitteilungen über Änderungen in der Zusammensetzung der Stiftungsorgane sowie Haushaltsplan, Jahresrechnung und Tätigkeitsbericht sind unaufgefordert vorzulegen.

(Ort), den ............................ ..................................................................................

(Unterschrift/en des Stifters/der Stifter)

# Anhang F
# Grundsätze guter Stiftungspraxis

**Präambel**

Die Gründung von Stiftungen ist lebendiger Ausdruck von Freiheit und Verantwortung der Bürger. Stiftungen engagieren sich auf vielfältige Weise in zentralen gesellschaftlichen Feldern. Die gesellschaftliche Bedeutung und Funktion von Stiftungen muss sich widerspiegeln in einer verantwortungsvollen Ausführung der von den treuhänderisch wirkenden Stiftungsorganen übernommenen Verpflichtungen.

Die Grundsätze sollen Stiftungsorganen, Stiftungsverwaltern, Stiftungsmitarbeitern sowie potentiellen Stiftern als Orientierung dienen. Insbesondere sollen sie das Bewusstsein aller Beteiligten für die Vermeidung von Interessenkonflikten, für die angemessene Transparenz bei der Zweckverwirklichung und für die Effizienz der Mittelverwendung schärfen.

In Anbetracht der Vielfalt von Stiftungen sind diese Grundsätze je nach Größe, Zweck und Art der Aufgabenwahrnehmung den jeweiligen Gegebenheiten anzupassen.

**I. Stiftungen**

Die Grundsätze wenden sich an gemeinwohlorientierte Stiftungen im materiellen Sinne:

- Stiftungen verfolgen vom Stifter bestimmte gemeinwohlorientierte Zwecke, welche in ihrer Satzung verankert sind und durch die Erträge aus dem Stiftungsvermögen erfüllt werden sollen.
- Stiftungen haben ein Vermögen, das ihnen grundsätzlich auf Dauer und ungeschmälert zur Verfügung stehen soll.
- Stiftungen haben Organe oder Träger, die eine ordnungsgemäße Erfüllung des jeweiligen Stiftungszwecks gewährleisten.

- Stiftungen können in unterschiedlichen Rechtsformen verfasst sein (z.B. als rechtsfähige Stiftung, als Stiftungsgesellschaft und als Stiftungsverein). Auch treuhänderische Stiftungen erfüllen diesen materiellen Stiftungsbegriff.

## II. Grundsätze Guter Stiftungspraxis

### 1. Zu den handelnden Personen

Stiftungsorgane, Stiftungsverwalter und Stiftungsmitarbeiter orientieren sich im Rahmen der gesetzlichen Vorgaben des Gemeinnützigkeits- und Stiftungsrechts bei ihrer Tätigkeit insbesondere an folgenden Grundsätzen:

- Sie verstehen sich als Treuhänder des im Stiftungsgeschäft und in der Satzung formulierten Stifterwillens.
- Sie sind der Satzung verpflichtet und verwirklichen den Stiftungszweck nach bestem Wissen und Gewissen.
- Das in ihre Obhut gegebene Vermögen ist in seiner nachhaltigen Ertragsfähigkeit zu erhalten. Das Rechnungswesen bildet die wirtschaftliche Lage der Stiftung zeitnah, vollständig und sachlich richtig ab. Die Verwaltungsausgaben bewegen sich in einem angemessenen Rahmen.
- Sie anerkennen Transparenz als Ausdruck der Verantwortung von Stiftungen gegenüber der Gesellschaft und als ein Mittel zur Vertrauensbildung. Sie stellen daher der Öffentlichkeit in geeigneter Weise die wesentlichen inhaltlichen und wirtschaftlichen Informationen über die Stiftung (insbesondere über den Stiftungszweck, die Zweckerreichung im jeweils abgelaufenen Jahr, die Förderkriterien und die Organmitglieder) zur Verfügung. Sie veröffentlichen ihre Bewilligungsbedingungen und setzen, soweit geboten, unabhängige Gutachter oder Juroren ein. Gesetzliche Auskunftspflichten werden rasch und vollständig erfüllt.
- Die Mitglieder der Stiftungsorgane handeln informiert, integer und verantwortungsvoll. Ehrenamtlich tätige Organmitglieder sind trotz ihrer übrigen Verpflichtungen bereit, die erforderliche Zeit und Sorgfalt für die Stiftungsarbeit zur Verfügung zu stellen. Mitglieder von Kontroll- und Beratungsgremien sind grundsätzlich unabhängig von den für die operative Tätigkeit verantwortlichen Organen und werden von diesen umfassend und wahrheitsgemäß informiert.
- Die Stiftungsorgane sorgen für die regelmäßige Überprüfung der Wirksamkeit der Stiftungsprogramme vor allem im Hinblick auf die Verwirklichung des Satzungszwecks, die Effizienz des Mittelein-

satzes und im Hinblick auf das Verhalten gegenüber Fördersuchenden sowie der Öffentlichkeit; sie fördern entsprechendes Verhalten ihrer Mitarbeiter.

- Die Stiftungsorgane von fördernden Stiftungen betrachten Fördersuchende als unverzichtbare Partner zur Verwirklichung der Stiftungszwecke. Anfragen sollten zeitnah beantwortet werden; über den Fortgang der Antragsbearbeitung sollte informiert werden.
- Die Stiftungsorgane fördern den Erfahrungsaustausch und die Zusammenarbeit mit anderen Stiftungen.

## 2. Zur Vermeidung von Interessenkonflikten

Für Mitglieder der Stiftungsorgane, der Kontroll- und Beratungsgremien und für Stiftungsmitarbeiter gilt, dass sich niemand bei seinen Entscheidungen von eigennützigen Interessen leiten lässt. Insbesondere beachten sie folgende Grundsätze:

- Sie legen die Anhaltspunkte für einen Interessenkonflikt im Einzelfall unaufgefordert offen und verzichten von sich aus auf eine Beteiligung am Entscheidungsprozess, wenn dieser ihnen oder einer nahestehenden Person einen unmittelbaren Vorteil oder Nachteil bringen kann. Auch persönliche oder familiäre Beziehungen zu den Fördersuchenden und zu Dienstleistungsunternehmen werden offen kommuniziert.
- Sie verzichten auf vermögenswerte Vorteile, die ihnen von interessierter Seite verschafft werden. Dies gilt auch dann, wenn die Verknüpfung von Vorteil und Gegenleistung nicht unmittelbar oder erst zukünftig zu erwarten ist.

# Anhang G
# Musterbrief Zusage I

**Zusage** der „Stiftung Pro Historia", Chemnitz

Antrag des Instituts für Osteuropäische Geschichte der Universität Leipzig vom 18.Mai 2009 auf Unterstützung eines längerfristigen Forschungsprojekts zum deutsch-polnischen Verhältnis in der Zeit Bismarcks. Mithilfe der Förderung soll vor allem die Stelle (Teilzeit) einer wissenschaftlichen Hilfskraft à 16 000,– Euro p. a. über fünf Jahre finanziert werden. Die von Moritz Müller gegründete „Stiftung Pro Historia" in Chemnitz entscheidet, den Antrag zu bewilligen und schreibt an den Institutsdirektor Professor Dr. W. Wagner.

Chemnitz, 3. Juli 2009

Sehr geehrter Herr Professor Wagner,

haben Sie herzlichen Dank für Ihr Schreiben vom 18. Mai 2009 mit der Bitte um Unterstützung für Ihr Forschungsvorhaben zum deutsch-polnischen Verhältnis zur Zeit Bismarcks.

Ich freue mich, Ihnen mitteilen zu können, dass die „Stiftung Pro Historia" beschlossen hat, das Institut für Osteuropäische Geschichte der Universität Leipzig für das oben genannte, auf fünf Jahre angelegte Forschungsprojekt mit insgesamt

**€ 60 000,–**

verteilt auf fünf Jahre à 12 000,– Euro zu fördern. Mit der Unterstützung möchte die Stiftung die Einstellung einer wissenschaftlichen Hilfskraft für dieses Vorhaben ermöglichen.

Die „Stiftung Pro Historia" geht dabei davon aus, dass der Fehlbetrag von jährlich 4000,– Euro von der Universität Leipzig oder einem weiteren Förderer übernommen wird. Die Mittel unserer „Stiftung Pro Historia" können erst dann abgerufen werden, wenn uns der Nachweis über die Gesamtfinanzierung vorliegt. Ich schlage vor, dass wir nach Vorlage dieses Nachweises die Fördermittel in halbjährlichen Tranchen à 6000,– Euro überweisen.

Im Laufe des dritten Förderjahres benötigt die Stiftung von Ihnen einen umfassenden Bericht über den Fortschritt des Forschungsvorhabens. Die Stiftung macht die Fortsetzung der Zahlungen für die letzten beiden Förderjahre vom Erhalt des Berichtes abhängig, den wir demjenigen Historiker zur Begutachtung zusenden werden, der bereits zu Ihrem Antrag gutachterlich Stellung bezogen hat. Sicherlich haben Sie Verständnis dafür, dass die Stiftung bei mehrjährigen Förderungen über eine Zwischenevaluation sicherstellen will, dass die Arbeiten zufriedenstellend vorangehen. Erst danach können wir die Mittel für die beiden letzten Förderjahre freigeben.

Mit dem Abruf der ersten Fördertranche erkennen Sie die hier aufgeführten Bedingungen an. Bitte teilen Sie uns bei Ihrem Mittelabruf die entsprechende Kontonummer der Universitätskasse mit. Die „Stiftung Pro Historia“ benötigt jeweils zum Jahresende eine Zuwendungsbescheinigung der Universität sowie im Verlaufe des dritten Förderjahres und nach Abschluss der Gesamtförderung einen rechnerischen sowie sachlichen Verwendungsnachweis.

Ich möchte Sie bitten, dass in den Veröffentlichungen, die aus dem Forschungsprojekt entstehen, auf die Unterstützung durch die „Stiftung Pro Historia“ hingewiesen wird. Bitte teilen Sie uns auch Namen und Adresse des wissenschaftlichen Mitarbeiters mit, der aus den Mitteln unserer Stiftung gefördert wird. Ich würde diese Damen/diesen Herrn nach Aufnahme der Forschungsarbeiten gern einmal persönlich kennenlernen.

Wie Sie vielleicht wissen, hat die „Stiftung Pro Historia“ in den vergangenen drei Jahren mehrfach Arbeiten unterstützt, deren Schwerpunkt in der zweiten Hälfte des 19. Jahrhunderts lag. Ich freue mich daher sehr, dass die Stiftung mit dieser Förderung erneut helfen kann, einen weiteren spannenden Aspekt der Bismarck-Zeit zu beleuchten.

Mit freundlichen Grüßen und allen guten Wünschen für Ihr Vorhaben

Malte Peters
Geschäftsführer

# Anhang H
# Musterbrief Zusage 2

**Zusage** der Monika Schulte-Stiftung Rosenheim

Antrag: Bitte der Rektorin Waltraut Klein um eine Zuwendung von 500,– Euro für die Schulbibliothek der Werner Müller Hauptschule in Rosenheim, die zur Steigerung der Attraktivität der Bibliothek zudem zwei „Lesenächte" veranstalten will.

Rosenheim, 30. April 2009

Sehr geehrte Frau Klein,

haben Sie herzlichen Dank für Ihr Schreiben vom 6. April 2009 mit der Bitte um Unterstützung für die Bibliothek der Werner Müller Hauptschule.

Ich freue mich, Ihnen heute mitteilen zu können, dass die Monika Schulte-Stiftung der Werner Müller Hauptschule in Rosenheim einen Förderbetrag von

**€ 500,–**

für die weitere Ausstattung der Schulbibliothek und für die Veranstaltung von zwei „Lesenächten" zur Verfügung stellt. Grundlage der Bewilligung ist Ihr Antrag vom 6. April 2009.

Der Förderantrag ist demnach zweckgebunden für die Anschaffung von Büchern und für die zwei geplanten „Lesenächte" zu verwenden. Die Monika Schulte-Stiftung begrüßt Ihre Initiative, mit den neuen altersgerechten Büchern und den beiden „Lesenächten" das Interesse der Jugendlichen an Literatur weiter zu stärken. Der Förderbetrag kann zeitnah zum Kauf der Bücher und zum Termin der beiden „Lesenächte" abgerufen werden. Mit dem Abruf erkennen Sie die in diesem Schreiben angeführten Förderbedingungen an.

Nach Erhalt der Mittel bitte ich Sie um Zusendung der Zuwendungsbestätigung (Spendenbescheinigung). Nach Kauf der Bücher und nach Ende der „Lesenächte“ benötigt die Monika Schulte-Stiftung einen Verwendungsnachweis (Rechnung über den Bücherkauf mit einer Kopie der Aufstellung der Kosten der „Lesenächte“) sowie einen Bericht über die Bibliotheksnutzung und den Verlauf der neuartigen „Lesenächte“.

Die Monika Schulte-Stiftung hat in den letzten Jahren an mehreren Schulen unserer Stadt eine Reihe von Veranstaltungen zur Förderung des Lesens unterstützt. Ich bin daher sehr an Ihren persönlichen Erfahrungen mit den beiden neuartigen „Lesenächten“ interessiert und freue mich ganz besonders, dass die Stiftung mit den „Lesenächten“ einen neuen Impuls für eine möglichst frühe Beschäftigung mit Literatur geben kann.

Ferner möchte ich Sie bitten, in den aus unseren Fördermitteln angeschafften Büchern einen Hinweis auf die Monika Schulte-Stiftung anzubringen und die Förderung der „Lesenächte“ zu Beginn der Veranstaltung zu erwähnen. Sollten Sie eine Pressemitteilung oder Ähnliches planen, wäre ich Ihnen dankbar, wenn Sie dort gleichfalls die Förderung durch die Monika Schulte-Stiftung erwähnten.

Ich freue mich, dass die Kinder und Jugendlichen an Ihrer Schule neue Lektüre erhalten und durch zwei innovative und attraktive Abendveranstaltungen zum Lesen verführt werden. Gern würde ich bei Gelegenheit einmal selbst einen Blick in die Bibliothek der Werner Müller Schule werfen.

Mit freundlichen Grüßen und allen guten Wünschen für die weitere Entwicklung Ihrer Schule bin ich

Ihre
Monika Schulte

Vorstandsvorsitzende der Monika Schulte-Stiftung Rosenheim